JN323402

ライブラリ スタンダード心理学
5

[スタンダード
認知心理学]

原田悦子 編
Etsuko Harada

サイエンス社

「ライブラリ スタンダード心理学」刊行にあたって

　科学的な心理学は，ドイツの心理学者ヴィルヘルム・ヴントが心理学実験室を開設した 1879 年に始まると言われる。130 余年の時を経て，心理学は多様に発展してきた。数多の理論が提唱され，神経科学をはじめとする他の学問領域とのクロスオーバーが進み，社会問題の解決にも徐々に寄与するようになってきた。しかし，多様化するに従って，研究領域は細分化され，心理学という学問の全体像をつかむことが難しくなりつつある。心理学の近年の啓発書は，個々の研究のおもしろい調査結果や意外な実験結果の紹介に紙数を割くことが多く，初学者にとっては全体像をつかむことがよりいっそう難しくなっている。いわば魚影の美しさに目をとられ，大海原を俯瞰することができなくなった迷子船のように。

　本ライブラリは，初学者が心理学の基本的な枠組みを理解し，最新の知見を学ぶために編まれた。今後 10 年以上にわたり心理学研究の標準となりうる知見を体系立てて紹介する。また，初学者でも，独習が可能なようにわかりやすい文章で記述している。たとえば，心理の専門職を目指して偏りなく学ぼうとする方や，福祉職，教育職や臨床職を目指して通信教育で学ぶ方にとっては，本ライブラリはよい教材になるであろう。

　なお，本ライブラリの執筆者には，筑波大学心理学域（元心理学系）の教員および卒業生・修了生を多く迎えている。同大学は，丁寧で細やかな教育で高い評価を受けることがある。本ライブラリにも，執筆者のそうした教育姿勢が反映されているであろう。

　本ライブラリ執筆者による細やかな水先案内で，読者の方々が心理学という美しい大海原を迷わずに航海されることを。

　2012 年 10 月

監修者　松井　豊

目　　次

第 1 章　認知心理学とは何か　　1

1.1　認知心理学の罠 …………………………………………… 1
1.2　オムライスの罠の種明かし
　　　――認知心理学への足がかりとして …………………… 3
1.3　情報の流れとしての処理と，そこに現れる制約 ……… 4
1.4　明らかにすべき問題は何か
　　　――日常生活の中から見出す認知心理学の問題 ……… 5
1.5　認知心理学の難しさ（あるいは，落とし穴） …………… 6
1.6　認知心理学を学ぶことの意味――まとめにかえて …… 7

第 I 部　内部での情報の流れとしての認知過程　　11

第 2 章　パタン認識から作動記憶へ　　12

2.1　記憶の情報処理モデル――多段階貯蔵モデル（アトキンソンとシフリンのモデル） ………………………………… 12
2.2　認知の中枢――作動記憶 ………………………………… 21
2.3　まとめ ……………………………………………………… 30

第 3 章　エピソード記憶，潜在記憶，潜在学習　　32

3.1　エピソード記憶 …………………………………………… 32
3.2　潜 在 記 憶 ………………………………………………… 42
3.3　潜 在 学 習 ………………………………………………… 47

i

第 4 章　言語を理解する心のはたらき――状況モデルとは何か　51

- **4.1**　言語の理解と状況モデル …………………………………… 51
- **4.2**　状況モデルは何のためにあるのか――機能的側面 …… 55
- **4.3**　状況モデルは何からできているのか――構造的側面 … 60
- **4.4**　状況モデルはどうやって作られるのか――生成的側面 … 66
- **4.5**　まとめと発展 …………………………………………………… 72

第 5 章　問題解決と意思決定　74

- **5.1**　「ハノイの塔」と問題空間 ……………………………………… 75
- **5.2**　制約の影響 ……………………………………………………… 77
- **5.3**　「4 枚カード問題」と主題内容効果 ………………………… 80
- **5.4**　「腫瘍問題」と類推的問題解決 ……………………………… 84
- **5.5**　協同問題解決 …………………………………………………… 86
- **5.6**　意 思 決 定 ……………………………………………………… 88
- **5.7**　期待効用理論 …………………………………………………… 88
- **5.8**　アレーのパラドックス ………………………………………… 90
- **5.9**　プロスペクト理論 ……………………………………………… 92
- **5.10**　まとめにかえて ………………………………………………… 94

第Ⅱ部　認知過程を統制する要因　97

第 6 章　注意と実行制御　98

- **6.1**　空間的注意のコントロール …………………………………… 99
- **6.2**　実 行 制 御 ……………………………………………………… 112
- **6.3**　お わ り に ……………………………………………………… 120

第 7 章　知識という記憶，文化と認知過程　　　121

- **7.1**　はじめに――認知過程とは　……………………　121
- **7.2**　「書く」という認知過程を振り返る　……………　124
- **7.3**　文化・文明と知識　…………………………………　126
- **7.4**　記憶と認知過程――時空間の 3 水準　……………　128
- **7.5**　認知過程を記述する――文化的実践　……………　131
- **7.6**　認知過程を記述する――研究例の検討　…………　133
- **7.7**　お わ り に　…………………………………………　139

第 8 章　認知の状況依存性　　　141

- **8.1**　認知の状況依存性――2 つのアプローチ　………　141
- **8.2**　社会の中に分散した認知――ハッチンスの考え方　…　143
- **8.3**　状況的行為――サッチマンの考え方　……………　150
- **8.4**　お わ り に　…………………………………………　156

第 9 章　老年期における認知心理学　　　158

- **9.1**　高齢者の記憶　………………………………………　158
- **9.2**　認知に関する病気　…………………………………　161
- **9.3**　高齢者の自動車運転と交通事故　…………………　171

第Ⅲ部　日常生活の中に見る認知過程　　　179

第 10 章　裁判と心理学　　　180

- **10.1**　は じ め に　…………………………………………　180
- **10.2**　イノセンス・プロジェクトが明らかにしたこと　……　181
- **10.3**　目撃証言の信用性　…………………………………　182
- **10.4**　捜 査 面 接　…………………………………………　196

10.5	虚偽自白	199
10.6	おわりに	205

第 11 章　認知的人工物のデザイン　　　206

11.1	人工物の使いやすさ	206
11.2	人と人工物の相互作用	210
11.3	ユーザのための人工物デザイン	212
11.4	情報のデザイン	214
11.5	まとめ——認知的人工物研究の課題と可能性	219

第 12 章　安　全　　　221

12.1	リスク心理学	221
12.2	交通心理学	229
12.3	ヒューマンエラー	235
12.4	リスク・リテラシー	243

コラム①　ノスタルジアとレトロマーケティング　　　245

コラム②　社会に役立つ認知心理学——文字生活研究と認知心理学　　　248

引用文献	252
人名索引	268
事項索引	271
執筆者紹介	276

認知心理学とは何か

認知心理学とは頭の中で何が起きているのかを，生体の中での情報処理という形で，データにもとづいた実証をしながら，その機能をモデルで表現していく心理学である。それは心理学全体にとってのもっとも基本となる考え方といっても過言ではない。本章では，そうした認知心理学の考え方の基本とその全体的な構造について述べる。

1.1 認知心理学の罠

ここに1枚のイラストがある（図1.1）。あ，オムライス，おいしそう，と思った人は，まんまと「罠にはまった」人である。これはカレーライスであって，オムライスではない。面白いことに，多くの人はカレーライスの味を思い出し，オムライスはこんな見た目ではないことはすべてわかっていて，でも思わず「オムライス」と言ってしまう。なぜなのだろう？

認知心理学の面白さは，しばしば，こんなちょっとした人の「間違い」を引き起こす「トリック」として語られる。しかし，本当に面白いのは，こうして「人が皆同じように間違うこと」が，人にこんな間違いを引き起こさせる「人の頭の中の仕組み」を見せてくれていることであり，その結果，こんな失敗を起こさせる仕組みが，実は人間の「賢い情報処理」を可能にしてくれている，という点である。それでは，この「オムライスの罠」はどんなふうに「人の賢い情報処理」を示した（そして，それを逆手にとった）現象なのだろうか。

図 1.1 オムライス？（イラスト：長谷川莉子）

1.2 オムライスの罠の種明かし
——認知心理学への足がかりとして

そもそも，認知心理学は cognitive psychology の和訳であり，cognition という言葉は，デカルトの「われ思う，ゆえに我あり」と訳されるラテン語「Cogito ergo sum」の Cogito から来ている．しかし，その「思う」の中にはいろいろな要素が含められている．イラストを見て「お昼にぴったりの洋食」であり，「食べるものである」と「わかる」，おいしそうだと「評価する」のも「思う」の一端である．また本書を通読するとわかるように，「思い出す」「決める」「感じる」なども含めて，頭の中で起きていることをすべて含めて「認知」ということばが用いられている．

実際，人がイラストを見たときに，まず，料理の絵だと「わかる」．それがお昼向けの軽食だということも「わかる」，同時にカレーライスということも「わかり」，その味やにおいも頭に思い浮かぶ．これが人の情報処理の第一歩であり，しかし実は「高次な仕組みが必要」な過程なのである．

この「わかる」という過程は，まず人の目（や耳）に入ってきた情報（物理的には光や音のエネルギーのパタン）が何であるのかを同定するという認知的な情報処理過程である（パタン認識とよばれる．第2章参照）．しかし，そうした外からの情報が処理されるに当たっては，頭の中に「それが何であるか」の情報，いわゆる知識が必須である．つまり，人は「自分が頭の中にもっている情報，すなわち知識」と外側からやってきた情報の「つき合せ」をしてみて初めて，「それが何であるかがわかる（言い換えれば，私たちは「知っていることしかわからない」のである）．そうすると，そこで使われる「頭の内側にある情報（知識）」がどんなものであるのか，それを知るのも認知心理学の目的の一つとなる（第7章）．

ところで，この写真を見て「オムライス」と言ってしまう原因は（もちろん）ご飯が「オムライス」という文字の形に「書いてある」ためである．つまり，私たちは「オムライス」というご飯の文字を見て，それを言葉として理解して，それを読んでしまっているのである（第4章）．そのため，実は，

このイラストを見たとき「実物を見てそれをカレーライスとわかる」過程と「ご飯で書かれた文字を見て，オムライスと読む」過程の間で競争，競合が起きる。そして後者，つまり「文字を読むほうが速い／強い」ために，頭ではカレーライスと「わかって」いても，オムライスと言ってしまう，という現象が起きるのである。

　興味深いことに，もし「ご飯で書かれた文字」が「山」とか「エベレスト」であったら，人は「これは何ですか？」と言われて，「山」とか「エベレスト」と答えるかというと，おそらくそんな人はいないであろう。つまり，頭の中での処理競合の結果「うっかり」言ってしまう，というエラーは，書かれた文字が「見えてわかったものを追い越して」語られるという現象であるが，実は「同じカテゴリーの名称であるとき」のみ生じることがわかる。つまり，人が「頭の中の処理の結果を，外に行動として表すとき」にも長期記憶，すなわち知識の影響を大きく受けているのである。

1.3　情報の流れとしての処理と，そこに現れる制約

　このように，認知心理学の研究としてまず行われているのは，外部から入ってくる情報が，頭の中でどのように処理をされて，どのような形で反応として出てくるのかを，順を追ってその過程を明らかにしようとすることである。実際に頭の中で情報がどのように処理されているのかは，実験心理学の方法論を用いてデータとして蓄積され，さまざまなモデルとして提案されてきている。

　そうした研究の中には，上述のように，外から入ってきた情報を「わかる」「評価する」だけではなく，本来，頭の中にあった情報を利用する「記憶」の利用，その多様な種類や分類（第3章）も含まれる。また，入ってきた情報や自分の記憶から引き出した情報を用いながら，「今，自分としてはどうすればよいのか」「どうすれば，問題がうまく解けるのか」という問題解決，意思決定の過程に関する研究（第5章）も認知心理学の領域である。

こうした「過程を明らかにする」研究では，いずれもモデルを作るにあたって，実験心理学だけではなく，知的活動を扱う情報科学，すなわち人工知能学と交流をもちながら研究が進められてきている。
　しかし，こうした「情報がどのように処理されていくか」という過程は，その根本原理は共通であっても，人により，またさまざまな場面によって様子が異なる（もし，日本のカレーライスを見たことも食べたことがない外国の人の場合や，カレーライスは知っているがカタカナは読めない人の場合は，図 1.1 のイラストを見たときの反応が異なるであろうことは，容易に想像できるであろう）。そうした変化をもたらす要因にもさまざまなものがある。どのような要因がどのような形で影響を与えているのか，本書第Ⅱ部では，その中から，注意（第 6 章），知識と文化（第 7 章），状況（第 8 章），加齢（第 9 章）を取り上げて，それぞれ，人の頭の中の情報処理に対してどのように影響を与えているのか，また認知心理学研究そのもののあり方にどのような影響をもたらしているのかについて説明をしている。

1.4 明らかにすべき問題は何か
――日常生活の中から見出す認知心理学の問題

　このように，主として実験室の中での心理学的なデータの積み上げの中で研究が進められてきた認知心理学だが，本来，人々が一番知りたいことは「実際の人たちが，実際の活動をしているときに，頭の中で何がどのように情報処理されているのだろうか」という問題であろう。最初にあげたような「トリック」の例は楽しく，また興味深い事象であるが，人が実際の生活の中で行っている活動はもっと複雑であり，また長い時間にわたって発生していく。また，もちろん，「罠にかかったように面白いエラーを示す」だけではなく，実際に意味のある行動を行って意味のある成果を残していく必要がある。こうした「本来知りたいこと」は，実験室内での実験課題で得られるデータだけで明らかにしていくことは難しい。
　そこで，認知心理学の知見をベースとした，実際の認知的な活動の場（フ

ィールド）での研究も数多く行われている。本書の第Ⅲ部ではその中から3つの事例を紹介する。まず，人の記憶が重要な意味をもつ「裁判での目撃証言」をめぐる研究（第10章），人にとって使いやすいモノ（人工物）をどのように作り上げていくのかという問題を扱う「使いやすさのデザイン」の問題（第11章），そして，自動車の運転など，人の認知活動・判断によって大きく影響を受ける「安全」の問題について（第12章）の研究である。いずれも，現実場面の問題解決をする方法を追究しながら，そこで現れてくる「認知心理学として，明らかにするべき問題は何か」について鋭い指摘，問題発見が行われている。

1.5 認知心理学の難しさ（あるいは，落とし穴）

　このように，認知心理学は「人の頭の中のこと」を対象に，科学的研究を積み上げてきた研究領域である。そのため，認知心理学は，一つの独特な難しさをもっている。それは，多くの研究トピックスが「私が，実際に実施できていることを，なぜそれができているのかを明らかにすること」が研究の目的になっている点である。

　あなたは「記憶」が何か知っていますか，そう問いかけられると多くの人は「はい，知っていますよ」と答えるであろう。「注意」についてはどうだろうか？　「わかる」ということはわかりますか？という問いにも，「それは知っている」と答えるのではないだろうか。つまり，私たちは自分が「わかったり，記憶したり，問題解決をしたり」する経験を通して，第一人称としてはそれがどんな活動であるかを知っている（と思っている）。しかし，それが実際に頭の中でどのように生起していることなのかは，実は明らかになっておらず，それを第三人称として，科学的な手法をもって明らかにしていこうとするのが心理学である。そして実際，研究の結果として，第一人称でわかったと思っていることと，実際に頭の中で起きていることとの間には大きな違いがあることを明らかにしてきたのが，認知心理学の歴史なのである。

そのため，認知心理学を学ぶ，あるいはその研究を推し進めていこうとするときに，常に気をつけておかねばならないのは，「あ，それは知ってる」と第一人称的な理解が紛れ込んでくることを回避するということである。自分が「これはリンゴだ」とわかる，という経験は誰しももっているし，その意味で「何かが起きていること」は多くの人が共有しているであろう。しかし，それだけでは「わかったことにはならない」からこそ，何がどのように情報として処理されているのかを一こま一こま明確にしていこうとするのが認知心理学である。たとえば，事物であるリンゴから発せられる「視覚的な情報」について詳細に検討していく際にも，「リンゴの色と形の組合せに注意を向けて」などのように，うっかり「第一人称のわかり方」の過程が入っていることに十分に注意していく必要がある。

　また，認知心理学を学んでいく途中で，「そんなわかりきったことを，どうしてこんなにややこしく言っているのだろう？」と思うこともあるであろう。そのときには，ここで述べた，「第一人称として知っていること」と，「第三人称として明らかにしていくこと」の違いについて，一度振り返り，考えてみていただきたい。

1.6　認知心理学を学ぶことの意味——まとめにかえて

　このように，認知心理学の対象は，「人の頭の中で起きている情報処理のメカニズム」である。その意味で，人を対象とする心理学にとって一番の基本となる心理学といっても過言ではない。そのため，多くの研究者の興味をひきつけ，理解，評価，記憶，問題解決，言語，意思決定などの鍵概念を元に，多くの実験研究が行われてきている。また，第III部で紹介するように，研究の対象とすべき領域は，実験室内にとどまらない。近年では，そうした人の認知活動が重要な意味をもつフィールドでの認知心理学研究も盛んに行われており，そこでは，下位領域ごとの認知的過程研究を越えて，認知過程全体を対象に，「人が活動をすること全体を支える認知過程」として重要な

知見が得られつつある。

　このように，認知心理学は本来，「人が行う知的な営み」全体が対象であり，その結果として，日々の活動のありとあらゆる場面・現象が認知心理学の「対象」である。だからこそ，ここで紹介したこれまでの研究を基に，認知心理学の枠組みと方法論を使って，自分自身が興味をもつ認知的活動を，自分自身で明らかにしていけるようになること，これが認知心理学の本来の学習目的である。そうしたとき，認知心理学は，人間理解のための要（かなめ）になり，その結果，人・社会にとって有用な「ものごとの見方」と「新しい問題解決の視点」をもたらすものとなるであろう。本書の読者自身が認知心理学を面白く「実践」し，その意味と力を感じていただけることを期待したい。

参 考 文 献

　本書を読んで認知心理学に興味をもった読者には，ぜひ次の書籍などにあたりながら，認知心理学の研究を進めていっていただきたい。
仲　真紀子・下山晴彦（編）（2005）．認知心理学の新しいかたち　誠信書房
日本認知心理学会（編）（2013）．認知心理学ハンドブック　有斐閣
日本認知心理学会（監修）（2010-11）．現代の認知心理学　北大路書房
　　三浦佳世（編）第 1 巻　知覚と感性
　　太田信夫・厳島行雄（編）第 2 巻　記憶と日常
　　楠見　孝（編）第 3 巻　思考と言語
　　原田悦子・篠原一光（編）第 4 巻　注意と安全
　　市川伸一（編）第 5 巻　発達と学習
　　村田光二（編）第 6 巻　社会と感情
　　箱田裕司（編）第 7 巻　認知の個人差
ノーマン，D. A.　岡本　明・安村通晃・伊賀聡一郎・野島久雄（訳）（2015）．誰のためのデザイン？［増補・改訂版］――認知科学者のデザイン原論――　新曜社

第Ⅰ部

内部での情報の流れとしての認知過程

パタン認識から
作動記憶へ

　私たちは，目の前にある外界の情報を一時的，もしくは長期的に頭の中に記憶し，その情報を使って日常生活を送っている。本章では，まず，外界の情報を取り入れるメカニズムとしてパタン認識を解説する。そして，外界から得られた情報がどのように頭の中で記憶されるのか，その貯蔵メカニズムの全体性を説明することを試みた2つの記憶モデル（多段階貯蔵モデル，作動記憶モデル）の詳細について解説する。

2.1 記憶の情報処理モデル
──多段階貯蔵モデル（アトキンソンとシフリンのモデル）

　認知心理学の初期の研究では，私たちの記憶がどのようなメカニズムをもっているのか，情報処理理論の枠組みの中での検討が行われ，そのメカニズムの説明としていくつもの記憶モデルが提案されてきた。本章では，さまざまな記憶モデルの中から，とくに記憶の全体的特徴を説明することを試みたモデルについて取り上げる。

　記憶の全体的特徴の説明を試みた代表的なモデルとして，アトキンソンとシフリン（Atkinson, R. C., & Shiffrin, R. M., 1968）の多段階貯蔵モデルがあげられる。**多段階貯蔵モデル**は，情報の流れの関係性を数式によって説明したモデル（数理モデル）であるが，そのモデルの枠組みはフローチャート的な図式で理解することが可能である（図2.1）。多段階貯蔵モデルでは，3種類の貯蔵システム（貯蔵庫）を中心とした情報の流れが想定されているのが特徴である（図2.1）。これらの貯蔵庫には，それぞれ異なる記憶に関する機能が想定されており，感覚貯蔵庫での記憶機能は「感覚記憶」，短期

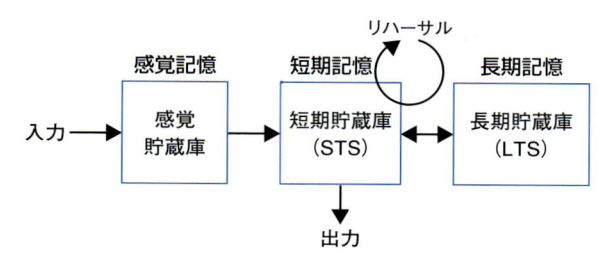

図 2.1　**多段階貯蔵モデルの外観**（Atkinson & Shiffrin, 1968 を一部改変）

貯蔵庫では「短期記憶」，長期貯蔵庫では「長期記憶」とよばれている。

2.1.1　感覚貯蔵庫——感覚記憶

　私たちの感覚器（たとえば，目や耳など）は，常に外界のさまざまな膨大な情報にさらされている。**感覚貯蔵庫**は，それらの情報を短期貯蔵庫に転送するまでのごくわずかの時間，取捨選択せず，そのままの形で貯蔵すると考えられる。私たちは複数の感覚器を有していることから，それぞれの感覚器に応じた感覚貯蔵庫が想定可能である。たとえば，視覚刺激についての**感覚記憶**は，**アイコニック・メモリー**（iconic memory），聴覚刺激についての感覚記憶は，**エコイック・メモリー**（echoic memory）とよばれている。

　スパーリング（Sperling, G., 1960）は，巧妙な実験手法を用いて視覚情報についての感覚記憶を支える感覚貯蔵庫の特性について検討した。スパーリングは最初に，複数個のアルファベットの文字列（たとえば，3文字×3行など（図2.2））を 50 ms（ミリ秒）の間，瞬間提示し，実験参加者に見えた文字を答えることを報告させる実験を実施し，感覚貯蔵庫がどの程度の情報量を貯蔵することができるかを調べた。実験では回答方法が2条件設定された。第1の全体報告条件では，見えた文字をそのままを回答すること，第2の部分報告条件では，3種類のビープ音が鳴り，音が高い順に1, 2, 3行目に見えた文字を回答することが求められた。

2.1　記憶の情報処理モデル　　13

手続き：(1) 文字列の提示　(2) 音の提示　(3) 回答

文字列刺激の提示と音刺激の提示の例

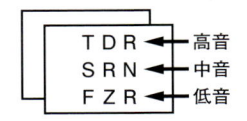

```
TDR ← 高音
SRN ← 中音
FZR ← 低音
```

図 2.2　スパーリングの実験刺激と手続き（Sperling, 1960 より）

図 2.3 に実験の結果の概要を示した。全体報告条件と部分報告条件の両条件において回答平均数は 4～5 個程度であった。しかし，部分報告条件は，あらかじめ報告する位置は明らかでなかったことを考えると，たとえば 3 行目で 3 個答えられたならば，それは，3 行分×3 個＝9 個程度の文字が感覚貯蔵庫に入力されていたと推測することができる。この部分報告条件の結果から，スパーリングは，実験参加者は配列内の文字が増えれば増えるだけ，すなわち，提示された刺激量に比例して，感覚記憶に情報が入力され貯蔵されると推定した。

次にスパーリングは，感覚貯蔵庫に転送された情報がどの程度の時間で減衰するかを調べた。この実験では，部分報告条件の手続きの中でアルファベットの配列が提示された後，ビープ音が提示されるまでの時間について複数の条件が設定された（15 ms，50 ms，150 ms，500 ms など）。実験の結果，減衰率に関する関数を算出したところ，全体報告量を越えて報告できる文字数は減った。そのことから，1 秒程度で感覚貯蔵庫の視覚情報（イメージ）は減衰すると結論づけられた。

ダーウィンら（Darwin, C. J., et al., 1972）は，聴覚情報についての感覚貯蔵庫の特性について，スパーリングの実験手続きと同様の部分報告法を用いて検討した。この実験では，刺激としてアルファベットと数字の音声が用いられた。音声は，ヘッドフォンの左，中央（左右両方から），右から提示され，合図によっていずれかの位置に提示された刺激の文字を回答すること

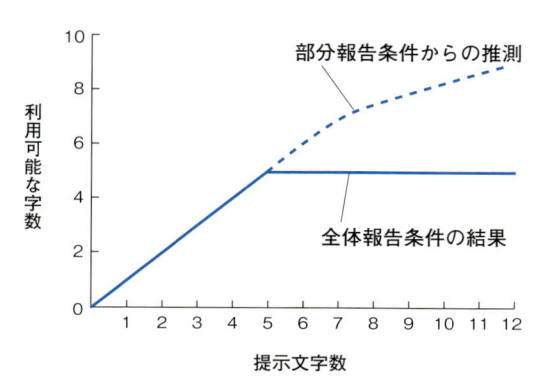

図2.3 **スパーリングの実験結果の概要**（Sperling, 1960を改変）

が求められた。実験結果からは，聴覚情報の貯蔵量は視覚情報と同様に提示される刺激量に比例すること，減衰時間は4秒程度であると結論づけられた。

　感覚貯蔵庫の特性は，モダリティごとにわずかながら異なっているが，大量の情報を大変短い時間そのままの形で貯蔵するという点については共通した特性であるといえよう。しかし，感覚貯蔵庫に貯蔵された情報の情報量は多すぎるとともに，貯蔵時間も短すぎるという問題がある。そのため，私たちは，感覚貯蔵庫に貯蔵された情報を取捨選別し短期貯蔵庫に転送することで，ある程度の長い時間の間，実行される複雑な認知活動において，それらの情報を利用することができるようになる。

2.1.2　パタン認識——感覚貯蔵庫から短期貯蔵庫への情報の転送

　感覚貯蔵庫に貯蔵された大量のそのままの情報は，取捨選択され短期貯蔵庫に転送され，**短期記憶**で利用できるようになる。このプロセスは，一般的に**パタン認識**とよばれている。

　たとえば，感覚貯蔵庫に貯蔵されている視覚的情報は，黒い線分や角度といった基本的な物理的特徴で構成されたパタンであり，何も解釈が加えられ

2.1　記憶の情報処理モデル　　15

ていない生の情報である。このような生の情報は，感覚貯蔵庫では，そのパタン以外の意味をもっていない。しかし，私たちは，パタン認識のプロセスを介して，物理的なパタンに対して，何らかの意味を付与し，認識するのである。視覚的パタンについてのパタン認識のプロセスの代表的な説明として，**特徴抽出モデル**がある。「L」という文字には，黒い線分（垂直線，水平線）が2本，1つの直角という物理的特徴が含まれる。特徴検出分析では，これらの物理的特徴について，並列的な分析を経て，最終的にアルファベットの「L」という文字に対応する概念を認識し，概念の情報が短期貯蔵庫に転送される。このプロセスの並列的な特徴抽出の代表的なモデルとしてセルフリッジ（Selfridge, O. G., 1959）による**パンデモニアム・モデル**がある（図2.4）。このモデルでは，「L」という文字についてのパタン認識が説明されている。まず，イメージデーモンが「L」という文字の刺激をそのまま保持し，次の特徴抽出デーモンに引き渡す。特徴抽出デーモンは水平線，斜線，直角担当などに分かれており，刺激の特徴に対応するデーモンが同時・並列的に処理され反応する。この特徴抽出デーモンの反応によって，その特徴を含む文字についての認知デーモンが同時・並列的に処理され反応する。最後に，この認知デーモンの反応を決定デーモンが確認し，最終的に文字の決定がなされる。

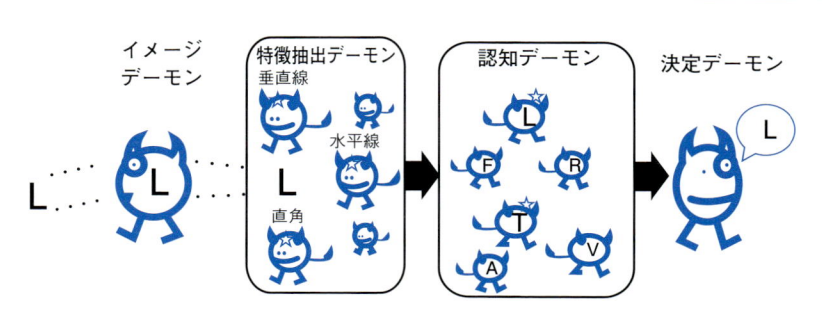

図2.4　特徴抽出分析の例（Selfridge, 1959を改変）

このようなパタン認識における特徴検出分析のプロセスは，どの程度の早さで行われるのだろうか。この問題を検討したスパーリング（Sperling, 1963）は，まず，参加者に5文字のアルファベットを一定の時間（5 ms から 200 ms）提示した。その直後に，感覚貯蔵庫を別の情報で満たすために，マスキング刺激（ランダムに線分が描かれた刺激）を提示し，参加者が最初に提示された5文字について何文字報告できるかを測定した。実験の結果，報告された平均文字数は，40 ms から 50 ms 程度までの間，提示 10 ms ごとに1文字の割合で単純増加することが示された。この結果からは，1文字のパタン認識に必要な時間は，かなり高速な 10 ms 程度であることが示唆される。

　パタン認識によって短期貯蔵庫に転送される情報は，どのように決まるのだろうか。このプロセスには，注意の機能の一つである選択的注意が関与していると考えられる（第6章参照）。選択的注意の機能によって，感覚貯蔵庫の中の大量の情報の中の一部分の情報に適切に注意が向けられ，パタン認識が実行されることで，その情報は短期貯蔵庫に転送される。**選択的注意**の機能は，必要な情報について注意を向けることでその情報を利用可能な状態にすると同時に，不必要な情報から注意をそらし利用可能な状態にしないという機能である。

2.1.3　短期記憶とは？

1. 短期貯蔵庫の特性

　感覚貯蔵庫から短期貯蔵庫に転送された情報は，短期貯蔵庫の容量と時間の限界にさらされる。ここでは，**短期貯蔵庫**（short-term storage；STS）の容量と時間に関する特性について説明する。

　短期貯蔵庫の容量を検討した代表的な実験として，メモリスパン実験（Miller, G. A., 1956）がある（図 2.5）。この実験では，参加者に1個ずつ増加する数字系列を提示し，提示した直後にその数字系列を報告するメモリスパン課題を用いて短期記憶容量を測定した。実験の結果，参加者が報告で

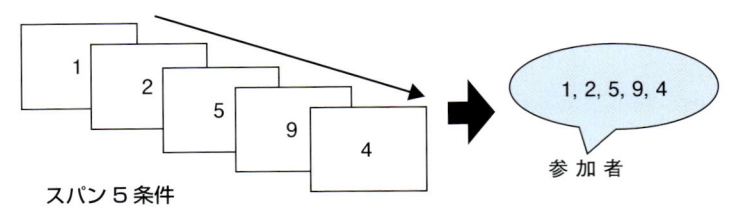

図2.5　メモリスパン実験の概要

きた平均個数は約7個程度であった。ミラーはこの結果から，短期貯蔵庫の容量を，チャンクという単位の数を用いて平均7チャンク程度であるとした。この平均7チャンクという容量は，**マジカルナンバー7±2**とよばれている。チャンクとは，情報を何らかのルールに従ってまとめられたひとまとまりの情報を1とする情報単位である。たとえば，15491192という数字系列を単純に1文字ずつ記憶する際には8チャンクの容量を必要とするが，「（以後良く）（いい国）」とまとめることで，2チャンクに減らすことができる。このように情報をまとめることは，**チャンキング**（chunking）とよばれている。私たちは，このチャンキングを行うことで，容量の小さい短期貯蔵庫を効率良く利用していると考えられる。

　短期貯蔵庫に貯蔵された情報はどの程度の時間で減衰してしまうのだろうか。たとえば，参加者にアルファベットなどの文字列を提示した後，数秒の保持時間（5秒や15秒など）を設定し，保持時間後に文字列の報告を求める実験を想定してみよう。このような実験では，保持時間が長くなればなるほど，提示された文字列を報告できなくなる確率，すなわち，忘却の確率が高まる。しかしながら，私たちは，ある程度の長い時間であっても**リハーサル**（rehearsal）という機能を使って，短期記憶の情報を維持し続けることが可能である。リハーサルは，提示された文字を繰返し頭の中で反復することで，情報を短期貯蔵庫の中に留める機能である。とくに，単純に短期貯蔵

庫の中に情報を維持し続ける目的のリハーサルは，**維持リハーサル**とよばれる。

　維持リハーサルによって短期貯蔵庫の時間限界は拡張される。そのため，単純な手続きでは，短期貯蔵庫の時間限界を検討することはできない。そこで，提案された手続きが，ブラウン-ピーターソンパラダイム（Brown, J., 1958 ; Peterson, L. R., & Peterson, M. J., 1959）である。**ブラウン-ピーターソンパラダイム**では，保持時間の間に暗算課題などの妨害課題を挿入し，維持リハーサルを妨害する。維持リハーサルが妨害されることで，リハーサルが行われない短期記憶の時間限界を正確に検討できる。この手続きを用いて，短期貯蔵庫の情報はリハーサルを妨害した場合，15秒程度で情報はほとんど減衰することが示された。この結果から，短期貯蔵庫の時間限界は15秒程度であると解釈できる。

2. 短期貯蔵庫と長期貯蔵庫の区分と，長期貯蔵庫への情報の転送

　短期貯蔵庫と長期貯蔵庫の2つの記憶システムの存在を示す実験的な証拠として自由再生（free recall）実験の結果があげられる。**自由再生実験**は，十数個の単語が1単語ずつ提示され，その単語を覚える学習フェーズと，覚えた単語を順番は気にせず自由な順番で報告する再生フェーズで構成される。図2.6は，自由再生実験における提示順序と単語の再生率関係を示した系列位置曲線の典型的な結果である。この曲線の特徴として，学習フェーズの後にすぐに再生フェーズに移行する場合（直後再生条件）では，系列のはじめのほうの単語の再生率が高くなる**初頭性効果**（primacy effect），系列の最後のほうの単語の再生率が高くなる**新近性効果**（recency effect）が生じた（Murdock, 1962）。しかし，再生フェーズまでの間に数十秒の間に妨害課題を課した場合（遅延再生条件），新近性効果が消失した（Glanzer & Cunitz, 1966）。これら結果からは，系列の最初の単語についてある程度長い時間の記憶を支える貯蔵庫（長期貯蔵庫，long-term storage；LTS）と，妨害課題などに影響を受けやすく短い時間の記憶を支える貯蔵庫（短期貯蔵庫）が存在することが示唆される。

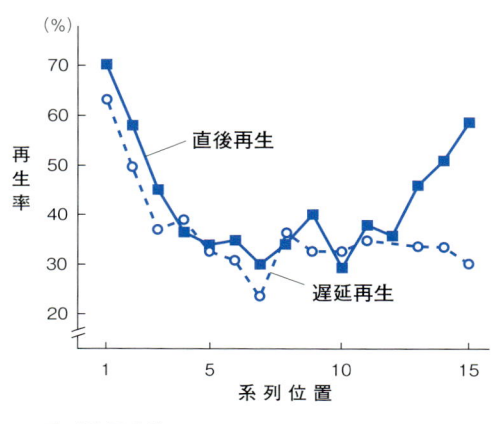

図 2.6　系列位置曲線 （Glanzer & Cunitz, 1966 を一部改変）

　このような多段階貯蔵モデルの枠組みにおいて，短期貯蔵庫内の情報を長期貯蔵庫に転送する機能の一つとしてもリハーサルのかかわりが想定されている。維持リハーサルは，短期貯蔵庫に情報を維持し続けることが主な目的であるが，維持リハーサルによって短期貯蔵庫に情報を長く留めておくことで，その情報が長期貯蔵庫に転送される可能性が高まると考えられる。しかし，クレイクとワトキンス（Craik, F. I. M., & Watkins, M. J., 1973 ; Tzeng, 1973 ; Bjork & Whitten, 1974）は，短期貯蔵庫の中に情報を長く留めておくだけでは，**長期記憶**へ転送される確率がより高まるわけではないことを報告した。その後，長期記憶への転送の確率を高めるためには，長期貯蔵庫に情報を転送することを目的とした精緻化リハーサルを行う必要があることが提案されている。**精緻化リハーサル**は，情報を短期記憶に送る際にさまざまな情報を付け加えたり，意味づけしたりすることであり，単純な維持リハーサルとは異なる。このような精緻化リハーサルを行うことで，短期貯蔵庫の情報は，効率的に長期貯蔵庫へ転送されると考えられる。

3. 短期記憶から作動記憶へ

多段階貯蔵モデルは，短期記憶に関するさまざまなデータを説明することが可能なモデルであった。しかしながら，いくつかの問題があることが指摘された。その一つは，短期貯蔵庫を，長期貯蔵庫に情報を送ることを前提とした「保持」機能のみを強調した貯蔵システムと想定し，情報の「処理」機能を想定しない点である（三宅，1995）。たとえば，長期記憶へ情報を効率良く転送するためには，より複雑な認知的処理である精緻化リハーサルが必要であるように，記憶には情報の「保持」と「処理」の2つの側面が同時に必要とされるのである。情報の保持だけでなく処理の側面が強調されたことは，当時，クレイクとロックハート（Craik, F. I. M., & Lockhart, R. S., 1972）によって，長期記憶への情報の転送が短期貯蔵庫における情報の貯蔵時間よりも，情報の符号化の際の豊富な深い「処理」が強く影響しているという**処理水準**（level of processing）の概念が提案されたことも影響していると考えられる。

　バッドリーとヒッチ（Baddeley, A. D., & Hitch, G. J., 1974）は，この問題点をふまえ，保持と処理に関わるメカニズムを想定した**作動記憶**（作業記憶，**ワーキングメモリ**；working memory）の概念を提案した。この2つの保持と処理のメカニズムを想定することで，人間の認知活動における記憶の役割について説明することが可能になった。近年の研究では，作動記憶は，「短期記憶の機能である情報の保持機能だけではなく，情報の処理的側面を強調した目標志向的な課題や作業の遂行に関わるアクティブな記憶（苧阪，2000）」と定義され，人間の認知活動における「認知の中枢」として扱われるようになっている（三宅・齊藤，2001）。

2.2　認知の中枢——作動記憶

2.2.1　作動記憶——多要素モデルについて

　バッドリーとヒッチが提案した作動記憶の概念を適用した記憶モデル（多要素モデル；図2.7）には，処理のメカニズムとして「中央実行系（central executive)」が想定され，保持に関わるメカニズムとして「音韻ループ(phonological loop)」と「視空間スケッチパッド(visuo-spatial sketch pad)」の2つのシステムが想定されている。この2つのシステムは，中央実行系の制御下にあるために従属システムとよばれている。

多要素モデルの提案以降，モデルの理論化が進み従属システムの詳細なメカニズムの提案，新たなシステムの提案が行われ，近年は，図2.8のようなモデルに至っている（Baddeley, 2000）。本節では，とくにバッドリー（Baddeley, 2000）のモデルに沿って作動記憶について解説する。

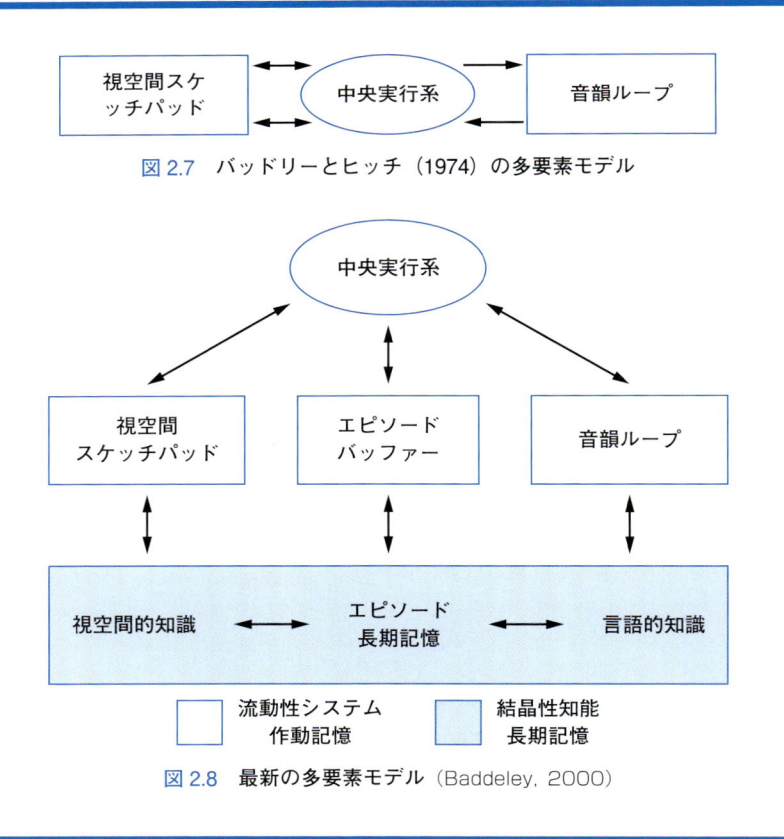

図2.7 バッドリーとヒッチ（1974）の多要素モデル

図2.8 最新の多要素モデル（Baddeley, 2000）

1. 音韻ループ

音韻ループ（phonological loop）は，音韻情報の一時的な保持と処理に特化した従属システムである。音韻ループには，音韻情報を一時的・受動的に貯蔵する機能を担う**音韻ストア**（phonological store）と，時間の経過とともに減衰していく音韻ストア内の情報を構音化によってリハーサルする機能を担う**構音コントロール過程**（articulatory control process）という2つの下位システム（**図2.9**）が想定されている（Baddeley, 1986 ; Baddeley & Logie, 1999 ; 齊藤，1997）。

「貯蔵庫＋リハーサルシステム」という2つの下位システムを想定することは，言語的情報を刺激材料としていた短期記憶研究で報告された現象によって指摘されている。まず，音韻ストアが存在を示す現象として，音韻的に類似した情報の再生率が低くなる**音韻的類似性効果**（phonological similarity effect）がある。コンラッドとホール（Conrad, R., & Hull, A. J., 1964）は，

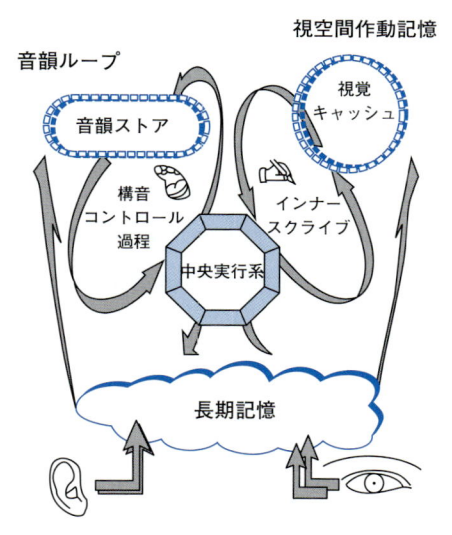

図2.9　ローギーの視空間作動記憶モデル（Logie, 1995）

単語同士が音韻的に類似している刺激リスト「BDTGCP」と，類似していない刺激リスト「FKYWRQ」について，聴覚的に提示した条件と視覚的に提示した条件の再生成績を比較した。その結果，聴覚と視覚の両提示条件において，音韻的に類似している刺激リストの再生成績は，類似していない刺激リストよりも低下した。聴覚提示条件と視覚提示条件の両条件で音韻的類似性効果が認められた結果からは，視覚提示された場合にも音韻情報の変換が行われ，音韻情報にもとづく貯蔵システムに情報が受動的に貯蔵されたと解釈できる。この解釈より，言語的情報の貯蔵システムとして，音韻情報の貯蔵に特化した保持システムとして音韻ストアの存在が示唆される。

次に，構音コントロール過程の証拠となる現象として，音節数の多い単語で構成された単語リスト（university, refrigerator, hippopotamus, tuberculosis, auditorium）は，音節数の少ない単語リスト数（wit, sum, pad, beg, top）と比較すると再生数が減少するという**語長効果**（word-length effect）（Baddeley et al., 1975）があげられる。語長効果は，音節数の少ない単語リストのほうがより構音にもとづくリハーサルを長時間実行できた結果であり，構音化にもとづくリハーサル過程が存在する結果，生じる現象であると解釈されている。

さらに，この2つの異なる下位システムの存在は，記憶材料と無関係な「the, the……」や「da, da……」（日本語では，たとえば「あ, い, う, え, お」）というような単語を繰返し発音する**構音抑制**（articulatory suppression）を用いた二重課題実験の結果からも指摘されている。まず，言語刺激を視覚提示した記憶課題の保持時間中に，構音抑制を挿入した場合，音韻的類似性効果と語長効果は消失した（Baddeley, 1986, 2007）。この2つの効果が消失したことは，構音抑制によって構音化を担う構音コントロール過程が妨害され，視覚提示された材料に対して行われる構音化を用いたリハーサルが影響を受けたためであり，構音コントロール過程が存在するからこそ，この現象が生じたと解釈できる（Baddeley, 1986）。次に，言語刺激を聴覚提示した場合，構音抑制によって語長効果は消失するが，音韻的類似性効果

は消失しないというパタンが認められた（Baddeley et al., 1984）。この結果からは，聴覚提示された材料は，構音的な符号化がすでに行われているので，音韻情報が音韻にもとづく記憶貯蔵庫に直接的・自動的に入力されていた結果であると説明することができる。この結果からは，音韻ストアの存在が示唆される。このように，構音抑制を記憶課題に挿入する二重課題実験による選択的な妨害パタンからも，音韻ループの下位システムが構音コントロール過程と音韻ストアの細分化することが示唆される。

　近年は，音韻ループの役割は単純な言語情報の保持と処理という側面だけでなく，中央実行系のような制御系システムを支える役割（詳細はBaddeley, 2007 を参照のこと）についての検討も進んでいる。

2. 視空間スケッチパッド

　多段階貯蔵モデルは，言語材料を刺激とした知見から構築されたモデルであり，視覚情報や空間情報といった視空間的情報の取扱いに対するメカニズムは十分に言及されなかった。そこで，バッドリーらは視空間的情報の保持と処理に特化した従属システムを提案した（Baddeley, 1986 ; Logie, 1995 ; Baddeley & Logie, 1999）。

　多要素モデルの提案以降，視空間スケッチパッドの理論化は十分に行われてこなかった。このような状況の中でローギー（Logie, R. H., 1995）は，視空間スケッチパッドを，視空間作動記憶（visuo-spatial working memory）と言い換え，音韻ループの下位システムと同様の「貯蔵庫＋リハーサルシステム」というメカニズムを提案し，それらの下位システムの理論化を進めた。

　ローギーは，視空間作動記憶モデルの下位システムとして，視覚性システムである視覚キャッシュ（visual cache）と，空間・運動性システムであるインナースクライブ（inner scribe）を想定した（図2.9 参照）。そして，視覚キャッシュには，明るさ，色，形態といった視覚情報の保持機能，インナースクライブは，位置，経路，運動といった空間・運動情報の保持機能を想定した（Logie, 1995 ; Baddeley & Logie, 1999）。

　視空間スケッチパッドに2つの下位システムを想定することは，二重課題

実験の結果から示唆されている。ローギーとマルケッティ（Logie & Marchetti, 1991）は，1次課題として6つの立方体の位置を記憶する空間的な記憶課題と，色の同定を求める視覚的な記憶課題を設定した。そして，1次課題の保持時間に挿入する2次課題として，①視覚的な妨害課題である線画刺激を見続けることを求める無関連絵画刺激提示課題，②空間・運動的な妨害課題として机の上の5×5の格子をタッピングする空間タッピング課題，が設定された。実験の結果，無関連絵画刺激提示課題は，色の同定課題に対してのみ妨害効果を示し，空間タッピング課題は空間的な記憶課題に対してのみ妨害効果を示した。このような選択的な妨害効果から，視空間スケッチパッドの貯蔵メカニズムの細分化が示唆された。

　ローギーのモデルのもう一つの特徴は，空間・運動性システムであるインナースクライブに対して，視覚キャッシュ内の情報のアクティブなリハーサル機能を想定している点である。これは，視空間スケッチパッドに対して，音韻ループと同様の「貯蔵システム＋リハーサルシステム」の機能を想定しようとすることが影響しており，インナースクライブにリハーサル機能を想定することについては，意見の一致はまだ得られていない（三宅・齊藤，2001）。また，空間情報に関するリハーサルについては，空間性注意の機能が関与している可能性が指摘されている（Smyth & Scholey, 1994；須藤，2005；Awh & Jonides, 2001 など）。たとえば，スミスとスコレー（Smyth, M. M., & Scholey, K. A., 1994）は，空間性情報のリハーサルを求める記憶課題中に，空間性注意の移動を求める2次課題を並列的に挿入することで記憶成績が低下することを報告した。空間性のリハーサルが中央実行系の一機能である注意制御システムによって担われている可能性を考えると，今後，中央実行系と視空間スケッチパッドの関係性についても検討する必要がある。

3. 中央実行系

　多段階貯蔵モデルと作動記憶モデルのもっとも大きな違いは，記憶システムの中に，制御システムを想定するかどうかである。多要素モデルでは，その制御システムとして**中央実行系**（central executive）を想定している。

バッドリーの初期のモデルでは，高次認知活動における複雑な機能である「従属システムの制御・調整」「注意制御」「行動制御」といった機能が中央実行系に割り振られていた。これらの複雑な認知機能を想定可能にするために，バッドリーは，中央実行系のモデルとして，ノーマンとシャリス（Norman, W., & Shallice, T., 1986）の行為における注意制御モデルを想定した（Baddeley, 1986）。ノーマンとシャリスの注意制御モデルでは，さまざまな認知活動は，それぞれがもつ特定のスキーマが活性化することで実行されるという説明がなされる。このモデルの中で，行為のスキーマは処理資源容量をもった貯蔵システムに保持され，注意制御システムとして機能する SAS（Supervisory Attentional System；監督的注意システム）によって活性化・抑制される。中央実行系は，この SAS に対応すると考えられた。

しかし，ノーマンとシャリスの SAS には，一般的な処理資源容量を想定しているために，純粋な制御システムを仮定した中央実行系とのコンセプトとは厳密には異なる。その点を明確にするために，バッドリーとローギー（Baddeley & Logie, 1999）は，中央実行系の構造的メカニズムとして，保持のための一般的な処理資源容量を排除し，複数の下位要素をもった制御システムであると見直しがなされた。具体的には，バッドリー（Baddeley, 2007）では，中央実行系に①注意の焦点化，②注意の分割，③注意の切り替え，④作動記憶と長期記憶の接続という 4 つの機能を想定している。しかし，これらの機能と中央実行系の関係性については，まだ十分に検討されていない。今後，中央実行系のメカニズム・役割の解明は，作動記憶研究において大きな課題であるといえる。

4. エピソードバッファー

作動記憶研究が進むにつれて，多要素モデルの枠組みだけでは説明できない実験結果が得られた。たとえば，意味的に関連のない単語系列の再生範囲は 5，6 項目程度であるのに対し，意味のある文で構成される単語の再生は 3 倍の 16 項目程度であることが報告されている（Baddeley et al., 1987）。このような記憶範囲が拡張した現象は，意味のある文章から想起される長期

記憶からの付加的な情報によって単語のチャンキングが生じ，統合情報として保持された結果であると解釈することができる。しかし，このようなチャンキングによって生じた統合情報の保持を担うシステムは，多要素モデルでは想定されておらず，これまでのモデルでは説明できない。

そこで，バッドリー（Baddeley, 2000）は，このような統合された情報を一時的に貯蔵するためのシステムとしてエピソードバッファー（episodic buffer）を提案した。また，バッドリー（Baddeley, 2007）では，エピソードバッファーは，①知覚情報，従属システムからの情報，長期記憶からの情報を，いくつかのエピソードに統合するメカニズム，②長期記憶からの意味的コードやエピソード的コードと，さまざまな視覚的，言語的，知覚的コードを結びつけるためのバッファー，といった機能が想定されている。エピソードバッファーについても中央実行系と同様に，現在そのメカニズムの研究が行われている。

2.2.2　作動記憶の容量測定

複雑な高次認知活動において，情報の保持と処理の役割を担っている作動記憶は，その容量の大きさと高次認知機能のパフォーマンスの関係が指摘されるとともに，作動記憶の容量を測定するいくつかの方法が開発されている。多段階貯蔵モデルの枠組みの中では，メモリスパン課題のように単純に情報の保持だけを求める課題を容量を測定する課題として扱っていた。しかし，作動記憶の枠組みの中では，単純に保持だけでなく，情報の保持と処理の2つの要素を含んだ課題を容量計測課題とする必要があった。このように，保持と処理の2つの側面を含んだ記憶範囲を測定する課題は，ワーキングメモリスパンテストとよばれている。

ワーキングメモリスパンテストとして複数の課題が提案されているが，共通してワーキングメモリスパンテストの得点と高次認知活動を反映した課題得点のパフォーマンス（成績）の関係が報告されている。言語的な材料を用いた代表的なワーキングメモリスパンテストとして，リーディングスパンテ

スト（reading span test；図2.10）がある。このテストは，画面上に表示された文章を読みながら文中の単語を覚えることを求める課題である。このリーディングスパンテストは，高次認知活動を反映した言語理解課題の成績を予測することが報告されている（Daneman & Carpenter, 1980；苧阪・苧阪, 1994）。同様に言語的な刺激を用いたワーキングメモリスパンテストとして，単純な計算と単語の記憶と同時に求めるオペレーションスパンテスト（operation span test；図2.11）がある。このテストは，ストループ課題の成績を予測することが報告されている（Kane & Engle, 2003）。視空間的な材料を用いたワーキングメモリスパンテストとして，心的回転課題の中で，刺激のアルファベット文字が正立像か鏡立像かの判断を行うと同時に，文字の方向を記憶することを求めた空間スパンテスト（spatial span test；図2.12）がある。このテストは，言語性能力を反映しているテストとの相関は認められないが，視空間的能力を反映しているテストとの相関があることが報告されている（Shah & Miyake, 1996）。これらの作動記憶容量の大きさ（個人差）と高次認知課題のパフォーマンスの関係を示した知見からは，作動記憶が高次認知活動において重要な役割を担っていることが示唆される。

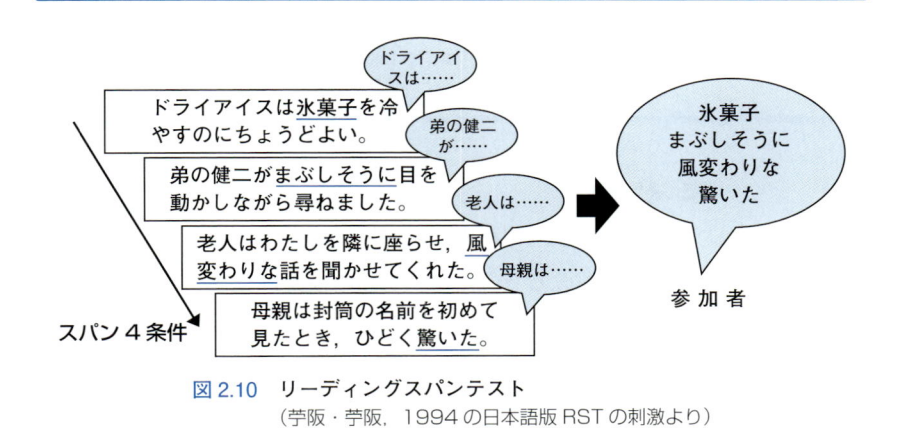

図2.10　リーディングスパンテスト
　　　　（苧阪・苧阪，1994の日本語版RSTの刺激より）

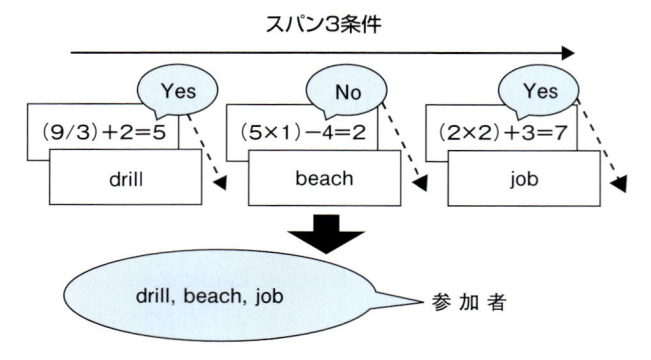

図 2.11　オペレーションスパンテスト（Kane & Engle, 2003 の刺激より）

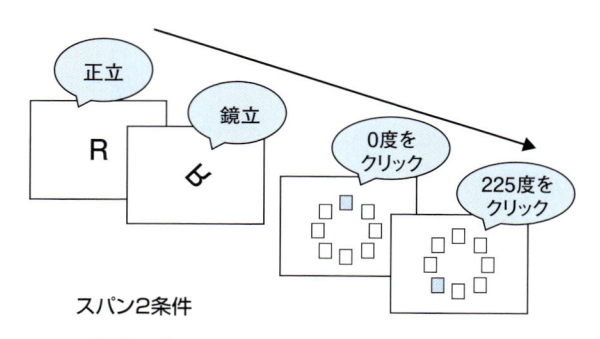

図 2.12　空間スパンテスト（Shah & Miyake, 1996 の刺激より）

2.3　まとめ

　本章では，人間の情報処理過程の中でも初期の段階であるパタン認識から短期記憶の段階を中心に解説してきた。これらの段階は，人間の複雑な認知活動を支える基本的なメカニズムといえる。しかし，実際の認知活動を考えた場合，私たちはこれまでの過去の経験によって獲得してきた長期記憶の中の情報，すなわち「知識」を利用している。これは複数の作動記憶モデルの中で長期記憶がモデルの中に配置されていることからもわかる。より複雑な

人間の認知活動のメカニズム全体を理解するためには，さらに長期記憶とパタン認識，短期記憶，作動記憶との関係性についても注目する必要がある。

エピソード記憶，潜在記憶，潜在学習

　第2章でみてきたように，見たり聞いたりして入ってきた情報は，作動記憶にしばらく蓄えられる。ただし，作動記憶には容量の限界がある。たとえば，図3.1に示したような文字列は，うまくチャンクに分けることが難しく，入りきらないように見える。しかし，このような情報であっても，人間は覚えることができる。しかも，一度覚えたものを，ずっと記憶に残し続けることもできる。それは，長期記憶があるからである。

　本章では，代表的な長期記憶であるエピソード記憶，潜在記憶，潜在学習について，その機能や性質を概観する。

3.1　エピソード記憶

　作動記憶に入った情報が持続するのは数十秒程度であるといわれるが，それとは別に，その範囲を超えて長い間にわたり記憶を保つ仕組みがあり，**長期記憶**（long-term memory）とよばれている。作動記憶（短期記憶）と長期記憶との関係は，図3.2にあるように，机と本棚とにたとえると分かりやすい。広さが限られた机の上でいろいろなものを出し入れしながらいろいろな作業を行うのが，作動記憶のはたらきである。大事なものはそこから本棚に整理して保管され，必要になったときに机へ取り出せるようになっていて，

IDDKOMOCODTTN

図3.1　この文字列を覚えられるだろうか（生駒，2011）

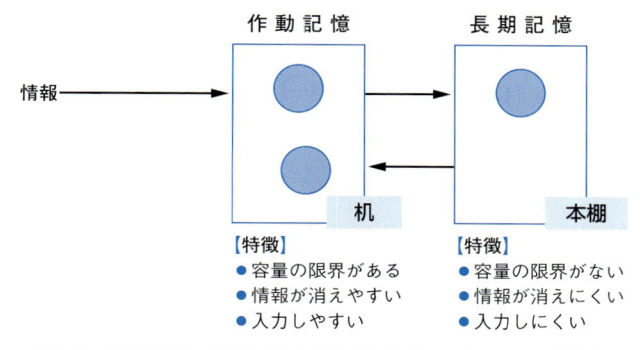

```
         作動記憶          長期記憶
情報 →  [  ●  ]  →  [  ●  ]
        [  ●  ]  ←  [     ]
              机           本棚
【特徴】              【特徴】
●容量の限界がある    ●容量の限界がない
●情報が消えやすい    ●情報が消えにくい
●入力しやすい        ●入力しにくい
```

図 3.2　作動記憶と長期記憶との関係（島田，2011を一部改変）

これが長期記憶ということになる。

　長期記憶の典型的なものが，**エピソード記憶**である。これは，自分の体験した出来事についての記憶で，思い出すときに「いつ」「どこで」「どのように」体験したのかを伴って，特定の経験として思い出されるものである。

　なお，一般的な知識もまた，長期記憶として蓄えられ，必要に応じて思い出せるものである。これは**意味記憶**とよばれ，タルヴィング（Tulving, E., 1972）によってエピソード記憶と区別された。エピソード記憶との違いは，「いつ」「どこで」「どのように」がはっきりした出来事として思い出されるのではなく，純粋な内容だけが意識に上る点にある。知識の認知過程については，第7章で詳しく述べる。

3.1.1　記憶の3段階

　記憶が適切にはたらくためには，入ってきた情報を覚える**符号化**，覚えたものを保っておく**保持**，その中を探して思い出す**検索**という3つの段階がいずれも機能する必要がある。符号化がうまくいかなくても，符号化はできたが保持が続かず消えてしまっても，保持はできているのに検索でつまずいて

も，いずれも記憶の失敗ということになる．では，エピソード記憶はどんな場合によりよくはたらくのだろうか，以下で段階順にみていきたい．

3.1.2　符号化とリハーサル

　容量の限られた作動記憶に対して，長期記憶は無限大だといわれることがよくあるが，作動記憶に入ったものすべてがエピソード記憶として符号化されるわけではない．作動記憶の中で処理を重ねるリハーサルという認知活動によって，エピソード記憶に符号化されやすくなる．覚えたい事項を頭の中で繰り返す維持リハーサルにも多少の効果はあるが，その内容について理解を深める精緻化リハーサルを行うとより符号化されやすくなる．

　古くから知られているものとして，処理水準効果（levels-of-processing effect）がある．これは，たとえば単語を覚える場合，使われている文字の形，発音したときの音といった知覚的な面に関しての認知処理（処理水準が「浅い」とみなされる）をするよりも，その語の指すものについての意味的ないしは概念的な認知処理（処理水準が「深い」とみなされる）をしたほうが，より高い記憶成績が得られるというものである．図 3.3 の文字列はカラーリット語で書いてあり，意味がわからない人にとっては深い処理ができず，覚えにくい．前に示した図 3.1 の文字列も，まったく意味をなさないように見える．しかし，こちらは携帯電話のキャリアを右から左に並べたものだと気づけば，後は難しくないだろう．絵などの非言語刺激でも同様であり，図 3.4 は描かれた像（象）がわからない間はきわめて符号化しにくい．

　単に意味に関わる処理をすればよいというだけでなく，それよりもさらに強い符号化をもたらす処理もある．自分に当てはまるかどうかなど，自己概

Tarnip ilinniarnera

図 3.3　この文字列を覚えられるだろうか

図 3.4　描かれた像がわかるだろうか（矢追，1996）

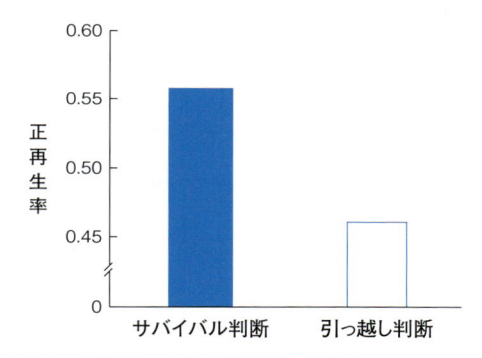

図 3.5　**サバイバル判断がもたらす適応的記憶現象**（Nairne et al., 2007）
学習時に，未知の地でのサバイバルに適するかどうかを判断すると，統制条件（未知の地への引っ越しに役立つかどうかを判断）よりも高い記憶成績が得られる。

念に結びつく処理をすることによる自己関連づけ効果や，未知の地でのサバイバルに適するかどうかを判断することによる適応的記憶現象（図 3.5）などが知られている。これらは，符号化が単なる機械的な記号処理ではなく，すぐれて人間的なプロセスであることをうかがわせる。

3.1　エピソード記憶　　35

3.1.3 偶発学習と意図学習

覚えようと思っても覚えられるとは限らないのに，覚えようと思っていなくても覚えてしまうことはある。きのうの夕飯は何だったか聞かれたら，少しとまどうことはあっても，たいていは正しく思い出せるだろう。このように，とくに覚えようとしていなかったときにも何らかの符号化が行われており，このような覚え方を**偶発学習**という。一方，試験勉強のように，覚えようという意図をはっきりもって取り組む場合は，**意図学習**とよばれる。何げなく見聞きする広告の記憶（コラム①参照）や，裁判で問われる目撃証言（第10章参照）は，主に偶発学習が関わるテーマである。

3.1.4 学習反復

一度できちんと覚えられなかったからといって，あきらめてしまうことはあまりないだろう。何度も繰り返して，覚えられるまでがんばることが多いのではないか。このような**学習反復**は確かに有効であることが，教育心理学

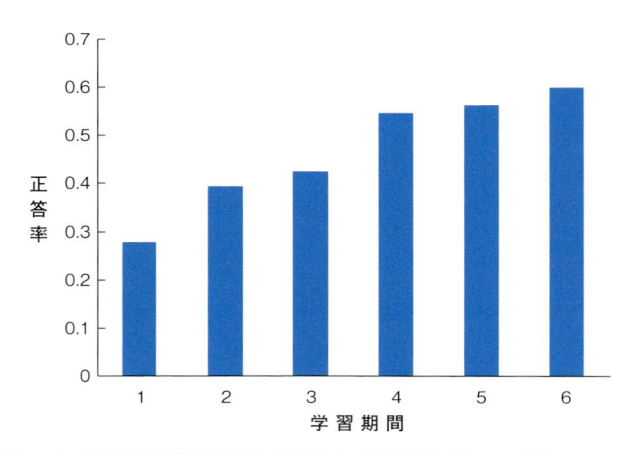

図 3.6　毎月の英単語テストに現れた成績上昇（吉田・寺澤, 2007）
学習を繰り返すことの効果が，1カ月毎に行われるテストの成績に確実に反映されている。

的にも立証されている。図3.6は，高校生が英単語を月に1語あたり5回ずつドリル学習したことによる単語テスト成績の変化である。少しずつの学習であっても，確実に積み重なっていくことがわかる。

また，同じ内容はそれだけを続けて繰り返すのではなく，他の内容を挟むなどして間を空けながらのほうがよいという，**分散学習効果**が古くから知られている。これは，間を空けたほうが学習のたびにその情報を再活性化させる量が多くなるためである（図3.7）と説明されることがある。この原理，および作動記憶容量の個人差（第2章参照）にもとづいて最大限の学習効果をあげることができる手法として，改良 Low-First 方式（水野，2001）が開

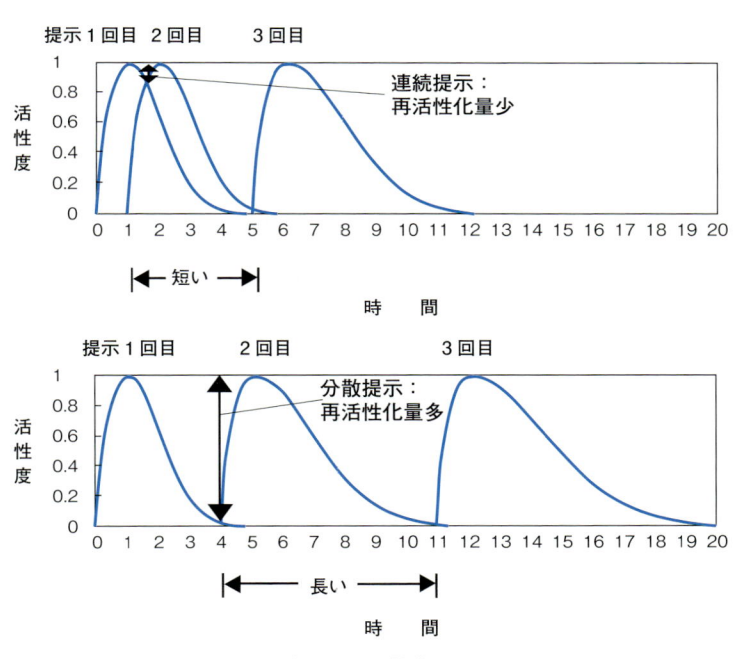

図3.7 **分散学習と再活性化**（水野，2001）
上：連続提示の部分で学習効率が落ちる。
下：もっとも効果的な分散提示スケジュール。

発されている。

3.1.5 エキスパートの記憶，記憶のエキスパート

　次々に入る注文をメモもとらずにさばいていく料理人や，過去の名勝負をよどみなく語るスポーツ解説者に，感心したことはないだろうか。こういった人々は，特別にすぐれた記憶力をもっていると思われがちである。しかし実際のところは，記憶力自体というより，熟達した領域の情報を効率的に整理して処理する能力のはたらきによると考えられている。同じように，地図を見て覚えることには比較的大きな個人差がみられるが，図 3.8 のような地図を覚える実験（Thorndyke & Stasz, 1980）では，よい記憶成績を示した

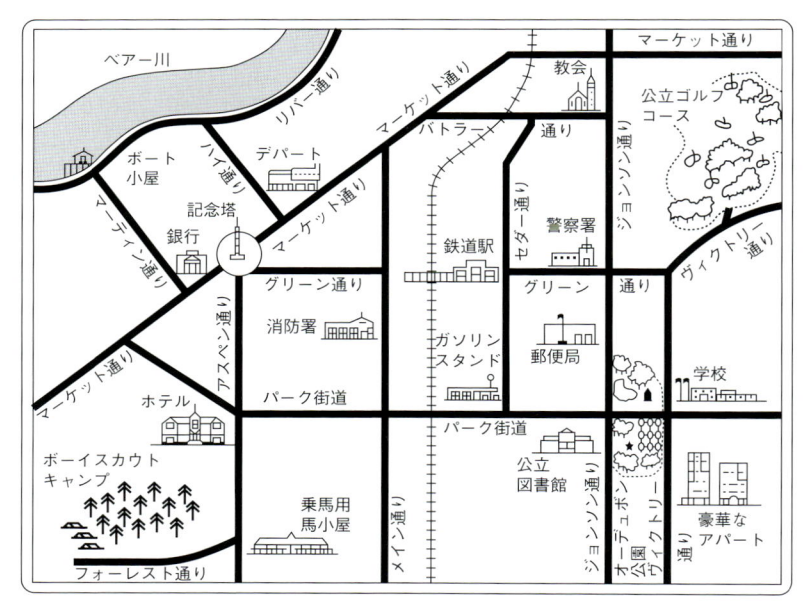

図 3.8　この地図を覚えられるだろうか
（Thorndyke & Stasz, 1980；高橋, 1999）

者は覚えやすく切り分けたり，位置関係をイメージにしたりするなどの工夫をこらしていることが明らかにされている。

一方で，**超記憶者**とよばれる，本当に記憶力が高い人もまれに現れる。中でも有名なのは，ソロモン・シェレシェフスキー（Шерешевский, С. В.）である。数字の羅列のような無意味なものを正確に暗記することを得意としていたが，それは見たものを次々にイメージにして整理していくという方略にもとづいていたとされている。

3.1.6　保持と干渉

シェレシェフスキーは，圧倒的な記憶力の副作用として，忘れることができずに苦しんだと伝えられている。普通の人は幸いにしてそうはならず，むしろいったん覚えたものをいつの間にか忘れてしまって困ることが多い。

記憶には時間と共に薄れていく性質があると考える減衰説は，直感に沿うものではあるが，記憶はそこまで単純ではない。学習後に同じだけ時間が経過しても，その間に似たようなものの学習を行うと前のものの記憶成績は下がり，経過時間中に睡眠をとれば起きたままよりも高い成績が得られる。これらは，ある記憶が別の記憶を抑制する**干渉**という現象で説明できる。学習後に別の学習を行えば干渉が増え，一方で起きているとその間にいろいろな偶発学習が起こるので眠っているほうが干渉を抑えることができる。

3.1.7　再生と再認

無事に記憶が保持されていれば，次に問題になるのはどのようにそれを想起させるかである。記憶研究ではいろいろな思い出し方が用いられているが，今日広く用いられているのは，再生と再認の2種類である。

学習内容を実験参加者自身に出力させるのが，**再生**（recall）である。覚えた内容を，紙に書き出したり，口頭で述べたりするという，日常生活の中で思い出す活動に近い手続きである。一方，**再認**（recognition）は，提示された刺激に対して，学習した経験を判断させる。1つずつの刺激に対して学

3.1　エピソード記憶　　39

1. Tarnip ilininanrera
2. Tarnip iliniannerra
3. Tarnip ilinniarnera

図 3.9　再認課題の例
6ページ前で覚えた文字列はどれだろうか。

習したものかどうかを二択で答えたり，いくつかがまとめて提示された中で学習したものを選び出したりする（図 3.9）。人の名前などで確実に覚えているはずなのにもう一歩のところで出てこない，**のどまで出かかる現象**からもわかるように，再生は比較的難しく，再認のほうが簡単で，かすかなエピソード記憶を検出することに向いている。また，音楽や造形物など，再生させるのが難しい学習材料でも，再認なら行うことができる。ただし，再認は多肢選択課題であるため，まったくでたらめに回答してもある程度の正答率が得られることに注意してデータ処理を行う必要がある。

3.1.8　文脈依存記憶

どんな場面で思い出しやすくなるかは，どんな場面で覚えたかによることが知られている。一般に，覚えたときと思い出すときとの間で，周りの環境や刺激の特徴が一致していると，そうでない状況よりも高い記憶成績が現れる。この**文脈依存記憶**を示す有名な研究の一つに，飛び込みサークルの大学生を対象とした「海岸の実験」がある。これは，単語の提示と再生テストとを，それぞれ陸上と海中とで行ったところ，両課題が同じ場所で行われた場合により高い正再生率が得られた（図 3.10）というものである。

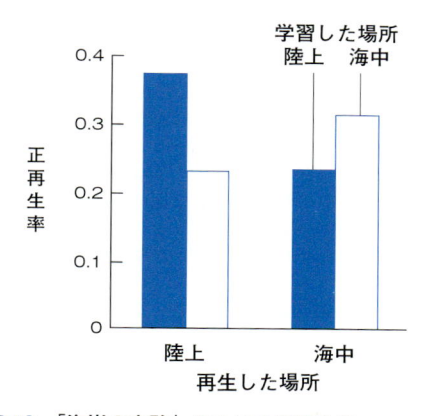

図 3.10 「海岸の実験」における正再生率
(Godden & Baddeley, 1975 をもとに作成)
陸上か海中かにかかわらず，学習した場所と再生した場所とが一致している場合に，不一致の場合よりも高い記憶成績が得られる。

3.1.9 展望記憶と無意図的想起

　伝統的な記憶実験では，実験者から思い出すよう指示を受けてテスト課題が行われる。しかし，日常生活では，誰にも言われることなく自分から思い出すことが大事な場面も多い。家に着く頃をみはからってメールを送ろう，次に会ったときにお金の催促をしよう，といった場合，覚えておくだけでなく適切なタイミングで想起できる必要があり，このような記憶を**展望記憶**とよぶ。一般に，記憶を含む認知機能は加齢に伴い低下するが（第9章参照），日常場面での展望記憶ではむしろ，若年者よりも中高年者のほうが好成績を示すことが知られている。

　自分から思い出す記憶には，ちょっとしたきっかけからふと意識にのぼってくる，**無意図的想起**によるものもある。なつかしい音楽から思い出がよみがえることは，高齢者の音楽療法に活用されている。一方，**心的外傷後ストレス障害**（post traumatic stress disorder；PTSD）では，アメリカ精神医学会による診断基準であるDSM-5における定義（**表 3.1**）にあるように，

> **表 3.1 DSM-5における心的外傷後ストレス障害の定義からの抜粋**
> （米国精神医学会，2014）
>
> B. 心的外傷的出来事の後に始まる，その心的外傷的出来事に関連した，以下のいずれか1つ（またはそれ以上）の侵入症状の存在：
> (1) 心的外傷的出来事の反復的，不随意的，および侵入的で苦痛な記憶。
>   注：6歳を超える子どもの場合，心的外傷的出来事の主題または側面が表現された遊びを繰り返すことがある。
> (2) 夢の内容と情動またはそのいずれかが心的外傷的出来事に関連している，反復的で苦痛な夢。
>   注：子どもの場合，内容のはっきりしない恐ろしい夢のことがある。
> (3) 心的外傷的出来事が再び起こっているように感じる，またはそのように行動する解離症状（例：フラッシュバック）（このような反応は1つの連続体として生じ，非常に極端な場合は現実の状況への認識を完全に喪失するという形で現れる）。
>   注：子どもの場合，心的外傷に特異的な再演が遊びの中で起こることがある。
> (4) 心的外傷的出来事の側面を象徴するまたはそれに類似する，内的または外的なきっかけに曝露された際の強烈なまたは遷延する心理的苦痛。
> (5) 心的外傷的出来事の側面を象徴するまたはそれに類似する，内的または外的なきっかけに対する顕著な生理学的反応。

思い出したくない記憶が何度も鮮明に思い出され苦しむという症状がみられる。

3.2 潜在記憶

3.2.1 症例 H. M.

　H. M. ことヘンリー・グスタフ・モレゾン（Molaison, H. G.）は，記憶の認知神経心理学に貴重な知見を提供した人物である。H. M. は子どもの頃に重いてんかんを発症し，度重なる発作に苦しんでいた。そこで，27歳のときに，てんかんの病巣があった両側の側頭葉内側部を取り除く手術を受けた。手術は成功し，H. M. はてんかん発作から解放された。知能検査の結果も正常であったが，1つだけ重い副作用が残った。新しくものごとを覚

えることがまったくできなくなってしまったのである。

　このような，他の認知機能にはとくに問題がないのにエピソード記憶の能力だけが損なわれた状態が，**健忘**（amnesia）である。H. M. の場合，健忘の原因となった出来事より後の記憶の障害が顕著であり，これは**順向性健忘**とよばれる。それ以前に記憶された情報が思い出せることから，符号化と検索とは，脳内では別の部位で処理されていることがうかがえる。

3.2.2　潜在記憶の発見

　しかし，H. M. を含む重い順向性健忘であっても，新しいことを確かに

図 3.11　不完全線画課題の例
　　　　（Warrington &
　　　　　Weiskrantz, 1968）
上から順に見せていき，何が描かれているかをできるだけ早く当てさせる。

3.2　潜在記憶　　43

学習できている証拠がみつかってきた。たとえば，知覚的同定課題とよばれる，よく知られた物体の線画を少しずつ見せていき何を描いたものか当てさせるテスト（図 3.11）を同じ線画で繰り返すと，だんだんと早い段階で答えるようになっていく。ところが本人は，何度繰り返しても，前にも行ったことがあるとは気づかない。つまり，行動の上では記憶がはたらいていると考えられる一方で，本人はその記憶を意識できていないということになる。このような，思い出しているという意識がないのに現れる記憶は，潜在記憶（implicit memory）とよばれるようになった。これに対して，エピソード記憶は特定の過去経験であるという意識がある思い出し方をされることから，顕在記憶ともよばれる。

3.2.3 潜在記憶の現れ方

　潜在記憶は，健忘に伴う異常な記憶現象ではない。図 3.12 のような語幹完成課題や単語完成課題を使うことで，潜在記憶のはたらきは誰にでも同じように認められることがわかっている。これらの課題では，その答えの一つである単語を前もって見ていると，課題のときにその単語が回答されやすくなる。ただし，前に見た経験を意識的に思い出しているのではない。単語を見せてから完成課題までの間に日数を空けていくと，見たものの顕在記憶を

```
ものわ___      いばら____

_んち_が_      _い_ころ
```

図 3.12　語幹完成課題・単語完成課題の例
出だしの数文字を手がかりにして残りを埋めて意味のある単語にするのが語幹完成課題（上，ここでいう「語幹」は言語学の用語と意味が異なることに注意）で，虫食いになった部分を埋めるのが単語完成課題（下）。
答えは章末を参照。

問う再認テストでは成績が確実に下がっていくが，完成課題のほうはあまり変わらない。つまり，時と共に消えていく顕在記憶を使っているのではなく，それとは無関係の，長い間安定して残る記憶にもとづいて答えが導かれている。このように両者の結果が分かれることは，潜在記憶と顕在記憶とが別々の認知機能であることを意味している。

　潜在記憶には，前に見たり聞いたりしたものと同じ情報が入ってきたときに，その情報処理を促進するはたらきである。潜在記憶によって，映像がよりはっきりと見えたり，音がより大きく聞こえたりする。また，より好きになったり，よい印象を受けたりという，感性評価への影響も起こり，これは社会心理学で単純接触効果とよばれているものである。たとえば，図 3.13 のように，知らない曲を繰返し聞くと，健忘症者でも健常者でも同様に，評価がよりよくなってくる。潜在記憶のはたらきによって情報処理が促進され，この流暢性がポジティブな評価をもたらすために起こる現象であると考えら

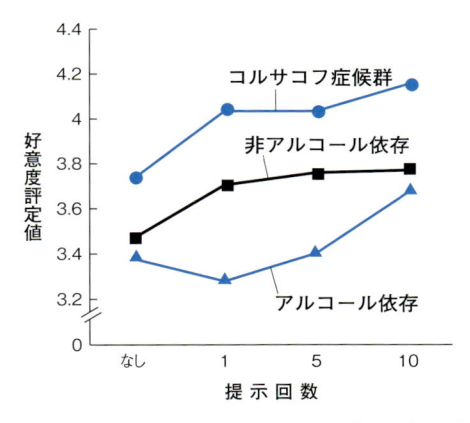

図 3.13　潜在記憶が健忘症者においても曲の評価を高める
（Johnson et al., 1985 をもとに作成）
コルサコフ症候群はアルコール依存と強く関連する「健忘症」であることから，比較する統制条件として，アルコール依存でない群とアルコール依存だがコルサコフ症候群ではない群との両方が設定されている。

れている。本来は自分の記憶による流暢性の向上なのに，外的な原因によるものと考えてしまうという意味で，「記憶の誤帰属」とよばれる現象でもある（原田，1999）。

3.2.4 潜在記憶の特徴

顕在記憶が得られにくくなる条件の下でも，潜在記憶は変わりなく得られることが多い。表 3.2 には，顕在記憶に大きく影響するが潜在記憶には影響しにくい変数をまとめた。潜在記憶がきわめて安定した性質をもっていることがわかるだろう。

逆に，顕在記憶にはあまり影響しないが，潜在記憶には大きな影響を及ぼすものもある。代表的なものとして，学習とテストとの間での刺激の知覚的成分の操作がある。単語を文字で見せて覚えさせた後で，音声で聞かせて再認テストをしても，知覚モダリティが変わったことで判断ができなくなってしまうことはない。しかし，潜在記憶では，学習とテストとの間でモダリティを変えたり，ひらがなかカタカナかを切り替えたりすると，学習の効果が損なわれやすい。この性質は知覚的同定課題や単語完成課題といった知覚的

表 3.2　顕在記憶には大きく影響するが潜在記憶には影響しにくい変数

個 人 特 性
　健忘
　知的障害
　発達・加齢
学習時の操作
　自己生成
　注意分割
　全身麻酔
学習後の操作
　テストの遅延
　指示忘却
　電気けいれん療法

要素の強い潜在記憶課題でよくみられ，知覚的特定性とよばれている。

一方，潜在記憶課題の中には，概念的な潜在記憶を扱うものもある。「千円札の肖像画は誰か」のように一般的な知識を問う課題や，「魚の名前をできるだけ多く書き出してください」のようにカテゴリの成員をあげさせる課題でも，以前に見聞きしたものが想起意識を伴わずに回答されやすくなる。こういった概念的潜在記憶は，知覚的特定性をあまりもたない。これは，潜在記憶の現れ方がテスト課題の性質に規定されることを示す。

3.3 潜在学習

潜在記憶は，きわめて安定しているものの，学習とテストとの間での変化に弱いことから，融通が利かない記憶システムであるといえるかもしれない。これに対して，無意識的にはたらく学習の一種である潜在学習（implicit learning）は，もっと柔軟な特性をもっている。

潜在学習で学習されるのは，一つひとつの刺激ではなく，そこに共通する規則性や関係性である。そして，学習の成果は，そのルールを使った認知判断が可能になるという形で現れる。ただし，客観的には正しい判断ができているにもかかわらず，本人にはそのルールがどんなものかを意識化することは困難であるところに大きな特徴がある。

3.3.1 人工文法課題

潜在学習の研究には，いろいろな学習課題が用いられてきている。古くから使われているのは，人工文法の学習である。人工的な「文法」に沿うように作られた無意味な文字列を数多く学習すると，それらの背後に文法として存在する法則性が学習されるというものである。たとえば，表 3.3 にあるような文字列について，法則性があることを知らされないまま学習することで，学習していない文字列に対してもその法則性に沿っているかどうかが判断できるようになる。

表 3.3 この文字列すべてに共通する「文法」に気づくことはできるだろうか
(Gordon & Holyoak, 1983)

X X R R	X M V T R X	V V R X R R	X M V R X R R
X M V R X	V V T R X R	V V R M T R	V V T T R M T
V T R R R	X M V R X R	X M V R M T	V V R M T R R
X X R R R	X M T R R R	V V R M V R X	X M V T R M T

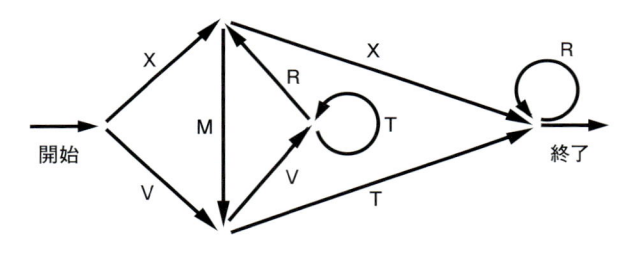

図 3.14 人工文法課題に用いられる有限状態文法の例
(Gordon & Holyoak, 1983)
「開始」から始めて矢印に従って「終了」までたどる経路にある文字を並べていくことで，この文法に沿う文字列を無限に生成できる。

この例では，図 3.14 のような文法が潜在的に学習されることになる。しかし，このような文法規則自体が意識にのぼることはなく，潜在記憶と同様に，学習内容を思い出しているという意識を伴わずに，その影響が課題成績に表れる。文法に沿っているかどうかという結論だけが意識的に判断できたり，あるいは文法に沿った文字列をより好ましく感じるという，単純接触効果と同様の効果が現れたりする。

3.3.2 さまざまな潜在学習課題

文字列からの人工文法の学習の他にも，さまざまな手続きを通して，潜在

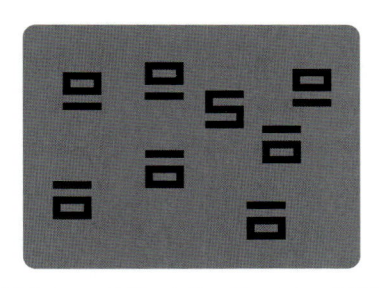

図 3.15 文脈手がかり効果の実験で用いられる視覚探索課題の例
(Chun & Jiang, 1998)
視覚探索課題では，ディストラクタの中に1つだけ混ざっているターゲットをできるだけ早く見つけ，キーを押して回答するよう求められる。

学習の効果が確認されている。音楽刺激に一定のルールを与えても，人工文法課題のように学習効果が得られる。動物の姿や人間の顔といった，非言語的な視覚刺激からの概念形成による検討もある。

近年の知覚研究で注目されている**文脈手がかり効果**（Chun & Jiang, 1998）も，潜在学習の一種と考えることができる。図3.15のような刺激画面に対する視覚探索課題を数百試行行う中で，探すべきターゲットとそれ以外のディストラクタとの位置関係が常に同じになっている画面を繰り返し挟んでいくと，その配置のときの反応がそうでないときに比べて早くなる。これは，画面の知覚パターンの潜在記憶のはたらきのようにもみえるが，学習された配置が同じであれば，画面中の個々の刺激をそれまでと異なるものに差し替えても効果が得られることから，刺激間の関係性の潜在学習が視覚的注意（第6章参照）に影響を与えていると考えられる。

3.3.3　潜在記憶・潜在学習の適応性

潜在記憶や潜在学習は，確実に学習されているのに意識的には思い出すことができない点で，特殊で例外的な記憶現象のようにみえる。しかし，進化

心理学的な観点からは，これらのほうがエピソード記憶よりも低次で基礎的な機能であると考えられている。原始環境で生き延びるためには，過去経験を生かした反応をすばやくできることが適応的であり，行動の根拠になる個々の経験をわざわざ意識化する必要はない。限られた作動記憶容量の中にいちいち意識化して考えてから動いたのでは効率を欠くのである。

人間らしい高次の認知活動においても，意識されない記憶機能は重要である。自然言語，とくに第一言語の習得や運用では，図 3.14 のような規則をはるかに上回る複雑な文法規則を処理することになるが，そのたびに意識することはまれである。小さい子どもも，文法を身につけ適切に操ることができる。一方で，それを意識化することはできないため，すでに身についているはずの文法について，小学校の国語科では一つずつ，明示的に学び直すことになる。次章では，このような言語の認知過程について理解を深めたい。

(図 3.12 の答えの例)
 ものわすれ　　いばらきけん
 にんちかがく　　だいどころ
語幹課題には他の答えもありうる（ものわかり，いばらのみち，など）。

言語を理解する心のはたらき
——状況モデルとは何か

　人間はどのようにしてことばを理解しているのだろうか。文章の内容を理解するときには，読み手自身のもつ知識を活用し，これをテキストからの情報と組み合わせることが欠かせない。本章では状況モデルという視点から，ことばを理解する際にはたらく心の仕組みについて考える。

4.1　言語の理解と状況モデル
4.1.1　ことばを理解するとは

　私たちはふだん何気なくことばを理解している。ここでいうことばの理解とは，小説や新聞などの文章を読んだり，日常会話を行ったりするときのことを考えている。文章や会話の内容を理解するときには，私たちの心の中では何が起こっているのだろうか。

　ことばを理解できたといえる条件を考えてみよう。ことばを理解するには，まず，音声や文字などの情報からことばを作る音や形の要素を切り出す必要がある（音素・形態素解析）。それができたら，今度はどこからどこまでが1つの単語を構成しているのか，その単語はどんな種類でどのような意味をもつのかを判断することになる（単語認識）。単語をもとに，今度はどのような組立ての文が用いられているのかをとらえることも重要である（統語解析）。このような形で分解していくと，ことばを理解するために必要な条件が無数に現れる。これらのレベルでの"ことばの理解"については本章では

扱わないので，他のテキストを参考にしてほしい（阿部他，1994）。本章では，相手の言っていることがわかるといった意味での"ことばの理解"を想定して，その代表として文章を理解するという局面にしぼって考えることにする。

　文章を読んで内容を理解できたかどうかは，どのようにしたら確かめられるだろうか。もっとも簡単な方法は，読んだ人に文章を見ないでそのおよその内容を語ってもらうことである。この人が文章の内容をまったく理解していなかったとしたら，その説明はもとの文章の内容とは大きく違ったものになるだろう。逆に，きちんと理解していたなら，その人の説明はだいたいにおいてもとの文章に近いものになるだろう。

　もし文章を見ないでその内容を説明できるとしたら，その人はその文章について何らかの記憶をもっているはずである。認知心理学では，何らかの対象について残された記憶の痕跡を記憶表象とよぶ。そこで，文章を理解したときには，テキストについての記憶表象が作られているといえるだろう。先ほどは人に文章の内容を説明するという例を使ったが，テキストの記憶表象は，必ずしも他者に説明できる形になっている必要はない。たとえば，難しい文章を読んで，およそこんなことを言っていたということは覚えているが，人にはうまく説明できないということもあるかもしれない。その場合も，何となく思い浮かべられる内容があるからには，何らかの記憶表象が残されているはずである。そこで，ことばの理解の大前提として，伝えられたメッセージについての何らかの記憶表象を作ることが必要であるといえるだろう。

　では，テキストの記憶表象と理解とはどのような関係にあるだろうか。先の例でも少しふれたが，この記憶表象が適切でなければ十分な理解ができたとはいえない。適切な表象ができていなければ，文章の場合は，もとの文章とまったく違う内容を説明してしまうことになる。会話の場合なら，一方の発言の内容を他方が正しくとらえていないので，お互いの発言がまったくかみ合わない結果になるだろう。そこで，ことばを適切に理解することとは，メッセージに対して適切な記憶表象を作ることであると考えるのが現段階で

の研究者間のコンセンサスである（Kintsch, 1998 ; Zwaan & Radvansky, 1998）。本章では，このテキストの記憶表象とはどのようなものであるかについて詳しく論じていく。

4.1.2　テキスト表象の3つのレベル

　テキストの記憶表象とひとくちにいっても，それは一様な平板なものではない。テキスト表象には，少なくとも3つのレベルを区別することができる（Kintsch, 1998）。具体的には，(a) 表層形式，(b) テキストベース，(c) 状況モデルである。「カエルが虫を食べた」という簡単な文を例にして，それぞれの特徴について説明しよう（図 4.1）。

　まず，(a) **表層形式**（surface form）とは，実際に見たり聞いたりした文そのものについての記憶表象である。この例の場合，「カエルが虫を食べた」という文そのもの，また，この文を構成する単語（"カエル" "虫" "食べる"），文の構造（カエルが主語であり，虫が目的語であるなど）についての記憶を含む。

　次に，(b) **テキストベース**（textbase）とは，文の意味についての記憶表象である。テキストベースでは，実際の文の形式ではなく，文の意味のみが表象されている。そこで，「カエルが虫を食べた」という文のテキストベースは，「虫をカエルが食べた」や「虫がカエルに食べられた」のそれとほぼ同じになる。また，このレベルでは，複数の文の内容が統合される。たとえば，「カエルが虫を食べた」という文に加えて「カエルはお腹が空いていた」という文も与えられた場合，虫を食べたカエルとお腹が空いていたカエルが同じものであるといった情報も含まれる。

　そして，(c) **状況モデル**（situation model）とは，テキストそのものではなく，テキストの述べる状況についての記憶表象である。ここでの"状況"という語は，"現実的な状況"という意味で理解するとよい。たとえば，「カエルが虫を食べた」という文の構造を適切に分析して，その意味を理解した人がいるとしよう。しかし，この人がそもそも"カエル"というものを知ら

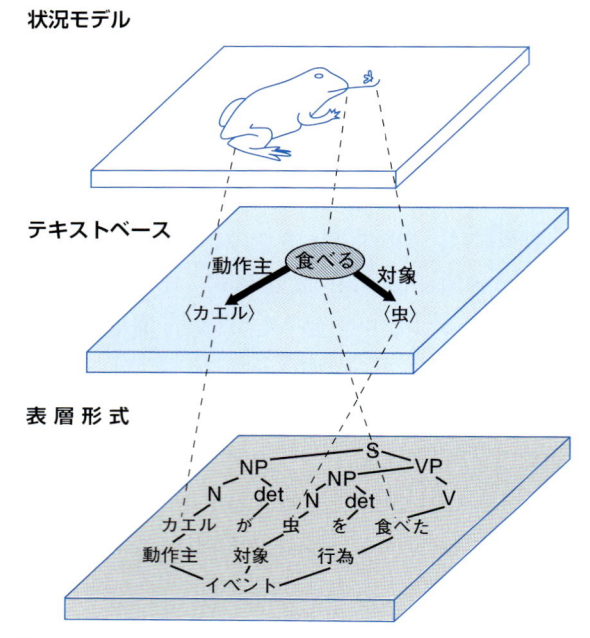

図 4.1　「カエルが虫を食べた」という文の表層形式，テキストベース，状況モデルを図示したもの（Fletcher, 1994 を参考に作成）
表層形式中のアルファベットは生成文法で一般的に用いられる略号に従っている（S＝文，NP＝名詞句，VP＝動詞句，N＝名詞，V＝動詞，det＝限定詞）。

なかったとしたらどうだろうか。この人は"カエル"が動物であることは推測できて，それが"虫"を食べることは文を読んで理解できたかもしれない。だが，この人の思い描く"カエル"は鳥のような生き物であるかもしれない。もしそのような想像をしていたとしたら，この人と"カエル"について適切に会話するのは難しいだろう。つまり，この人は「カエルが虫を食べた」について適切な表層形式とテキストベースは作れたが，適切な状況モデルは構築できなかったのである。したがって，状況モデルは，テキストに直接述べられていない情報を含む（カエルは図 4.1 に描かれたような生き物であるな

ど)。この情報は，文章そのものではなく，メッセージの受け手自身の知識から導かれたものである。このような形での知識の利用を推論（inference）とよぶ。メッセージの受け手は，自分の知識にもとづく推論を行い，テキストからの情報と結びつけることで，適切な状況モデルを作ることができる。

3つのレベルの表象のうち，表層形式が最も低次な表象で，状況モデルが最も高次な表象であるとされる。より高次な表象ほど，そこに含まれる情報は豊かになり，作り上げるのが難しいと考えられる。しかし，ことばによるメッセージを適切に理解できたといえるには，このもっとも高次な表象，すなわち，状況モデルを適切に構築できていなければならないだろう（Kintsch, 1998 ; Zwaan & Radvansky, 1998）。そこで，本章では，以下，状況モデルがどのようなものであるかについて，どんな機能を果たすのか（4.2），どんな構造をもっているのか（4.3），どんなふうに構築されるのか（4.4）の3つの側面から論じる。

4.2　状況モデルは何のためにあるのか――機能的側面

前節では，理解の最終的な目標は適切な状況モデルを作ることであるという考えを述べた。では，表層形式やテキストベースではなく，状況モデルが必要とされるのはなぜだろうか。ズワーン（Zwaan, R. A.）とラドバンスキー（Radvansky, G. A.）はいくつかの理由をあげている（Zwaan & Radvansky, 1998）。一つには，情報を統合するために状況モデルが必要である。複数の文からの情報をまとめるとき，読み手の推論が必須になる場合がある。たとえば，"カエル"を擬人化して"彼"と呼んでいる文章を理解するには，このような慣習に関する知識をはたらかせなければならないし，"この動物"と言い換えられたときにも"カエルは動物の一種である"と知っていなければならない。また，応用的な使い方として，別々の情報源からの情報を統合するのにも状況モデルは役立つ（Bråten et al., 2011）。坂本竜馬について歴史の授業で習ったことと歴史小説を読んで知ったこと，テレビドラマを見て

思ったことを結びつけるには，これらが同じ人物や歴史的事件についての情報であると理解することが必要になる。

　また，メッセージの内容を別の表現形式に変換するためにも状況モデルは必要になる。同じメッセージを文章で読んだときでも，発話として聞いたときでも，およそ同じ内容を理解できるだろう。また，同じ物語を小説によっても映像によっても楽しむことができる。これらの形式は細部では違っていてもおよそ"同じ"と認められる部分がある。そうすると，物理的な刺激の形式を離れた表象がどこかにあると考えたほうがよい。また，ある言語から別の言語へメッセージを翻訳できるということも，状況モデルの存在を前提とするだろう。翻訳では，単語や文構造がまったく別のものに変わってしまっても同等の内容を伝えることができるからである。

　以上は，理論的に期待される状況モデルの機能である。これらとは別に，状況モデルが他のレベルの表象とは違った特性をもつことを明らかにした実証研究がある。これらの研究が示した状況モデルの特性の一つとして，保持における持続性がある。ジムニー（Zimny, S.）は，実験参加者に文章を読ませた後に，再認テストを行った（Kintsch et al., 1990で報告された研究）。具体的には，読んだ文章から抜き出した文とそれに変更を加えた文を見せて，文章の中で実際に見た文かどうかを判断することを求めた。このとき，テスト文に工夫がしてあった。本章でもこれをまねたテスト文を作成した。読者には，以下の文を見て，それぞれの文がこれまで本章の文章中に出てきた文かどうかを判断してほしい。

1．だが，この人の思い描く"カエル"は鳥のような生き物であるかもしれない。
2．だが，この人が頭の中で思い描く"カエル"は鳥のような生き物かもしれない。
3．この人が考える"カエル"は，他の人たちの知識とは大きく違っている。
4．この人は"カエル"についての正しい知識をもっているといえる。

　正解，つまり，本当に出てきた文は1．だけである。それぞれのテスト文

をどのように作ったかを説明しよう。
1. 逐語文：本文で用いた文そのままである。
2. パラフレーズ文：もとの文と同じ内容だが表現だけを変えた。
3. 推論文：文章に直接書かれていない内容だが，文章の述べる状況と一致する。
4. 誤答文：書かれてもいないし，内容的にももとの文章と一致しない。

　このようなテスト文を作成したのは，テキストの3つのレベルの記憶表象を区別して評価するためである。これらのテスト文は，正しく回答するために必要とする表象が少しずつ違っている。具体的には，表4.1を参照してほしい。表4.1が示すように，逐語文に正答するには，3つすべてのレベルの表象が関係する。表層形式の記憶だけ残っていれば正答できそうだが，意味的や状況的にもとの文と同じであるとわかることも，この文が実際に読んだものであると判断するための手がかりになる。パラフレーズ文は，表層形式の記憶があれば"なかった"と判断できるが，テキストベースと状況モデルの記憶しかない場合には"あった"と判断されるはずである。推論文については，表層形式かテキストベースの記憶があれば"なかった"と答えられるが，状況モデルの記憶しかなければ"あった"と答えることになる。最後に，

表4.1　4つのテスト文に答えるために用いられる表象のレベル
(Schmalhofer & Glavanov, 1986)

情報源	誤答文	推論文	パラフレーズ文	逐語文
表層形式	−	−	−	＋
テキストベース	−	−	＋	＋
状況モデル	−	＋	＋	＋

(注)　"＋"と"−"は，各情報源が，それぞれ，"あった"と"なかった"という判断の根拠を与えるかどうかを示している。

誤答文について"あった"と答えてしまうのは，どのレベルの記憶表象も残っていない場合である。

　以上のことから，これらのテスト文についての記憶成績を互いに引き算することで，各レベルの表象の記憶における強度を推定できそうである（実際の研究では，再認成績を適切に評価するための信号検出理論という枠組みにもとづいてもう少し複雑な計算が行われているが，基本的な考え方はここで説明したようなものである）。ジムニーの実験に戻ろう。彼女はいま見たような再認テストを4種類の遅延条件で実施した。文章を読んだ直後にテストする条件，40分後，2日後，4日後にテストする条件をそれぞれ設け，各時点での表層形式，テキストベース，状況モデルの痕跡強度の推定値を計算した。その結果を表したのが図4.2である。図を見てわかるように，表層形式とテキストベースの痕跡強度は，文章を読んでからテストをするまでの時間

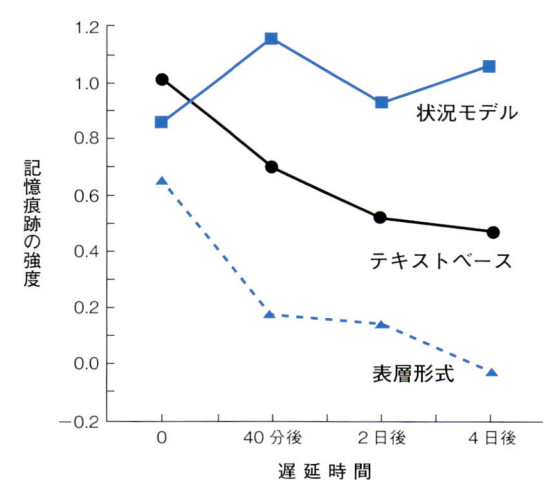

図4.2　遅延時間に伴う表層形式，テキストベース，状況モデルの記憶痕跡の強度の変化（Kintsch et al., 1990；箱田他，2010も参考に作成）記憶痕跡の強度は，d'（ディープライム）という信号検出理論の指標にもとづいて計算された。

58　第4章　言語を理解する心のはたらき

が長いほど低くなっていく。一方で，状況モデルの痕跡強度は，多少上下はするものの，時間が経ってもあまり変わらない。そこで，表層形式やテキストベースは時間が経つと読み手の記憶から失われやすいが，状況モデルは相対的に失われにくいことがわかる。このことは，文章の字面の記憶はすぐに忘れてしまうが，だいたいの内容は時間が経ってもよく覚えているという日常的な実感とも一致するだろう。これらのことから，状況モデルの特性の一つとして，保持における持続性の高さを指摘することができる。

さらに，この保持における持続性は，時間の経過だけにいえることではない。ラドバンスキーらは，ジムニーと同様の手法を用いて，若年成人（18～22歳）と高齢者（60歳以上）の表層形式，テキストベース，状況モデルの痕跡強度を比較した（Radvansky et al., 2003 ; Radvansky et al., 2001）。この実験の結果を図 4.3 に示してある。図を見るとわかるように，表層形式とテキストベースでは，若年成人のほうが高齢者よりもすぐれた記憶を示して

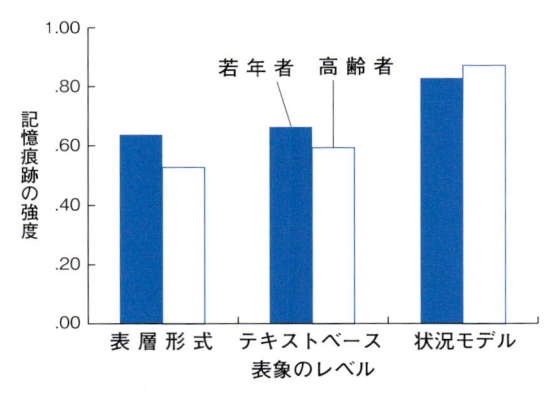

図 4.3　物語文章を読んだときの高齢者と若年者の表層形式，テキストベース，状況モデルの記憶痕跡の強度の比較
（Radvansky et al., 2003 をもとに作成）
記憶痕跡の強度は，A'（エープライム）という信号検出理論の指標にもとづいて計算された。最近では，一般に d' よりも A' のほうが精度が高いとして，A' を用いることも多い。

4.2　状況モデルは何のためにあるのか　　59

いる。しかし，状況モデルではこのパターンはみられず，わずかだが高齢者のほうがむしろ痕跡強度が強くなっている。この理由としては，高齢者は見たとおりの刺激の記憶については若年成人に劣るが，長年の経験によって，高次の表象を作るのに必要な情報を効果的に選ぶことができ，状況モデルの構築に認知資源を集中できるためであろうと考えられている。この結果からも，状況モデルは，読み手の逐語的な記憶の能力を補ってメッセージ内容の保持を助けるはたらきがあることがうかがえる。

4.3 状況モデルは何からできているのか——構造的側面

　前節では，状況モデルが表層形式やテキストベースとは保持の持続性において異なることをみた。このことは，状況モデルが他の表象と単に理論の上でだけ区別されるのではなく，何らかの違った性質をもつ実在物であることを示唆している。それでは，文や文章の表象とは異なる状況モデルとは，どんな表象なのだろうか。私たち自身がすでに作り上げて記憶に保持している状況モデルはどんな性質をもっているかという観点から考えてみよう。何かの物語を読んだり聞いたりしたとき，私たちは何を覚えているだろうか。ここで，読者の方には，自分の知っている短い物語（昔話など）を思い出して，それを簡単に文章として書き出してみてほしい。

　さて，どんな文章ができあがっただろうか。どんな内容の物語であったとしても，ごく簡単にその内容を紹介しようとした場合，できあがる文章はおそらくイベント（出来事）の羅列に近いものになるだろう。たとえば，「桃太郎」なら，"昔々，おじいさんとおばあさんがおりました。おじいさんは山へ柴刈りに，おばあさんは川へ洗濯に行きました。おばあさんが川で洗濯をしていると，大きな桃が流れてきました。……"といった文章ができるだろう。こうした説明ができるからには，私たちが記憶に保持している物語についての状況モデルは，少なくとも，複数の場面からなるイベントの展開を含むことになる。

いま，"複数の場面"という表現を用いたが，物語を伝える言語的メッセージそのものには，場面の違いを表す情報が直接示されているわけではない。"お話"を耳で聞いている場合，単語と単語，文と文との間には，発声の切れ目があるかもしれないが，それらは必ずしも物語の切れ目，場面の区切りを表すものではない。1つの場面についてたくさんの文を使って説明することもあれば，短い文だけでたくさんの場面を次々に説明していくこともある。それでは，私たちはどうやって場面の切れ目を認識し，それらをどのようにまとめて記憶に保持する——状況モデルにする——のだろうか。

　この疑問に答えるのが**イベントインデックスモデル**（event indexing model）という理論的枠組みである（Zwaan, Langston, & Graesser, 1995 ; Zwaan, Magliano, & Graesser, 1995）。この理論によれば，状況モデルは5つの次元（インデックス）からなる多次元的表象である。5つの次元とは，同一性，時間性，空間性，因果性，意図性の次元である。物語を読む人は，それと意識していなくとも，これら5つの次元について，物語中の情報が連続的であるかどうかを常にモニターしている。そして，もしそれらの連続性に変化が見られたら，その前後の場面を"別のもの"として区別するのである。

　もう少し具体的に，各次元の連続性の変化について考えてみよう。図4.4はある場面が5つの次元のそれぞれについて変化する様子を示している。左上の最初の場面では，子どもが学校の前で雪玉を転がしている。時間変化の場合，その他の状況は同じだが，雪の降る状態から天気が晴れに変わって，時間が経ったことがわかる。物語文章では，たとえば，"雪がやんで太陽が顔をのぞかせた"といった文によってこの変化が示されるかもしれない。このような展開の文章を読んだ場合，物語の読み手は状況モデルを時間次元について"シフト"させる。すなわち，場面1と場面2の表象は時間性において異なるものとして区別して保持するのである。

　他の次元の扱いについても，基本的に同じである。空間変化の場合，場面が学校から教会に変わっている。文章では，"加奈子はそのまま雪玉を教会

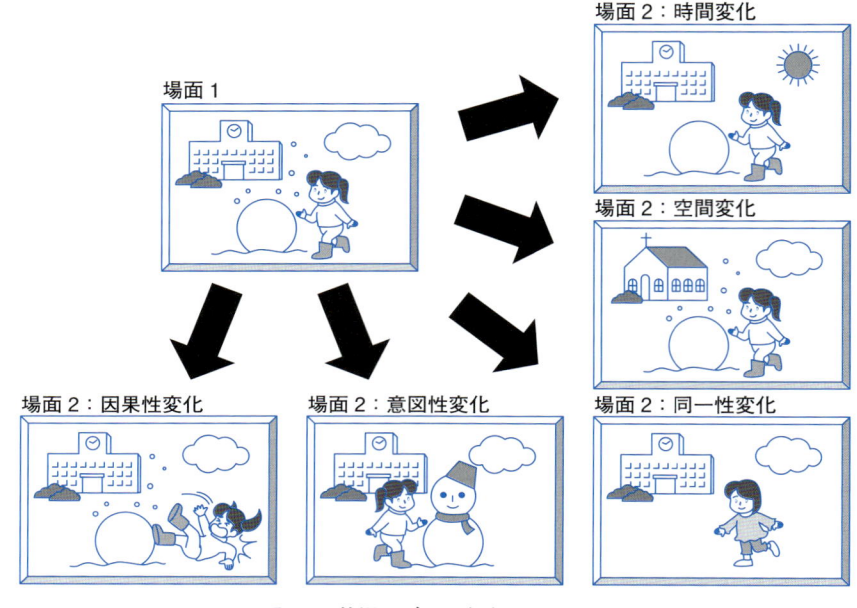

図 4.4 状況モデルの各次元のシフト

まで転がしていった"などと表現されるだろう。同一性変化は，新たな登場人物が現れることを指す。具体的な文章としては，"友達の美樹が通りかかっていっしょに遊ぶことになった"などが考えられる。因果性変化では，これまでに物語中に直接的な原因が出てこなかったような登場人物の行為や状態の変化が見られる。たとえば，"加奈子は凍っていたところを踏んで，滑って転んでしまった"などの状態変化は，それまでの"雪玉を転がす"という行為とは直接の因果関係はない（因果関係の有無については，物語文法にもとづいて判断する。日本語による解説としては，川﨑，1991 がある）。意図性変化は，登場人物の抱いている目標が変わることをいう。場面 1 ではただ雪玉を転がして遊んでいた加奈子（目標 1："雪玉を転がす"）が場面 2 で

62　第 4 章　言語を理解する心のはたらき

表 4.2　各状況次元の不連続性を判定する基準

	連　　続	不 連 続
時間性	イベントが先行イベントの直後か先行イベントと同時に起こるとき	イベント間に時間シフトがあるとき（時間副詞や推論が手がかりとなる）
空間性	イベントが先行イベントと同じ空間領域内で起こるとき	イベントが先行イベントと異なる空間領域で起こるとき
同一性	イベントが先行文脈の導入したオブジェクトや登場人物を含むとき	イベントが新たなオブジェクトや登場人物を導入するとき
因果性	イベントに原因となるイベント（因果的先行詞）があるとき	イベントに原因となるイベント（因果的先行詞）がないとき
意図性	イベントがアクティブな目標構造の一部であるとき	イベントが新たな目標を確立するか，アクティブな目標に反するとき

（注1）ズワーンらの一連の研究では，物語の各文の各次元について連続か不連続かを二値的に評定している。ただし，二値的に評定した場合でも5点尺度とした場合にもパターンは一貫すると報告されている（Zwaan, Magliano, & Graesser., 1995）。
（注2）空間領域は，テキストの述べる状況において他の場所と区別できるかどうかで決定される。
（注3）目標は，テキストで明示されることもあれば，読み手の知識にもとづいて推論されることもある。アクティブな目標とは，テキストの述べる状況においてまだ充足されていない目標を指す。

はこれを雪だるまにすることを思いつく（目標2："雪だるまを作る"）ような場合である。各次元の変化を判定するための詳細な基準については，表4.2に示した。

　ここまでの例では，各次元が単独で変化する場合だけを扱った。しかし，実際には，複数の次元が同時的に変化することも少なくない。たとえば，学校から教会に移動する（空間変化）にはある程度の時間がかかるだろう（時

図 4.5　複数の次元が同時に変化する場合の例

間変化)。図 4.5 は同時的な変化の一例で，友達の美樹もいっしょになって（同一性変化）雪だるまを作ることになり（意図性変化），完成するころには雪もやんでいた（時間変化）といった場面の展開を表している。つまり，5つの次元はそれぞれが同時的に状況モデルのシフトを引き起こすことができる。

　物語を読んでいるときに，読み手がこのような5つの次元の連続性をモニターしていることについて，実験的証拠が提示されている。ズワーンら（Zwaan, Magliano, & Graesser, 1995 ; Zwaan, Radvansky, Hilliard, & Curiel, 1998）は，実験参加者にコンピュータのモニター上で物語文章を提示して，読むのにかかる時間をおよそ文ごとに（文が長い場合にはさらに細かく分けて）測定した。実験で使った文章は，5つの次元の連続性についてどこで変化が起こるのか，あらかじめ複数の研究者による評価が行われていた。実験参加者はこのような評価については知らされていなかった。実験の結果，それぞれの次元で連続性に破綻が生じる箇所にくると，破綻の生じない箇所

に比べて，読むのにかかる時間が長くなった。この読み時間の遅延は，以下のように説明できる。すなわち，読み手は文章を読んでいる間に5つそれぞれの次元の連続性をモニターしており，連続性の変化に出会うと状況モデルをシフトさせるので，この作業を行うために時間がかかるのである。5つそれぞれの次元の破綻について読みにかかる時間が長くなることに加えて，複数の次元で同時に破綻が生じると加算的に時間が長くかかった。つまり，同時に破綻する次元の数が多いほど，より長い時間がかかる傾向があった。このことから，5つの次元はある程度独立にモニターされており，それぞれの次元でシフトが起こると考えられている。

このようにして作り上げられた状況モデルはどのような構造になるだろうか。各次元の破綻ごとに状況モデルが分割されるということは，逆の視点からみると，各次元での連続性が成立している場合には状況モデルは分割されないということである。そこで，物語の中で5つの次元について連続性が高いイベント同士は記憶において強く結びつけられ，連続性の低いイベント同士は互いに弱い結びつきしかもたないはずである。このことについても，実験的な証拠がある。ズワーンら（Zwaan, Langston, & Graesser, 1995）は，物語文章を読んだ後に，文章に出てきた動詞を手がかりとして，物語中のイベントが互いにどのくらい関連すると思うかを判断する課題を行った。たとえば，「桃太郎」の話であれば，"洗濯をする"とか"流れる"といった動詞をみて物語中のイベントを思い出し，それぞれの動詞が代表するイベント（"おばあさんが洗濯する"や"桃が流れてくる"など）が物語中でどのくらい近い関係にあったと思うかを判断するなどである。この実験でも，読みにかかる時間を測定した実験と同じように，実験に用いた文章が5つの次元について連続的であるかどうかが調べてあった。実験の結果，2つのイベントが各次元について連続的な関係にある場合は，不連続な関係にある場合よりも，関連性が強いと評価されることが多かった。また，読みにかかる時間のときと同じく，この課題でも5つの次元の影響は加算的であった。そこで，物語を読み終わった後の記憶においても，これら5つの次元がある程度独立

に影響を及ぼしており，各次元の破綻に伴って状況モデルが分割されることが示唆された。したがって，状況モデルは，同一性，時間性，空間性，因果性，意図性の5つの次元からなっており，連続的なイベントを互いに強く結びつけ，不連続なイベントはあまり結びつけないという構造をもつと考えられる。

　本節で取り上げたイベントインデックスモデルは，物語理解の研究の中から発展したものだが，理論的には，説明文などの他の種類の文章や現実に見聞きしたイベントの理解にも適用できると考えられる（井関，2004；井関・川﨑，2006；Radvansky et al., 2001）。このことは，次の節での議論とも関係してくる。

4.4　状況モデルはどうやって作られるのか──生成的側面

　状況モデルが他のレベルの表象とは異なること，複数の次元に沿って構造化された多次元的表象であることをみてきた。それでは，私たちはテキストを理解するときにどうやって状況モデルを作っているのだろうか。単語の認識や文構造の把握ができれば，あとは解析済みの文をつなげていけばテキストの表象，すなわち，状況モデルができあがるのだろうか。最近の研究は，状況モデルの構築がこうした構造の解析よりもさらにダイナミックな過程であることを明らかにしてきている。状況モデルは，単にテキストの表象であるのではなく，テキストの述べる事態についての表象であり，読み手の知識と組み合わさってはじめて適切に構築することができる。そこで，状況モデルの構築には，こうした組合せの作業，既有知識の操作が必要になる。

　最近では，状況モデルの構築は**心的シミュレーション**によってなされるという主張が強く打ち出され，これを支持する研究が多く行われている（概観・展望として，Pecher & Zwaan, 2005；Zwaan, 2004）。この考え方によれば，テキストを読んで理解する際には，メッセージの受け手が実際にその内容を体験するときと同じか，それに近い記憶表象や認知メカニズム，あるい

は，神経基盤（脳の神経回路レベルでのメカニズム）が用いられる。以下では，この主張を支持する研究の例を2つ紹介しよう。

まず，一つめは，テキストを読んでいるときに，直接的には描写されていない，対象物の形のイメージを読み手が心的に作り上げていることを示唆する研究である（Zwaan et al., 2002）。実験の手続きは，短い文を読んだ後に画像を見せて，この画像で描かれた対象物が文に出てきたかどうかを判断するものだった。実験で使用した文は，たとえば，以下のようなものであった。

5. 森林監視員は空にワシがいるのを見かけた。
6. 森林監視員は巣にワシがいるのを見かけた。

実験参加者は，いずれか1つの文を読んでから，ワシが羽を広げている画像（図4.6の左）か，ワシが羽を閉じている画像（図4.6の右）のいずれかを見て，文中にこの対象物が「出てきた」かどうかをできるだけ速く答えた。もちろん，いずれの組合せでもワシは文中に出てきた対象物なので，この例での答えは"出てきた"である。しかし，5.を読んだ実験参加者は，ワシが羽を広げている画像よりも，羽を閉じている画像に対して判断を行うのに時間がかかった。6.を読んだ実験参加者では，このパターンは逆になった。この結果は，実験参加者が文を読むときに対象物の形態についての視覚的イメージを形成していたためであると説明される。たとえば，5.を読んだ人は空を飛んでいるワシをイメージしていた。そのため，このイメージに一致する

図4.6　形態の違う2つのワシの絵（Kaup et al., 2007）

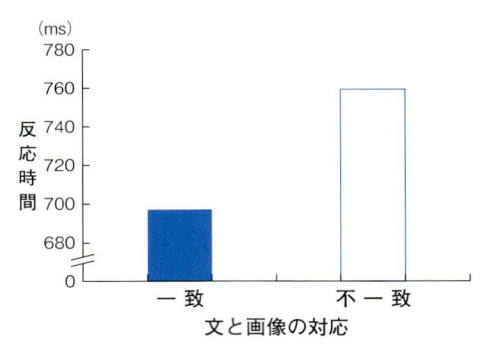

図 4.7 文から抱くイメージに一致する画像と一致しない画像の判断にかかった反応時間（Zwaan et al., 2002 をもとに作成）

画像（羽を広げている）を見て判断するときには反応が速くなるが，一致しない画像（羽を閉じている）を見たときには反応が遅くなる。6. を読んで巣の中で羽を閉じて休んでいるワシをイメージした人は，逆に羽を広げた画像に対する反応が遅くなり，羽を閉じた画像への反応が速くなる。図 4.7 は，文から抱くイメージと画像の内容が一致するかどうかで回答時間を分けて示したものである。文と画像が一致するときのほうが一致しないときよりも速く判断できたことがわかる。

この結果は，状況モデルの構築には，視覚的イメージ（具体的には，対象物の形態）に関する情報の操作が伴うと考えなければ説明がつかない。文の中にはワシの姿形に関する情報はまったく含まれていないし，5. と 6. は文構造の上ではほとんど違いがない。そこで，画像に対する反応が違ってくるのは，読み手の既有知識からの情報が影響するためであると考えられる。さらに，ここで利用される知識には，それぞれの文の文脈の中におけるワシの姿についての情報が含まれていなければならない（空／巣にいるときに，一般に，ワシはどんな姿をしているか）。そこで，この研究からは，読み手はテキストの意味を理解しようとするときに，実際には文章で描写されていな

い，対象物の視覚的イメージを形成していることが示唆されるのである。

　同様の結果は，対象物の形態だけでなく，対象物の向きについても報告されている。スタンフィールド（Stanfield, R. A.）とズワーンは，たとえば，以下のような文を読んでもらった後に，縦向きか横向きの鉛筆の画像を提示して，同様の実験を行った（Stanfield & Zwaan, 2001）。

7. ジョンは鉛筆をカップに入れた。
8. ジョンは鉛筆を引出しに入れた。

　対象物の形態についての研究と同じく，7. では縦向きの鉛筆の画像，8. では横向きの画像についての判断が速かった。そこで，テキストを読むときには，対象物の形態だけでなく，それぞれの文脈における典型的な向きについての情報も読み手の知識から引き出されていると考えられる。

　心的シミュレーションの考え方を支持するもう一つの路線の研究として，今度は，文の述べる運動の方向と読み手自身の身体的な動作の間に共鳴的な作用が起こることを示した研究を紹介しよう。グレンバーグ（Glenberg, A. M.）とカシャック（Kaschak, M. P.）は，読み手自身に対して向かってくる（近づいてくる）か，離れていく（遠ざかる）方向の移動を意味する文を使って実験を行った（Glenberg & Kaschak, 2002）。以下は，その例である。

9. コートニーはあなたにノートを手渡した。（具体的移動，近づく）
10. あなたはコートニーにノートを手渡した。（具体的移動，離れる）
11. リズはあなたにその話を聞かせた。（抽象的移動，近づく）
12. あなたはリズにその話を聞かせた。（抽象的移動，離れる）

　"具体的移動"の文9. と10. では，実際に何らかの対象物（"ノート"など）が，読み手自身（"あなた"）のほうに近づいてくるか，離れていく内容が述べられる。"抽象的移動"の文11. と12. では，実際のモノは移動しないが，抽象的な対象（"その話"など）が登場人物の間を行き来する。実験では，こうした文に対して，意味をなす文であるかどうかの判断をできるだけすばやく行うことになっていた（課題を成立させるため，"ジョーはあなたにカードを歌った"などの意味をなさない文も用意してあった）。

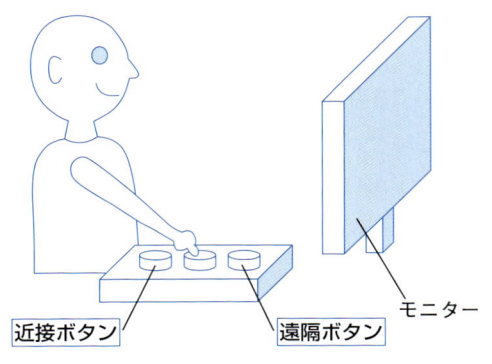

図 4.8 グレンバーグとカシャックの実験の様子

　実験参加者はコンピュータのモニター上に表示される文を読んで，ボタンを押すことで回答した．ボタンの配置と操作には，特別な工夫がしてあった（図 4.8）．ボタンは実験参加者から見て縦に 3 つ並んでいた．真ん中のボタンを押すと文が現れ，手を放すと文が消えるようになっていた．そこで，実験参加者は真ん中のボタンを押したまま文を読み，意味をなす文かどうか判断ができたら手を放して，自分に近いボタン（近接ボタン）か遠いボタン（遠隔ボタン）を押して回答した．"意味をなす"と思ったときと"意味をなさない"と思ったときにどちらのボタンを押すかはあらかじめ実験者が指定してあった．

　図 4.9 は，真ん中のボタンを押して文が現れてから，判断が決まって手を放すまでの時間を示したものである．具体的移動の場合でも，抽象的移動の場合でも，基本的なパターンは同じだった．まず，文が自分に近づく動きを述べるときは，近接ボタンを使って反応することになっているときのほうが，遠隔ボタンを使って反応するときよりも速く判断ができた．一方，文が自分から離れる動きを述べるときは，遠隔ボタンを使うときのほうが近接ボタンのときよりも判断が速かった．

70　第 4 章　言語を理解する心のはたらき

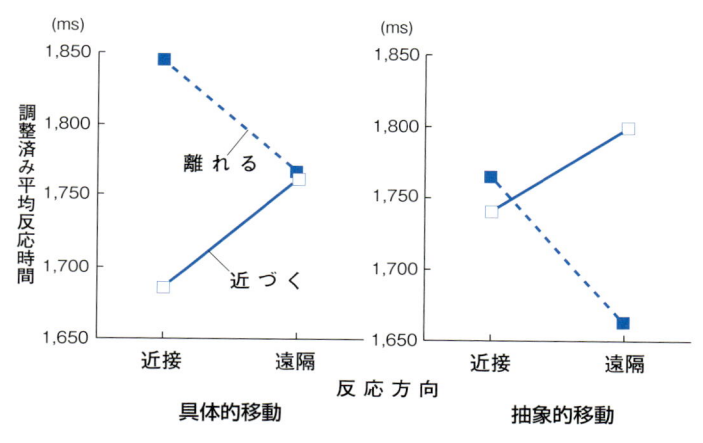

図 4.9　具体的・抽象的な移動を述べる文に対して判断を下すまでの時間
（Glenberg & Kaschak, 2002 を一部改変）
「離れる」「近づく」は，文の述べる移動の方向を示している。「近接」「遠隔」は，意味をなす文であると判断したときに押すことになっているボタンを表している。

　これらの結果は，文を読んだときに行われる心的シミュレーションが実際にボタンを押すという運動のプランニング（計画）やガイダンス（誘導）と干渉したために起こったものと解釈された。すなわち，文を読んで自分に近づく動きのシミュレーションをしていると，その直後に自分から遠ざかる動き（遠隔ボタンを押す）をしようとすることが難しくなるのである。もし文の理解が心的シミュレーションを伴わずに行われているとしたら，このような干渉は起こらないはずである。読み手が自分の身体とは関係なく，単語や文の記号操作だけによって文を理解していたとしたら，文を読むことと実際のボタン押しのための運動が衝突することはないだろう。しかし，実際にこのような干渉効果は実験において観察されており，同じような現象は広く再現されている（展望として，Marmolejo-Ramos et al., 2009 ; 常深・楠見, 2009）。そこで，テキストを読むときには，実在する対象とは無関係に語の

意味が読み取られるのではなく，実際に読み手自身がそのような場面で行う運動に関する情報も用いられていると考えられる。

　以上のように，テキストを読むときには，述べられた内容についての視覚的イメージや運動表象が利用されるというのが心的シミュレーションの考え方である。これらの表象はまとめて知覚—運動表象とよばれる。状況モデルを構築する際には，抽象的な記号の操作だけでなく，実際の知覚や運動に関わる情報を既有知識から引き出して，これらの情報をテキストからの情報と組み合わせる作業を行っていると考えられる。

　ただし，知覚—運動表象は，実際の知覚や運動の際に用いられる表象と共通する部分を多くもつが，まったく同じものではないことに注意しておきたい。たとえば，ワシについての文を読んだとき，ワシの姿形をおぼろげに思い浮かべるかもしれないが，これは本物のワシを見たときのイメージと完全に同じものではないだろう。同様に，文が示唆する運動は，必ずしも読み手自身の実際の運動とは一致しない。ノートを手渡すときの腕の動きは遠くのボタンを押しに行くときの動きと似ているかもしれないが，人に話を聞かせるときにはこのような腕の動きは直接は関係しない。それにもかかわらず，抽象的移動でも運動方向の効果がみられたということは，ここで考えられている運動というものが実際の腕の動きよりも一段階抽象的なものであることを示しているだろう。逆に，このことからは，抽象概念もまた具体的な動きの心的シミュレーションにもとづいて理解される可能性が開けてくる。

4.5　まとめと発展

　本章では，人間が言語を理解する際の心の働きについて知るために，状況モデルという概念を中心にいくつかの理論や研究成果をみてきた。状況モデルは，テキストそのものについての表象ではなく，テキストの述べる事態・状況についての表象である。状況モデルは，表層形式やテキストベースといった他のレベルのテキスト表象とは異なる機能，特性をもつことが想定され

ており，その一部については実証的に支持されている。この状況モデルがどのような構造をもつ表象であるのかについては，イベントインデックスモデルという理論的枠組みがある程度の回答を示している。適切な状況モデルを作るには，テキストからの情報とメッセージの受け手自身のもつ知識とをうまく組み合わせることが必要である。このような知識として実際の知覚や運動の際に用いられる表象が機能するというのが心的シミュレーションの考え方である。

このようにみていくと，本章で扱ってきた内容は，一般的な意味でのことばの理解という枠組みを超えるものであることに気づくだろう。状況モデルの構築は，記号としての単語や文の操作にとどまるものではなく，テキストからの情報とメッセージの受け手のもつ知識をダイナミックに統合した現実的な状況の認識にかかわるものである。言語の理解は，それ自体で孤立したものではなく，他の認知過程とのかかわりの中で成立し，また，他の認知過程のはたらきや人間のもつ高次な目標の達成に貢献するものである。本章では，状況モデルの構築までのところにかかわる話題を多く扱った。これらの論点に関する研究もまだ完結しているわけではないが，今後は，完成した状況モデルが人間の認知と行動にとってどのような意義をもつのかを明らかにすることも重要だろう。状況モデルが現実の状況の認識にどのようにかかわっているのか，状況モデルが学習や意思決定にどのように貢献するのかなど，さまざまな問題設定ができるように思われる。

問題解決と意思決定

　私たちは，日々の生活の中で，さまざまな問題と出会う。問題は人によって，時によってさまざまであろうが，たとえば，新しく買った情報端末の使い方がわからないとか，必要なものを探しているのだが見つからない，といったことは日常的によくあることだろう。私たちは，そうした問題についてあれこれ考え，さまざまな手段で「問題を解決」しようとする。

　そうした問題の中には，私たちになんらかの選択を迫るものもある。昼食に何を食べるか，といった些細なことから，これからの人生をどう生きるか，といった重大なことまで，「意思を決める」必要がある問題は，やはり毎日のようにあるといってよいだろう。

　私たちは，このようなことを，ごくあたりまえのようにやっている。いったい，私たちはどのようにして「問題解決」したり，「意思決定」したりしているのだろうか。こうした人間がごくあたりまえにやっていることの仕組みに関心をもつのは，認知心理学という学問の特徴かもしれない。とくにこうした問いに答えようとする領域として，問題解決，意思決定といった研究領域がある。いずれも，人間の思考プロセスに関する代表的な研究領域である。

　一般に，認知心理学は1956年の認知革命によって誕生した，とされる。だが，問題解決も，意思決定も，それより以前から研究されていた。こんにち問題解決の研究でよく用いられているドゥンカー（Duncker, K.）の腫瘍問題は1945年に，心理学的な意思決定研究の基礎となったゲーム理論も1944年に発表されている。問題解決と意思決定は，認知心理学のさまざまな研究領域の中でも，伝統のある領域といってよいだろう。

　以下では，問題解決と意思決定の研究について概説する。ここでは歴史のごく一部を紹介することしかできないが，問題解決や意思決定といった領域で主にどのようなことが問題とされ，どのような知見が蓄積されてきたのかを大まかに整理してみたい。いずれの領域でも，実験に用いられる課題が重要な意味をもっているので，よく知られている課題を中心に説明していくことにしよう。

5.1 「ハノイの塔」と問題空間

　まず，**問題解決**（problem solving）の研究についてみていこう。ひとくちに問題といっても，算数の計算問題から職場での人間関係上の問題に至るまで，いろいろなものがある。問題解決の研究では，問題としてパズルを用いることが多い。よほど有名なパズルでもなければ，答えを知っている人はあまりいないため，実験をするのに都合がよい。さらに重要なのは，パズルでは，問題の構造や正解が明確に定義されている点である。こうした問題を，定義が明確になされているという意味で，**良定義問題**とよぶ。一方，私たちの日常生活における問題には，職場での人間関係上の問題のように，問題の構造も正解も明確には決まらないような問題が多い。こうした問題は，定義が不明確であるという意味で，**不良定義問題**とよばれる。日常的な問題は，そのほとんどが不良定義問題であるといって過言ではない。

　良定義問題の代表的なものが，問題1に示した**「ハノイの塔」**というパズルである。このパズルは，問題解決の研究ではとてもよく用いられる。

【問題1】 図 5.1 のように，3 つの棒があり，一番左の棒には大きさの違う 3 つの輪がはまっている。3 つの輪を，以下の規則に従って，もっとも少ない手で真ん中の棒に動かすにはどうしたらよいか。
規則1：一度に移せるのは，1 つの輪だけである。
規則2：小さい輪の上に大きい輪を乗せてはならない。

図 5.1　ハノイの塔

規則3：上に輪が乗っていない輪しか移してはならない。

　まずは，問題1を解いてみてほしい。うまく解けない人は，輪を2つにして挑戦するとよい。2つになると，とたんに易しくなるのがわかるだろう。もし最初から解けたのであれば，輪を4つにして解いてほしい。おそらく，それほど迷わずに解くことができるだろう。実は，輪を2つにした場合の解法を繰り返すと輪を3つにした場合の解法になり，輪が3つの場合の解法を繰り返すと4つの場合の解法ができる。「ハノイの塔」の解法は，入れ子状の構造になっているのである（高橋，2001）。

　このことを理解するために，「ハノイの塔」の**問題空間**（問題解決空間，状態空間ともよばれる）を検討してみよう。問題空間とは，このパズルで生じるすべての場合を整理してまとめた図のことである（図5.2）。このような分析を，状態空間分析（Newell & Simon, 1972）とよぶ。最初の一手で，小さい輪を真ん中の棒に移動した人は左側に，右側の棒に移動した人は

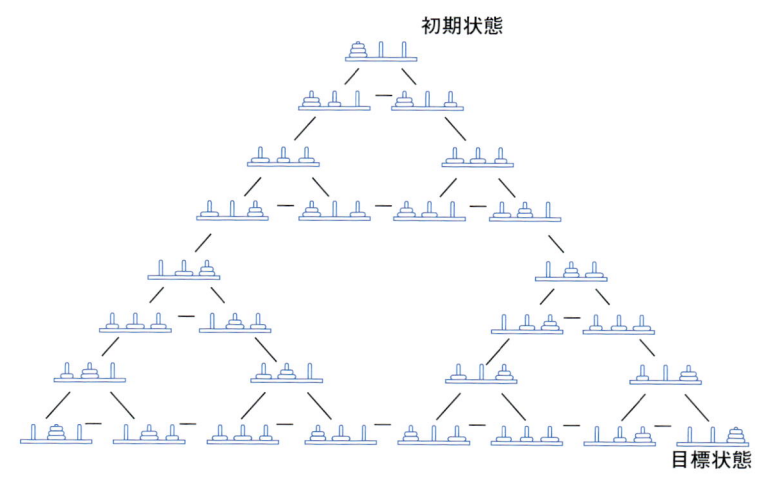

図5.2　「ハノイの塔」の問題空間（都築，2010aより作成）

76　第5章　問題解決と意思決定

右側に進む,という具合である。この図には,「ハノイの塔」で起きうる状態すべてが含まれている。言い換えると,この図からはみ出た状態というのは,このパズルには存在しない。

　この問題空間をよく見ると,小さい三角形が3つ集まった大きな三角形になっていることがわかる。小さい三角形は,輪を2つにした場合の解になっている。小さい三角形を2つ通過すると,輪を3つにした解が得られる,という仕組みになっているのである（高橋,2001）。

　「ハノイの塔」は良定義問題である,と述べた理由も,この問題空間を見れば明らかだろう。というのも,問題空間に「ハノイの塔」のすべての状態が表現できるということは,「ハノイの塔」という問題がどのような構造をしていて,その解はどのようなものなのかがすべて明らかになっている,ということだからである。逆に言えば,人間関係上の問題のように,すべてのパターンを定義することも,最短の解を示すこともおよそ不可能な場合は,不良定義問題にならざるをえない。当然のことながら,私たちが日々の生活の中で直面する問題の多くは,有限の問題空間では記述できない。その意味で,「ハノイの塔」のようなパズルを用いた問題解決研究が扱っているのは,かなり単純化された問題解決の場面であることがわかるだろう。

5.2　制約の影響

　「ハノイの塔」のような問題には,問題の論理的構造は同じだが,問題の構成要素や設定が異なる類題が存在することが多い。このような問題を,同型の問題とよぶ。注意すべきなのは,同型だからといって解きやすさも同じとは限らない,という点である。

　チャンとノーマン（Zhang, J., & Norman, D. A., 1994）は,「ハノイの塔」と同型の問題を2つ考案し,解きやすさが異なるかどうかを検討している。いずれも,課題の性質上,先ほどの「ハノイの塔」とは異なり大きいものから動かすという規則になっているし,目標とされる状態も若干異なって

図5.3 コーヒーカップパズル（Norman, 1993より作成）

いるのだが，論理的には同型の問題といえる。

　一つめの問題は，コーヒーカップパズルである。真ん中のトレイに積み重ねられた状態になっている大きさの違う3つのコーヒーカップを，3枚のトレイに決められたように移動させるのが目標である（図5.3）。

　このときの規則について考えてみよう。「ハノイの塔」の説明では，移動の規則を3つあげた。実際には，「ハノイの塔」を解くには規則3は不要であり，規則1と規則2があればよい（上に輪が乗った状態ではそもそも移動できないから）。一方，コーヒーカップパズルの場合，「一度に移せるのは，1つのカップだけである」という規則しか必要にならない。というのも，コーヒーカップの場合，大きいカップを小さいカップに載せることはできても，その逆はできないからである——小さいカップは大きいカップの中に入ってしまうから。つまり，大きいカップから動かすという規則や，上にカップが乗っていないカップしか動かせないという規則は，あらためて確認する必要がない。規則は，いわばコーヒーカップそのものによって表現されているのである。

　もう一つの問題は，オレンジパズルというものである（図5.4）。やはり，真ん中の皿にある大きさの違う3つのオレンジを，3枚の皿に決められたように移動させるのが目標である。ここで注意しなければならないのは，オレンジパズルは，コーヒーカップパズルとはまったく異なり，皿の上のオレンジはどのようにも配置することが可能だ，という点である。そのため，「ハノイの塔」で説明した規則が3つとも必要になる。言い換えれば，オレンジ

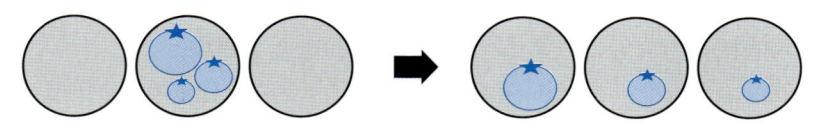

図 5.4　**オレンジパズル**（Norman, 1993 より作成）

を皿にどのように配置すればよいのか，オレンジにも皿にもヒントがない。この点は，コーヒーカップパズルと大きく異なる点である。そのため，実験参加者は問題を解いている最中，3 つの規則すべてに注意し続ける必要がある。

　どちらが解きやすい問題なのかは，すでに明白だろう。コーヒーカップパズルは，コーヒーカップそのものが規則をいわば体現しているため，注意する規則は 1 つですむ。一方，オレンジパズルでは，3 つの規則すべてを意識しながら解かないといけないので，より難しい。実際に 2 つの問題を実験参加者に解かせると，オレンジパズルはコーヒーカップパズルのおよそ 2.5 倍も時間がかかる（Norman, 1993）。

　すでに述べたように，オレンジパズルもコーヒーカップパズルも，論理的には同型の問題である。にもかかわらず，このように大きな違いが出たのはなぜだろうか。コーピーカップパズルでは，カップの形状から，どのような移動をしてはいけないかを理解しやすい。このように，その問題を解決するときに「してはいけないこと」を，**制約**とよぶ。コーヒーカップパズルでは，コーヒーカップそのものによって制約がうまく表現されているのに対し，オレンジパズルではオレンジも皿も制約をなんら表現していない。コーヒーカップパズルのように，制約が自然な形で表現されていると問題解決がしやすくなることがわかる。

5.3 「4 枚カード問題」と主題内容効果

　問題解決研究において「ハノイの塔」と並ぶ重要な問題として，ウェイソン（Wason, P. C.）による「4 枚カード問題」がある（図 5.5）。まずは，どのような問題かみてみよう。

【問題 2】
　一方の面に文字が，別の面に数字が書かれたカードが 4 枚ある。さて，「もし，あるカードの片面に D と書いてあるならば，もう一方の側は 3 である」という規則が正しいかどうかを確かめるには，どの札とどの札をめくればよいか（Wason, 1968）。

　これが，もともとの問題である。文字と数字にはこれといって意味はないので，抽象的で解きづらいという印象をもつ読者が多いだろう。実際に，ウェイソンによる実験で正答できたのは，実験参加者のわずか 4% であることからも，この問題が非常に解きづらいことがわかる。
　この問題の正解は，D と 7 なのだが，D と 3 とする解答が多いことが知られている。D をめくって 7 が出てくるかをチェックすればよいのは，すぐに

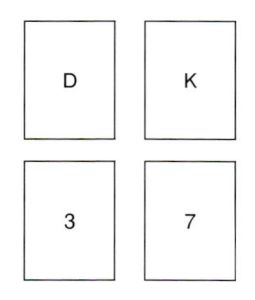

図 5.5　4 枚カード問題（Wason, 1968）

気がつく。しかし，3をめくっても確認にならないことには，気がつきにくい。だが，「一方の側にDと書いてあるならば，もう一方の側は3である」という規則が守られていたとしても，他の文字の裏側もまた3である可能性がある。たとえば，Hの裏に3が書かれたカードがあるかもしれない。そうであれば，3をめくっても何の確認にもならないのである。

一方，もし7をめくってDが出たとしたら，この規則が間違っていることがわかる。これは，「3ではない数字（＝7）の裏は，Dではない」かどうかを確認することになっている。この命題は，もとの命題「一方の側にDと書いてあるならば，もう一方の側は3である」の対偶になっていることに注意してほしい。一般に，対偶はもとの命題と真偽が一致する。したがって，7をめくることは対偶を検討することになるので，最初の規則が正しいかどうかを検討できるわけである。

それにしても，問題2は解きづらい。なぜ解きづらいのかを考えるために，問題3を検討してみよう。

【問題3】

カードには，4人の人物についての情報が書かれていて，カードの片面にはその人の年齢，カードの別の面にはその人が何を飲んでいるかが書かれている。あなたは勤務中の警察官で，「もし，ある人がビールを飲んでいるならば，その人は20歳以上でなければならない」という規則が守られているか調べていると想像してほしい。規則が守られているかどうか調べるために，どのカードを裏返す必要があるだろうか（Griggs & Cox, 1982；訳は都築，2010aによる）。

問題3は，飲酒をテーマにした問題である（図5.6）。問題2とは，まったく違うもののように思えるかもしれないが，実は論理的な構造はまったく同一であり，「ハノイの塔」とコーヒーカップパズル，オレンジパズルとの関係と同様に，問題2と問題3は同型の問題である。しかし，問題3は，オ

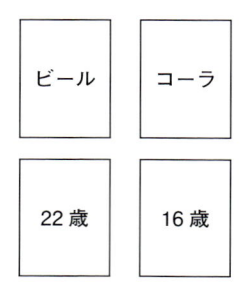

図 5.6　飲酒問題（Griggs & Cox, 1982）

リジナルの問題2とは異なり，解答は容易である（もちろん，正解はビールと16歳である）。

　このように，問題文のテーマをどのように設定するかによって正答率が変化することを，**主題内容効果**とよぶ。簡単に言うと，よく知っている主題のほうが正答しやすい，ということである。これには，実験参加者の知識の違いが影響していそうである。というのも，問題2は抽象的で，どんな知識も関係しないようにみえるが，問題3であれば，実験参加者はこの問題を解くための知識や経験を豊富にもっているからである。たとえば，未成年は飲酒してはいけない，コーラは酒類ではないので年齢と関係なく飲むことができる，といった知識や，実際に飲酒をした経験が，問題解決を容易にしていると考えるのは自然である。

　しかし，知識が豊富にあったり，実際に経験したりしたことでなくても，問題解決が容易になされる場合があることをチェンとホリオーク（Cheng, P. W., & Holyoak, K. J., 1985）が示している。彼らは，実験参加者に，空港での入国審査官になったつもりで，「もし書類の片面に『搭乗』と書いてあれば，もう片方の面の病気リストの中にコレラが含まれていなければならない」というルールを確認するにはどうしたらよいか，という設定で，実験参加者に問題2と同型の問題を提示した。このとき，「病名は旅行者が受け

た予防接種のリストであり，旅行者がコレラに免疫があるか確認するため」という理由づけを追加すると，理由づけのないときの正答率60％から，90％へと正解率は上昇した。

　入国審査官の仕事は，ほとんどの人にとって，体験したことのないはずの状況である。にもかかわらず，これほどの正答率が得られたのだろうか。チェンとホリオーク（Cheng & Holyoak, 1985）は，この結果を解釈するために実用論的推論スキーマという考え方を提案した。これは，「Xを実行するためには，Yが必要である」という義務や，「もしXをしようとするなら，Yという前提条件を満足しなければならない」という許可（Holland et al., 1986）など，規則に関するスキーマを私たちはもっていて，このスキーマによって問題解決が促進されるのだという主張である。たとえば，この問題では，コレラに免疫があれば入国を許可してよい，ということに気がつけば，解決は容易になる。これは許可スキーマにあたると考えられる。理由づけを追加すると正答率が高まったのも，許可スキーマが適用しやすくなったためだと考えることができる。許可スキーマなどの実用論的推論スキーマは，具体的かというと具体的ではないが，では抽象的かというとそれほど抽象的でもない。いわば，具体と抽象の中間に位置するものと考えられる。実用論的推論スキーマの枠組みからは，オリジナルの「4枚カード問題」が難しいのは，純粋に論理的な表現で書かれているために実用論的推論スキーマを利用しにくいことが原因にある，と考えられる。

　まったく別の解釈として，進化心理学的解釈がある。コスミデス（Cosmides, L., 1989）は，問題3のような問題の場合に成績がよくなるのは，未成年にもかかわらず飲酒しているような「裏切り者」を検知しようとするメカニズムが人間にはもともと備わっているためだ，とする社会契約説を主張した。これは，進化の過程によって，人間のもつ認知のシステムが現在のようなものになったはずだ，とする考え方にもとづいている。

5.4 「腫瘍問題」と類推的問題解決

次に，類推を用いた問題解決についてみてみよう。ある問題を解く際に，すでに知っている別の問題がヒントになることは多い。このように，別の問題の解法をヒントにして，問題を解決することを**類推的問題解決**（analogical problem solving）とよぶ。この領域でよく知られた課題として，ゲシュタルト学派のドゥンカー（Duncker, 1945）による腫瘍問題がある。

【問題4】
腫瘍問題：あなたは，胃に悪性腫瘍がある患者を担当する医師であるとしよう。手術は不可能であるが，このままでは患者は死亡してしまう。放射線を十分な強度で照射すれば，腫瘍を破壊できる。しかし，その強度の放射線では，腫瘍に届くまでに健康な組織も破壊されてしまう。弱い放射線であれば健康な組織に害はないが，腫瘍を破壊できない。どのように治療すればよいであろうか（都築，2010 a）。

この問題の答えとしてもっともよいとされるのは，弱い放射線をいろいろな方向から分散して照射し，それぞれが患部で1つに交わるようにする，というものである。これを収束解とよぶが，腫瘍問題を単独で提示した場合には，収束解を考えつく実験参加者はほとんどいないことが知られている。たとえば，ギックとホリオークの実験では，収束解を解答したのはわずか10％である。しかし，収束解を含む物語をヒントとして提示すると話は違ってくる。ヒントの問題としていろいろなものが考案されてきたが，ここでは要塞物語（Gick, M. L., & Holyoak, K. J., 1983）を紹介しよう。

要塞物語：ある国の中央に独裁者のいる要塞があり，そこには多くの道が通じている。反乱軍の将軍がその要塞を攻略しようとしていた。全軍で攻撃すれば，要塞を攻略できる。しかし，それぞれの道には地雷が仕掛けてあり，

少人数であれば無事に通れるが，大軍が通れば，地雷が爆発し，近隣の村も被害を受ける。要塞を攻略することは不可能に思われた。しかし，将軍は簡潔な戦略を思いついた。軍隊を小グループに分けて複数の道に配置し，合図とともに，要塞へ一斉攻撃をかけた。こうして将軍は要塞を攻略し，独裁者を倒した（都築，2010 a）。

　ギックとホリオークの実験では，要塞物語を提示されてから腫瘍問題を解いた場合，両者が関連していることを指摘されない場合でも 30％，関連を指摘されると 75％ までもが収束解を解答した。単独で提示された場合の 10％と比べると，収束解が大幅に増えている。これは，要塞物語からの類推によって腫瘍問題が解きやすくなることを示している。このように，類推によって問題解決を行うことを類推的問題解決とよぶ。類推的問題解決では，要塞物語のような解決に役立つ知識となるものをベース，腫瘍問題のような問題解決の対象のことをターゲットとよぶ。ギックとホリオークの実験結果からは，ベースとターゲットとの対応づけができると類推が可能になり，問題解決が促進されると考えられる。

　これまで，どのような場合に類推が起きやすいか，さまざまな研究がなされてきた。ホリオークとサガード（Holyoak, K. J., & Thagard, P., 1995）による**多重制約理論**では，問題に含まれる対象が意味的に類似していること，問題の構造が一致していること，目標が同一であることが，類推を促進すると考えている。安西（1985）は，これらに加えて，そもそも何のために類推するかという目的がないと，類推による問題解決が行われにくいと指摘している。

　また，鈴木（1996）は，**準抽象化**とよばれるレベルでの類似判断が重要であると指摘している。もし，ベースにある要素をターゲットに直接的に対応づけしているのであれば，ベースとターゲットの間にはさまざまな関係が生じてもよさそうなものだが，実際には対応づけはごく限られたパターンしか生じない。これは，一度，問題の構造が抽象化されてから対応づけが行われ

ているためではないかと考えられる。たとえば，腫瘍問題と要塞物語であれば，小さなユニットが中心で集合する，といった準抽象化を経ることにより，ベース（要塞物語）とターゲット（腫瘍問題）の関係を対応させやすくなるというわけである。

5.5 協同問題解決

　さて，これまで問題解決に関するさまざまな研究をみてきたが，どの研究にも共通するのは，これらの問題が1人の実験参加者によって解かれていたという点である。たとえば，2人で協力して解決に当たったらどうなるのだろうか。こうした複数人が協力しあって問題を解くプロセスを分析するのが，協同問題解決とよばれる研究領域である。協同問題解決には，1人で問題を解くのとは違う側面があることが知られている。そのことを，白水ら（Shirouzu et al., 2002）による次の課題から考えてみよう。

【問題5】
　ここに1枚の正方形の折り紙があります。「4分の3の3分の2」にあたる部分に細かく斜線を引いて塗り分けてください。

　この課題の答えはちょうど2分の1なので，折り紙の半分に斜線を引くのが正しい答えである。読者は，この課題をどのように解くだろうか。最初に折り紙を4段になるように折ると，そのうちの3段が4分の3になる。すると，3段の「3分の2」は，3段のうちの2段ということになるので，この時点で解を求めることができる（図5.7）。しかし，折り手はこのことに気づかず，さらに3分の2を折ろうとする。このとき，もう一人の実験参加者がいると，すでに解が求められることに気づきやすい。
　また，この課題は「4分の3の3分の2」を直接計算しても解答できる。白水らは，実験参加者が1人よりも2人の場合のほうが，直接計算すればよ

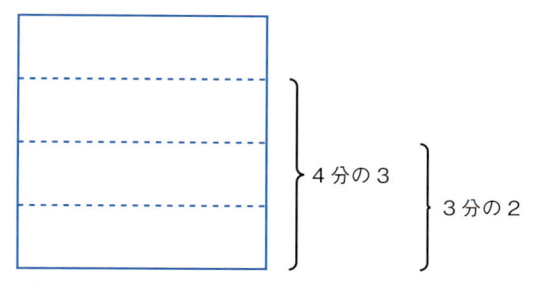

図 5.7　折り紙課題（Shirouzu et al., 2002 より作成）

いと気づきやすいことを見出している。まとめると，紙を折って解く場合にも，計算して解く場合にも，実験参加者が 2 人いると，より適切な解法が見出されやすいといえるだろう。白水らは，一方の実験参加者が課題に取り組んでいるとき，もう 1 人の実験参加者はその様子を観察するモニター役となっていることが，こうした気づきにつながっているのではないかと考えた。

同様に，岡田とサイモン（Okada, T., & Simon, H. A., 1997）は，実験のシミュレーションをもとに科学的な発見を生み出せるかどうかを，個人で取り組む場合と，友人と 2 人で取り組む場合とで比較して検討している。結果は，友人と協同するほうがよい成績であった。これは，協同で取り組むことにより，相手に説明するという活動が促進され，その結果アイデアの探索が効率的になされたためではないかと考えられる。

問題解決研究は，ここまでみてきたように，さまざまな観点から研究がなされてきている。近年では，新しいアイデアが生み出されるプロセスを検討しようとする**創造的問題解決**（Finke et al., 1992 など），どのようにしてひらめきが発生するのかを明らかにしようとする**洞察問題解決**（開・鈴木, 1998；鈴木, 2001 など）といった新しい研究テーマも生まれている。

5.6　意思決定

　ここからは意思決定の研究を概観する。意思決定（decision making）とは，「ある複数の選択肢の中から，1つあるいはいくつかの選択肢を採択すること」（竹村，1996）である。たとえば，たくさんある携帯電話の新機種から1つを選んで購入するとか，いろいろな大学の中から受験する数校を決めるといったことがあてはまる。

　このことは，どの選択肢にするかという問題を解いていると考えることもできる。そのため，問題解決と意思決定とのあいだに明確な境界線を引くことは難しい（亀田，1997）。ただ，意思決定の研究では，どの選択肢が選ばれやすいかを，条件を変えながら検討していく手法が主流である。これは，実際に実験参加者が問題を解く具体的なプロセスを検討しようとする問題解決研究とは，やや異なる点であろう。以下に，実際の研究を紹介しながらみていこう。

5.7　期待効用理論

　まず，意思決定の研究がどのような考えかたに立っているのかをみてみよう。ここでとり上げるのは，有名な囚人のジレンマ・ゲームである。

【問題6】

　囚人が2人いる。今のところ，2人とも黙秘を続けている。そこで，自白をすれば刑を軽くするという司法取引を考える。ただし，2人とも自白をしたら懲役10年で，2人とも黙秘なら懲役1年，片方だけが自白した場合は自白したほうは無罪，自白しなかったほうは懲役20年という次第である。こうした状況で，自白すべきだろうか，しないべきだろうか（図5.8）。

　囚人のジレンマ・ゲームでは，自分と相手が選びうる選択肢もわかってい

		自分の行動	
		自白	黙秘
相手の行動	自白	自分：10年 相手：10年	自分：20年 相手：無罪
	黙秘	自分：無罪 相手：20年	自分：1年 相手：1年

図 5.8　囚人のジレンマ・ゲームの利得行列

るし，それがどのような結果になるかも明確に示されている。わからないのは相手がどの行動を選択するか，という点だけである。このような設定を，**完全情報**とよぶ。これは問題解決でいう良定義問題によく似た概念であり，囚人のジレンマ・ゲームは良定義問題であるともいえる。実際に人間が意思決定する場合は不良定義問題ばかりで，完全情報など得られず，手探りで意思決定することがほとんどであろう。

さて，もともとの囚人のジレンマ・ゲームでは，相手がどう動くかがまったくわからない。そこで，仮に相手が自白する確率も，黙秘する確率も 50％ずつだとしよう。この場合，自分はどうしたらよいかを，自白する場合と黙秘する場合に分けて考えてみよう。

もし自分が自白をする場合，相手が黙秘する確率は 50％ で，そのときの刑期は無罪（つまり 0 年）である。ただ，相手も自白する確率も 50％ で，そのときの刑期は 10 年になる。両方の場合を考えると，前者は 0 年×50％＝0 年，後者は 10 年×50％＝5 年なので，自分が自白した場合には 0 年＋5 年＝5 年となり，自白すると 5 年の刑期になると予測される（なお，この計算結果は，統計学でいう期待値になっている）。一方，自分が黙秘をした場合，相手が黙秘する確率は 50％ で，そのときの刑期は 1 年である。自白す

る確率も 50% で，そのときの刑期は 20 年になる．それゆえ，この場合には，1 年×50% + 20 年×50% = 10.5 年となり，黙秘すると 10.5 年の刑期になると予想される．

このとき，5 年とか 10.5 年という数字は，自分が得られる結果（これを効用とよぶ）が，どの程度期待できるかを計算で求めたものである．こうした数値を **期待効用**（expected utility）とよぶ．期待効用をみれば，自白した場合は 5 年，黙秘した場合は 10.5 年となり，前者のほうが合理的な選択だということになる．ただし，2 人とも黙秘していれば 1 年になるわけなので，自白が「もっともよい」選択かというと，微妙ではある．

このように期待効用をもとに意思決定を考える立場を，**期待効用理論** とよぶ．ノイマンらが確立した期待効用理論が，現代の意思決定研究のスタートラインになっているといってよいだろう．

5.8 アレーのパラドックス

期待効用理論は，考えられるケースでの期待効用を計算によって求めて，その結果を比較することにより，もっともよい選択はどれかを検討しようとする手法である．しかし，実際には，期待効用仮説の予測がうまくいかないケースは多い．予測がうまくいかない代表的な例として，**アレーのパラドックス** をみてみよう．

【問題 7】
あなたは，以下の選択肢 A と B，および選択肢 C と D では，どちらを選ぶか．
選択肢 A：確実に 100 万ドルもらえる．
選択肢 B：10% の確率で 500 万ドル，89% の確率で 100 万ドルもらうが，1% の確率で賞金なし．
選択肢 C：11% の確率で 100 万ドルがもらえる．

選択肢 D：10％の確率で500万ドルがもらえる。

　ふつう，選択肢 A と B では，選択肢 A が好まれる。実は，期待される金額（期待効用）は，選択肢 A では100万ドル，選択肢 B では10％×500万ドル＋89％×100万ドル＋1％×0ドル＝139万ドルであり，後者のほうが多いのだが，確実な選択肢 A が好まれやすい。一方，選択肢 C と D では，選択肢 D が好まれる。期待される金額は，選択肢 C は11％×100万ドル＝11万ドル，選択肢 D では10％×500万ドル＝50万ドルであり，選択肢 D のほうが圧倒的に多い。

　この意思決定は，よく考えると不思議である。というのは，選択肢 A と B では，共通して100万ドルが手に入る確率が89％ある。選択肢 C と D では，共通して一銭ももらえない確率が89％ある。このように，それぞれの選択で共通な部分を取り除くと，以下のように選択肢 A と B，選択肢 C と D は同じ内容になるのである（奥田，2008）。

選択肢 A：11％の確率で100万ドル。
選択肢 B：10％の確率で500万ドル，1％の確率で賞金なし。

選択肢 C：11％の確率で100万ドルがもらえる。
選択肢 D：10％の確率で500万ドル，1％の確率で賞金なし。

　期待効用理論では，選択肢に共通する部分は選好に影響しないと考えるので，この結果は予測に反する。共通する部分は影響しないのであれば，選択肢 A と B，C と D では選好は一致するはずである。すなわち，選択肢 A を選ぶなら C を選ぶのが合理的だし，B を選ぶなら D を選ぶはずなのである。しかし，実際の選好は A と D であり，まったく一貫していない。

　おそらく，人は確実な利得のほうを好むのだろうと考えると，この結果は理解できる。つまり，選択肢 A と B では，選択肢 A のほうが確実であるた

5.8　アレーのパラドックス

めに選ばれ，選択肢CとDはどちらも確実性が低いため，と理解できる。これを，確実性効果とよぶ（竹村，1996）。

5.9 プロスペクト理論

トヴェルスキーとカーネマン（Tversky, A., & Kahneman, D., 1981）は，フレーミング効果（枠組み効果）とよばれる現象を示した。まず，以下の問題をみてほしい。

【問題 8】
アメリカ合衆国では，珍しいアジア病の流行により 600 人が死ぬと予想される状況を想定する。この病気に対抗する 2 つの計画が提案され，正確な科学的推定によれば，それぞれ次のような結果になると考えられる。

〈ポジティヴ・フレーム条件〉
対策 A が採用されれば，200 人が救われるだろう。
対策 B が採用すれれば，3 分の 1 の確率で 600 人が救われ，3 分の 2 の確率で誰も救われないだろう。

〈ネガティヴ・フレーム条件〉
対策 C が採用されれば，400 人が死亡するだろう。
対策 D が採用されれば，3 分の 1 の確率で誰も死亡せず，3 分の 2 の確率で 600 人が死亡するだろう。

600 人がいて，「200 人が助かる」対策 A と「400 人が死亡する」対策 C は同じことをいっているはずである。同様に，「600 人が助かる確率は 3 分の 1」という対策 B と「誰も死なない確率は 3 分の 1」という対策 D も同じことのはずである。しかし，ポジティヴ・フレーム条件では「〇〇人が救わ

れる」という利得が強調されていて，一方，ネガティヴ・フレーム条件では「〇〇人が死亡する」という損失が強調されている。トヴェルスキーらの実験では大半の実験参加者が，ポジティヴ・フレーム条件ではリスクを回避しようとして対策Aを選ぶが，ネガティヴ・フレーム条件ではリスクをむしろ志向して過半数の実験参加者が対策Dを選ぶという。これは，客観的には同じ情報が与えられていても，それをどのように心理的に処理したかによって意思決定の結果が異なることを示すものである（竹村，1996）。

期待効用理論では，同じ情報であれば同じ選択になるはずであり，合理的な選択はAとC，BとDのように，客観的に同じ内容になるはずである。しかし，フレーミング効果に関する実験の結果は，情報をポジティヴな枠組みで与えるのと，ネガティヴな枠組みで与えるのとでは，情報は異なって処理されることを示している。

アレーのパラドックスや，フレーミング効果など，期待効用仮説ではうまく説明できない現象は少なくない。そうした現象をうまく扱える理論として近年注目されているのが，**プロスペクト理論**である（Kahneman & Tversky, 1979；第12章も参照；解説としては都築（2010 b），奥田（2008），山岸（2010））。

プロスペクト理論では，現在の状況を**参照点**と考え，そこより得をする利得と，そこより損をする損失では，主観的な評価が異なると考える。たとえば，1万円の宝くじを買って7,000円が当たった場合，参照点がゼロに設定されていれば7,000円の利益になり，参照点が購入金額の1万円に設定されれば3,000円の損失になる（山岸，2007）。プロスペクト理論で特徴的なのは，参照点からみて利益が問題になっているのか，損失が問題になっているのかによって，判断が異なると仮定している点である。つまり，人間は，利益が問題になっている場合，より確実に利益がもらえるようなリスク回避をする傾向があり，損失が問題になっている場合には，少しでも損失を小さくするためにリスクを志向すると考えるのである。そのため，「確実に1,000円もらえる」と「確率0.5で2,000円もらえる」では，期待値は同じである

が，利得ではリスク回避になりやすいので前者が選ばれる。一方，「確実に1,000円失う」「確率0.5で2,000円失う」では，やはり期待値は同じだが，損失ではリスク志向になりやすいため，後者が選ばれる（都築，2010b）。

アジア病問題であれば，ポジティヴ・フレームの場合には助かる側，すなわち利益に注目するため，リスクが回避され，より確実なAが選好される。一方，ネガティヴ・フレームの場合には，助からない側，すなわち損失に注目するため，リスク志向になり，Dが選好されると考えられる。

なお，カーネマンは，2002年にノーベル経済学賞を受賞している。残念ながらトヴェルスキーはすでに死去していたため，共同受賞することができなかったが，その功績は誰しもが認めるところであろう。

5.10 まとめにかえて

ここまで問題解決と意思決定の研究について概説してきた。どちらも，さまざまな角度から研究が積み上げられてきた領域であり，人間の思考のプロセスについて多くのことを明らかにしてきたといえるだろう。

とはいえ，問題解決でも意思決定でも，人間の思考を扱っているにもかかわらず，そこで検討されている内容がかなり単純化されていることはすでに指摘したとおりである。日常の問題解決や意思決定は，不良定義問題だらけだ。もちろん，問題解決の研究でも不良定義問題が扱われてはいるのだが，日常の問題解決や意思決定に比べると，それほどの不良定義ではないといえるだろう。それゆえ，本章で紹介したさまざまな研究は，日常的な問題解決，意思決定とはどこか異なってみえてしまう感じは否めない。

そのようにみえる理由の一つは，いずれの領域においても，個人の内的な認知プロセスの検討を重視しすぎて，個人の外側についての検討がなされていないためかもしれない（第8章参照）。たとえば，携帯端末の使い方がわからないとき，あなたならどうするだろうか。マニュアルを読んだり，人に聞いてみたり，ウェブを検索したりするのが，日常的な問題解決の姿であろ

う。つまり，人間は問題を解決しようとするときに，個人の内側にある知識や経験だけでなく，個人の外側にある資源（**外的資源**とよぶ）も活用するはずである。人間の思考プロセスの研究であるならば，個人の外側にも目を向けるべきだろう。協同問題解決の研究からも，他者の存在は問題解決に大きな意味をもっていることが示されている。今後は，こうした他者をはじめとする外的資源についての議論が深まりをみせることを期待したい。

第Ⅱ部
認知過程を統制する要因

注意と実行制御 6

　私たちはさまざまな物や情報の中で生活をしている。また，私たちは経験によって蓄えた膨大な知識を有している。日常的な行動とは，膨大な環境の情報と自分が有する膨大な知識とを対応させながら，その時々の行動の目標を達成させることに他ならない。行動という側面から考えれば，身体は1つしかなく，また眼はある瞬間には環境の情報のうちの一部分にしか向けることはできないし，さらには同時に手に取ることができるものも限られている。したがって，環境中にたくさんの物や情報があっても，実際に利用できるのはその一部分にならざるをえない。つまり，行動のためには対象や情報の選択が必要となる。また，膨大な知識の中から，当面の行動に関連した知識を選び出す必要も生じる。

　いま，何かをメモに書き留めようと思い立ったとしよう。そのために「ペン」を探さなくてはならない。メモをとるという行動の目標から，それにはペンが必要だという知識が引き出され，「ペン」という探索の目標が記憶内にとどめられる。また，ペンが一般的にどのような大きさや形をしているかや，どの辺にありそうかというような知識も引き出されるかもしれない。知識を活用しながら環境中からペンを見つけ出すことができて，ようやくメモをとるという行動が可能となる。手の届かないところを掻きたい，というような目標でペンを探した場合には，ペンは字を書くためではなく，背中を掻くために使われるであろう。つまり，正しい行動のためには，物がもっている利用方法のレパートリーの中から目標にあった適切なものを選択する必要もある。このように考えると，行動の目標に従って環境中の物や情報を選択したり，また，関連する知識を選択したり，適切な反応（あるいは行為）を選択したりする機能が，私たちの日常生活では重要であることがわかる。

　行動の目標に合わせて情報や知識，反応を選択する機能や選択した状態を持続する機能を，心理学では「注意」とよんでいる。たとえば，このページの特定の単語を読んでいるときには，ページに載っているたくさんの情報の中から特定の単語や文章（の一部）を選択していることになる。単語に「注意している」のである。では，特定の対象に注意をしているという状態は，どうしたら他者から観察できるだろう。「この単語に注意しています」と言ったとしても，それは主観的な体験とし

ては事実かもしれないが，客観的な事実ではないため，科学の研究対象とはなりにくい。そこで，認知心理学では，注意の状態を客観的に取り出すための実験を考え，実験結果から注意の特性を明らかにするというアプローチがとられてきた。ゆえに，注意の特性を理解することは，実験の方法や結果の解釈，また，その背景を理解することと不可分である。本章では，このような注意研究の特徴をふまえ，まず代表的な実験手続きを説明し，さらに典型的な結果から注意の特性を導きだすための理論的背景について解説するという形式を意識した。

6.1 空間的注意のコントロール

6.1.1 注意のスポットライト

注意とは，複数の情報源の中から特定の情報を選択し，その選択した状態を持続することであると述べた。そのようなことは，容易に実感できる。たとえば，私たちは，視線を一点に固定したままで，視線の方向とは違う，ある視野の範囲に注意をすることができる。あなたがサッカーの選手で，ペナルティキックを蹴ろうとしている場面を考えてみよう。蹴ろうと狙いを定めているゴールの場所をあからさまに見ると，ゴールキーパーにコースを悟られてしまう。そこで，視線は関係ない方向を見ながら，意識は狙っているゴールの場所に集中するにちがいない。ゴールのある位置の情報を，視線の方向とは独立に選択していることになる。このような視線の方向と注意の方向が分離しうるという，誰でもできる体験を客観的に計測することに成功したのがポズナーである（Posner, M. I., 1980）。厳密には，その前にも似たようなアイディアの実験がなかったわけではないが，今日に繋がる注意の研究のきっかけとなったのはポズナーの研究であった。ここでは，ポズナーの実験を追試した実験で一般的に用いられている方法（**先行手がかり課題**）を説明しよう。

先行手がかり課題では，図 6.1 (a) のような画面が順にコンピュータのディスプレイに表示される。まず，3 つの正方形が水平に並んだ画面が提示され，つぎに，そのうちの左右のどちらか 1 つが 50 ms 間だけ明るく光り，

また，もとの明るさに戻る（手がかり画面）。そして，あるインターバルの後，左右の正方形のどちらかに光点が1つ提示される（標的画面）。実験参加者の課題は，中央の正方形を注視しつつ，光点が提示されたのがわかったらできるだけ素早くキーを押すことである。光点の提示からキーが押されるまでの間の時間が反応時間として記録される。以上で1回の試行が終了する。1回の試行では2種類の手がかり画面（左右のどちらの正方形が明るくなるか）のうちの1つと，2種類の標的画面（光点が左右どちらの正方形の中に提示されるか）のうちの1つが提示されるので，全体では4種類の画面の組合せができる。1つの実験では，この4種類の画面の組合せがランダム順に繰返し提示される。そのうち，手がかりと標的が同じ位置の場合を一致試行，それらが同じ位置でない場合を不一致試行とよぶ。

図 6.1 (b) は，先行手がかり法を用いた実験で得られる典型的な結果を示している。一致試行の平均反応時間は不一致試行よりも短くなる。これを

(a) 刺激画面

(b) 典型的な周辺手がかり実験の結果

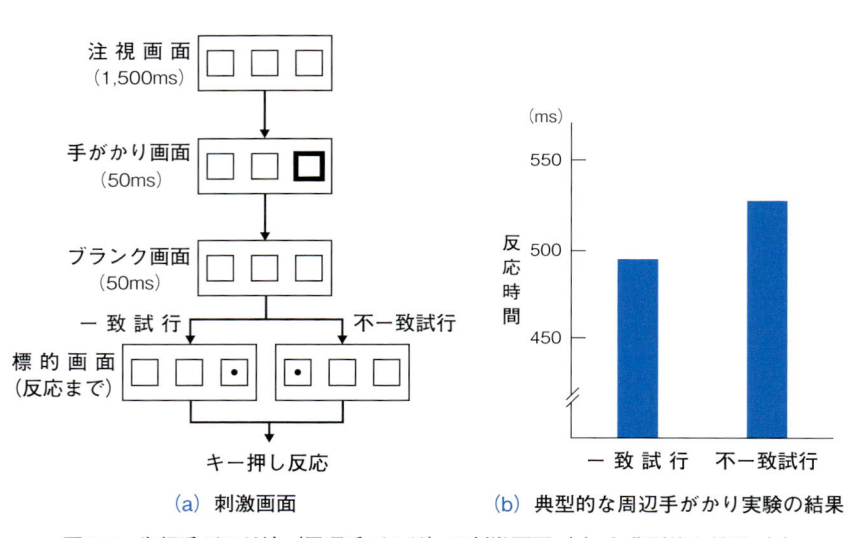

図 6.1　先行手がかり法（周辺手がかり）の刺激画面（a）と典型的な結果（b）

先行手がかり効果とよぶ。光点に先行して同じ場所の正方形が明るくなると，別の場所の正方形が明るくなった場合よりも，光点が早くみつかるということを，この結果は示している。ここで重要なのは，実験参加者は視線を中央の正方形に固定したままで，光点の検出を行っているという点である。

　ポズナーは先行手がかり効果を説明するために，**注意のスポットライト**のたとえを用いた。注意は，あたかも暗い舞台の一部分を照らし，そこにある物体（俳優であったり舞台上の小物であったり）を浮かび上がらせるスポットライトのごとく，視野の一部分を「照らす」はたらきをもつ。注意のスポットライトは視線とは独立に視野内を移動し，特定の視野位置にある対象を選択する。選択された対象に対しては優先的な処理が行われる。先行手がかり実験では，最初は注意のスポットライトは中央の正方形を照らしている。手がかり画面が提示されると，注意のスポットライトが，明るい枠の出現に引きつけられて，一方の正方形に移動する。続いて光点が提示されるが，手がかりの位置に光点が提示されれば，そこにとどまっている注意のスポットライトの影響を受け，より早く光点が処理されることになる。枠が明るくならなかったほうの正方形中に光点が提示された場合には，注意のスポットライトが光点の位置に移動する必要がある。そのために反応時間が遅延する。

6.1.2　注意のスポットライトのトップダウン・コントロール

　ポズナーの実験では，実験全体でみれば，光点が手がかりの側に提示される確率は50％であった。つまり「手がかり」とよばれてはいるものの，手がかりに従って注意のスポットライトを移動したからといって，光点の検出に有利になるわけではない。ゆえに実験参加者は手がかりの位置に注意を向けようという意図はないと考えられる。にもかかわらず，正方形が明るくなると「自動的・反射的」に注意のスポットライトの移動が起きる。

　一方，サッカーのペナルティキックのような例は，注意を特定の位置に向けようとする意図が関連している。意図的に生起する注意のスポットライトの移動については周辺手がかりを改良した図6.2のような画面を用いて調べ

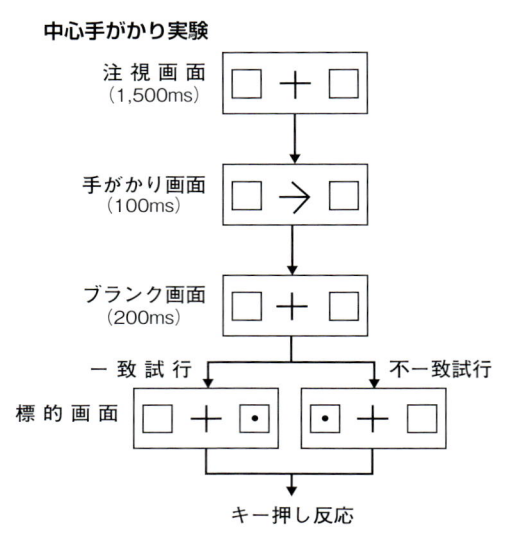

```
中心手がかり実験
   注 視 画 面        □ ＋ □
   （1,500ms）
        ↓
   手がかり画面       □ → □
   （100ms）
        ↓
   ブランク画面       □ ＋ □
   （200ms）
        ↓
  一 致 試 行              不一致試行
   標 的 画 面   □ ＋ ・□    □・ ＋ □
        ↓
      キー押し反応
```

図 6.2　中心手がかり課題の刺激画面

ることができる。実験参加者には，中央に矢印が提示されたら，そちらの正方形に視線は中央に固定したまま注意だけを向けるようにという教示を行っておく。さらに，矢印の指示に従うことが課題遂行にとって有利になるよう，矢印で指された側の正方形により高い割合（たとえば 80％）で光点が提示されるようにする。このような実験で光点の検出反応時間を計測すると，やはり先行手がかりの効果が得られた。

　先行手がかり実験では，手がかりが提示されてから標的画面が提示されるまでの間の時間を変化させることで，どの程度の時間で注意のスポットライトの移動が完了するか，また，その効果がどの程度，持続するのかを確かめることができる。図 6.3 は，手がかり画面と標的画面の間の時間間隔をさまざまに変えて実験を行った結果を模式的に表したものである（Klein, 2000；Müller & Findlay, 1988 を参考に作成）。縦軸は，先行手がかり効果の大き

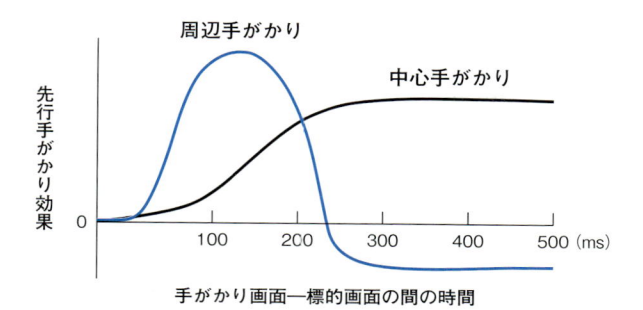

図 6.3　周辺手がかりと中心手がかりによる効果の手がかり―標的間の時間
間隔に伴う変化の模式図
(Klein, 2000 と Müller & Findlay, 1988 を参考に作成)

さ，つまり不一致試行の反応時間から一致試行の反応時間を減じたものであり，横軸は手がかり画面と標的画面の間の時間間隔である。先行手がかり効果がゼロということは，一致試行と不一致試行の反応時間が等しいことを意味する。すなわち，注意のスポットライトは，手がかりが提示された位置には向けられていないことを表す。

図 6.3 から明らかなように，周辺手がかりと中心手がかりの効果は異なる時間経過を示す。周辺手がかりでは，手がかりの提示後約 100 ms で先行手がかり効果が最大となり，ただちに減衰する。一方，中心手がかりでは，手がかりの提示後 300 ms 程度で効果が最大となり，その後，実験参加者の意図が持続する限り効果も持続する。このような結果から，周辺手がかりによって誘発される注意のスポットライトの移動と，中心手がかりによって喚起される注意の移動とは異なるメカニズムが関与していると考えられている。

図 6.3 では，周辺手がかりの場合に，先行手がかり効果が 300 ms 以降の時間間隔で負の値になっていることがわかる。つまり，周辺手がかりが提示されてから標的画面が提示されるまでの時間が 300 ms 以上になると，一致試行の反応時間が不一致試行の反応時間よりも長くなる。この現象は「復帰

の抑制」（inhibition of return）とよばれている（Posner & Cohen, 1984）。復帰の抑制は以下のように説明されている．まず，注意のスポットライトが周辺手がかりに従って手がかり位置に自動的に向けられるが，その後，ただちにその位置に光点が提示されないと，自動的にまたもとの中央の正方形の位置に戻ってしまう．さらに，そのときに，次に注意のスポットライトを移動させる場合を想定して，注意を向けていた位置に対する「抑制」を行ってから中央に戻る．一般に，ひとたび注意のスポットライトを移動した場所で，何も異変が起きないような場合，次にまた同じ場所に注意を向けるよりは，まだ注意を向けたことがない新規の場所に注意を向けたほうが，異変などを検知するのに有利である．復帰の抑制に関しては，新たな場所に注意が向きやすくするといった生態学的な意義が想定されている．

　注意のスポットライトの移動に関する周辺手がかりと中心手がかりは，それぞれ人間の認知過程の中心的な制御の概念であるボトムアップ制御とトップダウン制御に対応する．ボトムアップ制御とは，外界からの刺激の情報に従って，認知過程がはたらくことを指す．ここでは，視野中に目立つ対象が現れると，注意のスポットライトがその位置に自動的に向くことに該当する．また，トップダウン制御とは，その個人の意図によって認知過程を制御することである．予期にもとづいて意図的に注意のスポットライトを移動するような場合に該当する．実際には，この2つの制御が相補的にはたらく．つまり，視野内に生じる変化をボトムアップ制御による注意のスポットライトの移動によって高速に検出し，それが意味のあるものであれば，トップダウン制御により注意のスポットライトをその位置に停めておくのである．

6.1.3　探　索

　先行手がかりの課題は，手がかりに対する1回の注意の移動を切り出してきて，そのはたらきを詳細に調べたものである．では，もう少しマクロに注意の移動を見た場合には，どのようなことが行われているのだろう．一般に，注意のスポットライトは，ある目標を見つけ出すためにはたらく．たとえば，

机の上から部屋の鍵を探すような場合，鍵がみつかるまで注意のスポットライトの（あるいは眼球の）移動を連続的に繰り返す。このような情報探索のメカニズムを調べる課題が**視覚探索課題**とよばれるものである（Treisman & Gelade, 1980）。

典型的な視覚探索課題では，図6.4（a）のような画面を提示し，実験参加者にはあらかじめ決められた標的の有無を判断するように求める。図6.4（a）の場合には，黒色の右斜めの長方形（垂直から時計回りに45度傾いたもの）と白色の左斜めの長方形（垂直から反時計回りに45度傾いたもの）がいくつか描かれている（これらを妨害項目とよぶ）。さらに，白色の右斜めの長方形が1つだけ描かれている（標的項目とよぶ）。この中から，標的項目を探すというのがここでの課題である。実際の実験では，図6.4（a）のような標的項目が含まれる画面と，標的項目が含まれない画面が半数ずつ

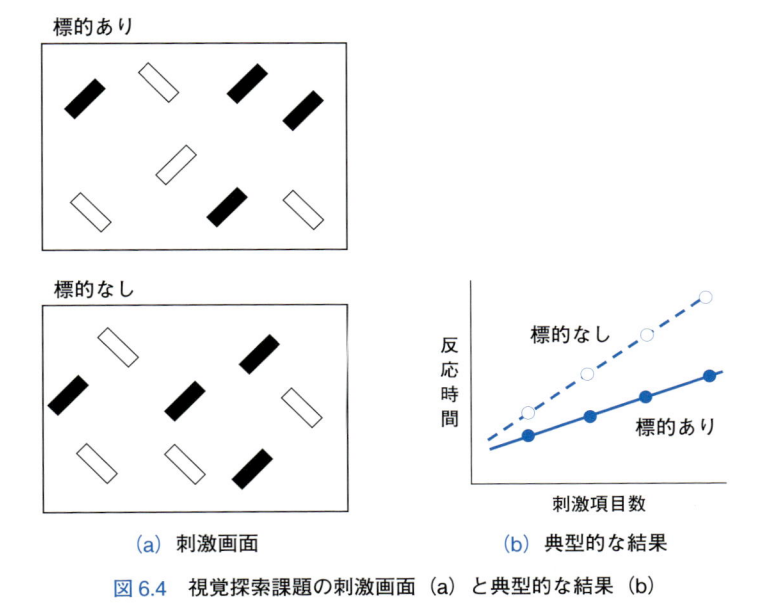

(a) 刺激画面　　(b) 典型的な結果

図6.4　視覚探索課題の刺激画面（a）と典型的な結果（b）

ランダム順で提示される。さらに，実験では1つの画面に表示される全体の項目数を4段階程度に変化させる。探索画面が提示されてから実験参加者が標的項目の有無について判断し，「あり」または「なし」に割り当てられたキーを押すまでの時間が計測される。標的項目を含めて，画面上の項目は毎回ランダムな位置に配置される。

　実際の実験で得られる典型的な実験結果は図 6.4（b）のようになる。画面上の項目数を横軸にとり，標的あり／なしの判断までに要した時間を，標的あり試行と標的なし試行に分けてプロットしたものである。図のように，1次関数が非常によく当てはまることが知られている。このとき，1次関数の傾きが重要となる。まず，典型的な実験では，標的あり試行の関数の傾きは，標的なし試行の関数の傾きの約半分になる。これは，画面中から標的を探し出す過程に，注意のスポットライトの逐次的な移動が関与しているためと考えられている。標的が画面中に存在している場合には，期待値としては画面の半分を探したときにみつかるはずである。つまり，最初に調べた項目が標的である場合もあり，また最後に標的に遭遇する場合もあり得るが，平均すると画面の半数を調べた時点で標的がみつかることになる。一方，標的なし試行では，全項目を調べた後に標的がないことがわかる。したがって，標的の有無がわかるまでに注意のスポットライトの集中が行われた項目の平均個数が傾きに反映される。

　実際の実験で得られる探索関数の傾きには，かなりの違いがみられる。1項目あたり 5 ms 以下のような，ほぼ傾きがゼロに近い値から，1項目あたり 100 ms 程度までの範囲をとる。傾きが小さいということは，より高速に画面中の標的の有無が判断できたことを意味する。とくに，傾きがゼロに近いということは，画面中の妨害項目の個数に関係なく，ほぼ同じ早さで標的がみつかったこと，すなわち，妨害項目を逐次的に調べることなく，ただちに標的の位置に注意のスポットライトが移動したことを示す。白色の長方形の中にある赤色の長方形とか，あるいは垂直の線分の中の水平の線分など，ある1つの特徴に関してユニークな属性をもつ標的は非常に効率的に探索が

できる。

　視覚探索の過程は，画面上の知覚情報（**ボトムアップ情報**）と標的に関する知識（**トップダウン情報**）を総合して，画面上の各項目位置の標的らしさ（顕著性とよばれる）を計算し，その標的らしさの高い順に注意のスポットライトを誘導していく過程とみなすことができる（Wolfe, 1994）。色や向きなど単一の特徴で標的が妨害項目と異なっているような場合には，ボトムアップ情報のみで，標的の位置が他の位置よりも十分に顕著になるため，注意のスポットライトをただちに標的位置に誘導できる。一方，図 6.4 (a) のような場合には，ボトムアップ情報にはユニークな特徴が含まれないため，標的位置の顕著性が他の妨害項目に比べて高いわけではない。そこで，標的に関する知識を利用しながら逐次的に注意のスポットライトを項目位置に誘導しなくてはならない。ゆえに，全体の項目数が多いほど，標的に注意のスポットライトが誘導されるまでに調べる項目数が多くなる。その結果，探索関数の傾きが大きくなる。標的の位置があらかじめわかっているなど，標的に関連したトップダウン情報が利用できる場合には探索はより速くなる。

6.1.4　注意による課題関連情報の選択

　注意の効果を示す別の現象に**干渉**がある。干渉効果を調べるものとして**フランカー課題**がある（Eriksen, B. A., & Eriksen, C. W., 1974）。典型的なフランカー課題の刺激画面（図 6.5 (a)）では水平に並んだ 5 つのアルファベット文字が提示される。実験参加者の課題は，中央の文字（標的文字とよぶ）が H か K ならば右手のキー，S か C ならば左手のキーを押すことである。画面が提示されてから，実験参加者がキーを押すまでの反応時間を測定する。中央の文字以外の 4 つの文字には同じものが表示される（これを妨害文字とよぶ）。妨害文字と標的文字の関係について 2 つの条件が設定される。反応一致条件では，標的文字と妨害文字が同じキーに割り当てられている（HHHHH や SSCSS）。また，反応不一致条件では，標的文字と妨害文字が異なるキーに割り当てられている（CCKCC や HHSHH）。

反応一致条件の例

HHKHH　　SSCSS

反応不一致条件の例

CCHCC　　KKSKK

(a) 刺激画面　　(b) 典型的な結果

図 6.5　フランカー課題の刺激画面（a）と典型的な結果（b）

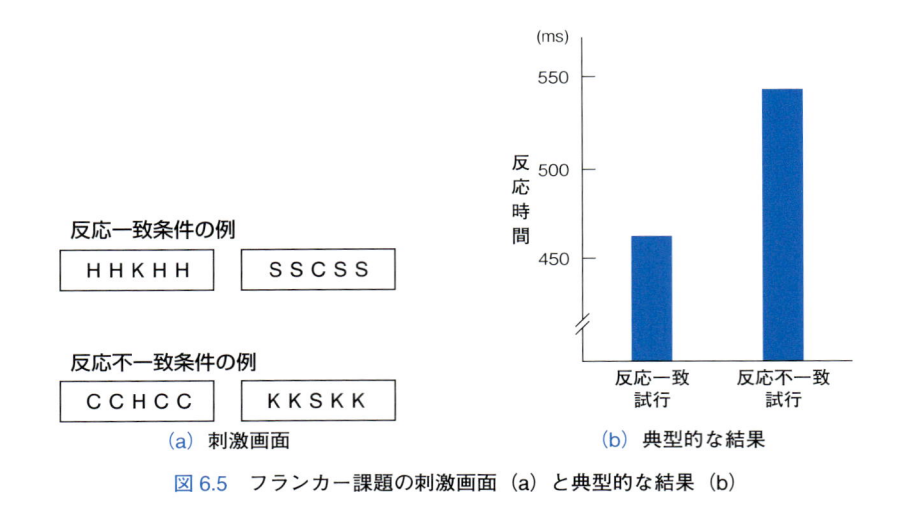

　もしも中央の標的文字のみに注意のスポットライトを集中でき，妨害文字の影響を完全に排除できるのであれば，反応一致条件と反応不一致条件の反応時間は同じになることが予想される．しかし実際の実験結果は図 6.5（b）にあるように，反応不一致条件の反応時間が一致条件よりも長くなる．ゆえに，この結果は，中央の文字を処理し，それに割り当てられた反応を選択する過程で，周辺の文字からの影響を完全に排除できずに，周辺の文字からの干渉が生じていることを示している．フランカー課題で，文字の間隔を広げると干渉効果は小さくなる．

　フランカー課題における標的文字は，一般的には課題関連情報とよばれ，また妨害文字は課題無関連情報とよばれる．これらの用語を使ってフランカー課題での干渉効果を記述すると，課題関連情報の選択が完全には行われず，課題無関連情報が課題関連情報の処理に干渉する，となる．このような課題無関連情報が課題関連情報の処理に干渉する現象は，他の課題にもみられる．色の名称の単語を色付きの文字で提示し，文字の色を答えるという**ストルー**

プ課題などである（Stroop, 1935）。たとえば，「あお」という単語を赤色文字で画面に提示する。実験参加者の課題は文字の色を答えることである。つまり，「赤」と回答すると正解である。色名と文字色が一致している場合は，この例のように一致していない場合よりも，より素早く色名を答えることができる。ストループ課題では，文字色という課題関連情報に色名という課題無関連情報が干渉をするために反応時間が遅延する。

6.1.5　注意の構えと注意の捕捉

　ある位置や特徴に注意をしようとしているときに，意図に反して課題無関連情報に注意が向いてしまう現象を**注意の捕捉**（attentional capture）とよぶ。図 6.6（a）の実験では，実験参加者は図中の円形を探し，その中の線分が垂直か水平かを答える（Theeuwes, 1992）。妨害刺激がない条件では，すべての項目が緑色（図中では灰色）であった。妨害刺激がある条件では，1 つだけ赤色（図中では黒色）の四角形が提示されていた。刺激画面が提示されてから実験参加者が円形中の線分の方向をキー押しで回答するまでの間の反応時間を計測すると図 6.6（b）のようになった。まず，形の異なる要素を探索する課題であったので，標的自体は顕著な特徴を有していたため，全体の要素個数に関係なく反応時間はほぼ一定となった。顕著な赤色の妨害刺激があってもただちに標的をみつけることができるのであれば，妨害刺激の有無で反応時間に差がないことが予想されるが，結果は妨害刺激なし条件に比べて妨害刺激あり条件で反応時間が遅延した。この結果は，実験参加者は円形の図形を探そうとしているにもかかわらず，意図に反して赤色の図形に注意が引きつけられてしまったため，標的の探索が遅延したと解釈されている。つまり注意の捕捉が生じたのである。赤色の妨害刺激の目立ちやすさを減じた場合には，注意の捕捉が起きない。このように注意の捕捉は，標的よりも視覚的に顕著な対象に対して起きる他に，感情的に顕著な情報を有する対象（Öhman et al., 2001）や，新しく出現した対象（Yantis & Hillstrom, 1994）などでも生じる。注意の捕捉は，位置や刺激属性の情報を利

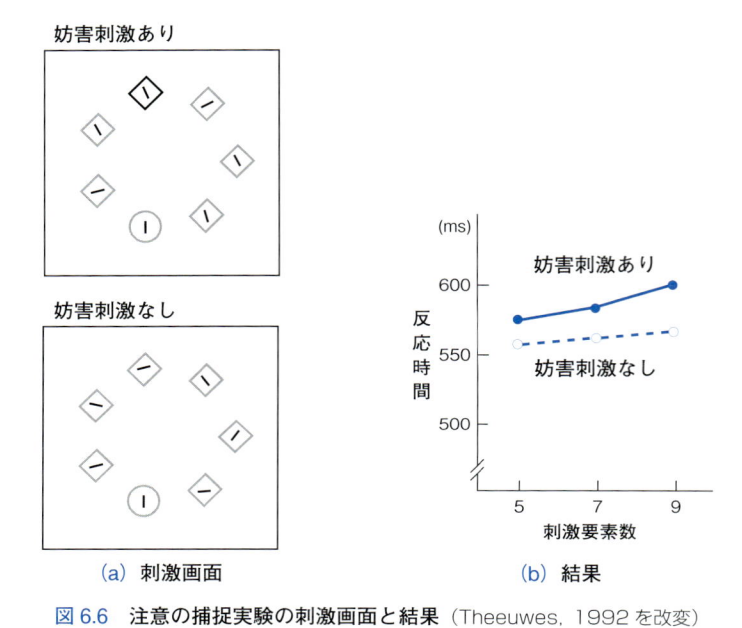

図6.6 注意の捕捉実験の刺激画面と結果 (Theeuwes, 1992を改変)

用いて標的をみつけようとするトップダウンの注意制御に対して，ボトムアップの情報による刺激駆動的な制御が優先されることを示している。

6.1.6 注意と作動記憶

注意の実験課題では，実験参加者に課題によって注意すべき位置や視覚属性を教示する。たとえば，視覚探索課題やフランカー課題では標的に関する情報を与える。このとき，実験参加者は標的に関する情報を記憶内に保持し，刺激との照合を行いながら課題を遂行する。このような注意課題における情報の保持や操作には作動記憶が関与する。そのため，作動記憶を実験的に操作すると注意課題にも影響が生じる。オーとキムの研究（Oh, S. H., & Kim, M. S., 2004）では，実験参加者に空間位置を覚えるという作業記憶課

題を課しながら視覚探索課題を行うことを求めた（図6.7 (a)）。まず，記憶画面が500 ms表示される。実験参加者には，記憶画面に表示されているドットの位置を覚えることが求められる。ついで探索画面が表示される。この画面では，さまざまな方向のLの中から標的である正しい方向を向いたLの有無の判断が求められる。標的の有無の判断に要した時間が反応時間として記録される。最後に確認画面が表示される。この画面にはドットが1つだけ提示される。実験参加者は，最初の記憶画面で覚えたドットのうちの1つとこの確認画面のドットが同じ位置にあるか否かを判断する。さらに作動記

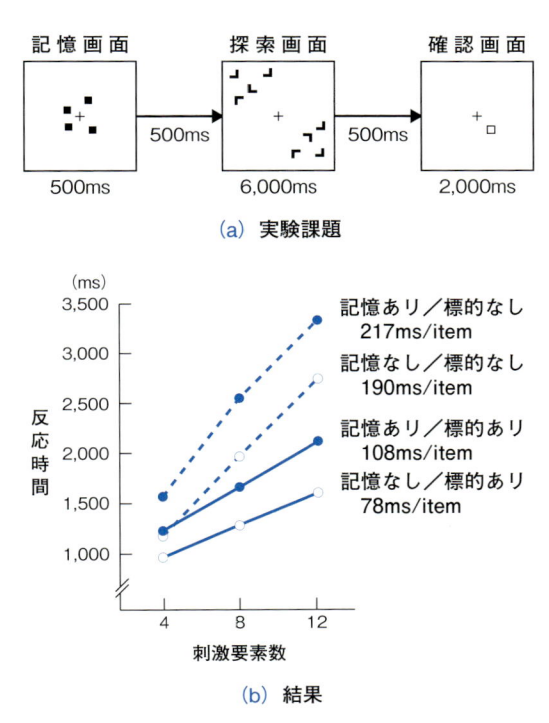

(a) 実験課題

(b) 結果

図6.7 作動記憶と視覚探索を組み合わせた実験課題と結果
（Oh & Kim, 2004にもとづき作成）

憶への負荷の影響を調べるために，統制条件として上記と同じ画面を提示するものの，記憶課題を課さない条件も設けられた（記憶なし条件）。探索反応時間は図 6.7（b）のようになった。記憶なし条件に比べて，記憶課題を同時に課した条件では探索関数の傾きが大きくなった。つまり，探索にかかる時間が増加した。この結果は，視覚探索に空間的な作動記憶が関与していることを示している。視覚探索を効率的にするためには，すでに調べ終わって標的でないことがわかっている場所に再度，注意が誘導されないようにする必要がある。そのような探索の効率を上げるために空間的な作動記憶が利用されていると考えられる。記憶あり条件では，記憶課題のドット位置を保持するために作動記憶が使用されており，視覚探索に利用可能な作動記憶の容量が減ったために，すでに探索が終わった場所の記憶の精度が低下し，一度，調べた場所を再度，調べるといったことが起こったと考えられる。記憶負荷によって探索関数の傾きが大きくなったのである。

　また，空間位置を記憶する課題を課すと，その位置に対する注意の移動が促進されるという結果や，空間位置を記憶している間に，注意のスポットライトを別の空間位置に移動するような課題を課すと空間位置の記憶が阻害されるような結果も報告されている（Awh et al., 1998）。また，位置以外の視覚属性に関しても同様の相互作用が報告されている（Soto et al., 2005）。これらの結果から，注意の制御には作動記憶の保持や操作と共通のメカニズムが関与していると考えられている。

6.2　実 行 制 御

6.2.1　課題切替え

　本章では，これまで注意の研究においては，ある空間や属性に注意を向けることで，特定の情報の選択が行われることを解説してきた。特定の位置や属性に意図的に注意を向けるはたらきはトップダウンの制御によって行われるが，トップダウンのもととなる情報は，実験の場合には教示として実験者

から与えられることが多い。一方，日常生活の場面では，注意の対象はその時々の行動の目的によって決定されることが多い。日常生活においては，行動の目的は絶えず変化し続けることが大半なので，それに応じて注意を向ける対象や反応も切り替わることになる。このような注意の対象，あるいはより広い意味で，取り組む課題全体を切り替えるときにどのような認知過程がはたらくのかを調べる研究が行われてきている（Kiesel et al., 2010）。

　典型的な課題切替えの実験では，2種類の課題を用意し，試行ごとに提示される手がかり，あるいは事前に決められた順序に従って課題を切り替えることを実験参加者に求める。たとえば，図 6.8 の実験（Mayr, 2001）では，最初に「色（color）」または「形（shape）」という手がかりが画面に提示され，続いて赤色か緑色の円形か正方形が提示される（標的画面とよばれる）。

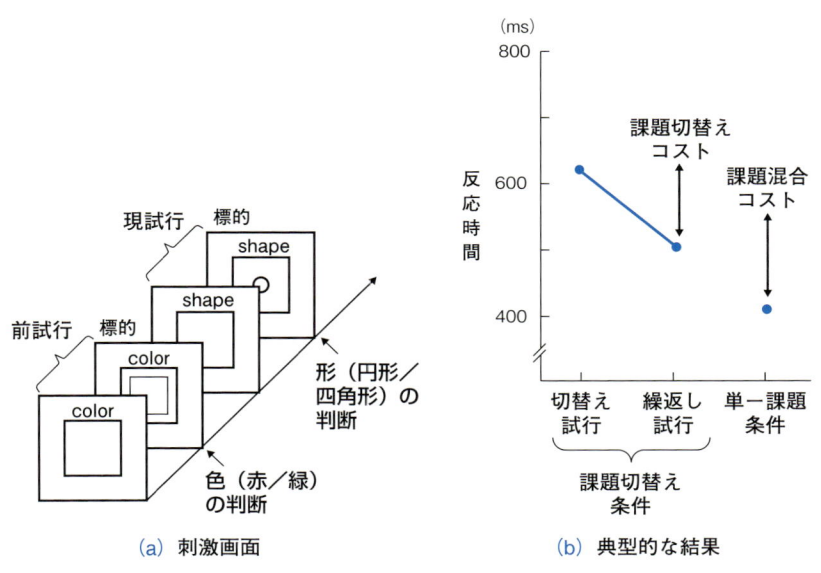

(a) 刺激画面　　　　　　(b) 典型的な結果

図 6.8　課題切替えの実験刺激画面例（Mayr, 2001 を改変）と典型的な結果

6.2　実行制御　　113

実験参加者は，「色」の手がかりの後では，図形の色を判断し，緑色と赤色それぞれに割り当てられた反応キーを押す（たとえば，緑色の場合には左手のキー，赤色の場合には右手のキーなど）。「形」手がかりの後では，図形の形の判断を行い，それぞれの形に割り当てられた反応キーを押す（たとえば，円形の場合には左手のキー，四角形の場合には右手のキーなど）。図形が表示されてから反応キーが押されるまでの時間が反応時間として記録される。

　課題切替えの事態では，標的画面（たとえば，赤色の円形）に対して，先行する手がかりに従った反応をしなくてはならない。すなわち，注意する属性を手がかりに従って切り替えることになる。実験の変数を操作することによって課題切替えに関わる人間の特性が明らかになってきている。まずは，手がかりが提示されてから標的画面が提示されるまでの間の時間間隔が長くなると反応時間は短くなる。この効果は，以下のように説明される。まず，手がかりが与えられると，その課題を遂行するのに必要な認知過程のセットアップが行われる。セットアップを行うためには，ある程度の時間を必要とする。手がかりと標的画面の間の時間間隔が短い場合には，セットアップが完了していない時点で標的画面が提示されることになるため，セットアップが完了するのを待って反応が行われる。その結果，反応時間が遅延する。手がかりと標的画面の間の時間間隔が長くなるに従い反応時間は短くなり，ある時点以上になると一定になる。つまり，セットアップが完了する。セットアップが完了する時間は課題の難易度などに依存する。

　図 6.8 の実験では，2 種類の手がかりがランダム順に提示される。したがって，実験参加者はどちらの課題の構えを用意すべきかを予期することはできない。しかし，直前の試行の課題が現試行と同じであるかどうかによって，現試行の反応時間が異なる。直前の試行で現試行と同じ課題を行った場合（繰返し試行とよばれる）のほうが，異なる課題を行った場合（切替え試行とよばれる）よりも反応時間が短くなる。このときの切替え試行と繰返し試行の反応時間の差を**課題切替えコスト**とよぶ。直前の試行が行われた後，その試行で用いられた課題の構えが完全にリセットされるのであれば，かつ現

試行での構えのセットアップが直前試行と独立に行われるのであれば，現試行の反応時間は前試行の影響を受けないはずである。したがって，課題切替えコストは，現試行での課題の構えのセットアップ時には直前の試行の構えがある程度引き継がれる，あるいは，直前に用いた認知過程のセットアップはより容易にできる（**課題セットのプライミング効果**とよばれる）ことを示している。

また，上述のように1つの実験ブロック内で2種類の課題がランダムな順序で実施される状況（切替えブロック）と，1種類の課題だけが繰り返される状況，つまり課題が切り替わらない状況（単一課題ブロック）を比較すると，単一課題ブロックのほうが反応時間は短くなる。とくに，切替えブロック中の繰返し条件であっても，単一課題ブロックよりも反応時間は遅延する。このとき2ブロックの反応時間の差を**課題混合コスト**とよぶ。切替えブロックでは，2種類の課題のルール，特に刺激と反応の対応関係を作動記憶中に保持しておき，手がかりに従ってその一方を活性化させる必要がある。このような作動記憶の負荷が課題混合コストを生じさせていると考えられている。

6.2.2 プランニング

私たちの日常生活では，頻繁に課題の切替えを行っている。とくに，一連の動作を行う場合には，それを構成する小さな課題（あるいは行為）のステップを切り替える必要がある。「歯を磨く」などの行動は，一連の行為を適切な順序で実行することから成り立っている。そのようなある目的をもった行動は階層的に記述できる（図6.9）。たとえば，紅茶を入れるという行動はティーポットにティーバッグを入れる，お湯を注ぐ，カップに紅茶を入れる，砂糖を入れる，かき混ぜるなどの下位の行為の系列から成り立っている。このようなレベルを基本レベルの行為とよんでいる。基本レベルの行為は，「紅茶を入れるという行動についてステップを追って記述してください」というような指示を与えると，多くの人々の間が共通して記載する項目である（Humphreys & Forde, 1998）。ただし，図6.9をよく見るとミルクを紅茶

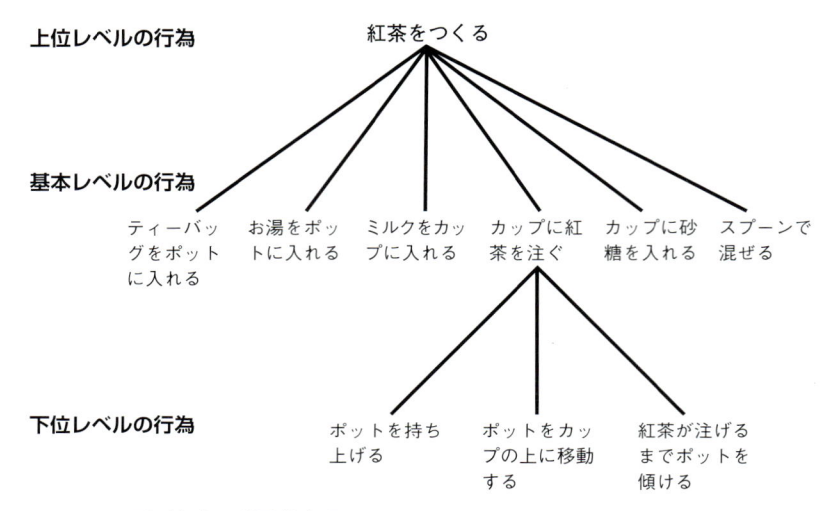

```
上位レベルの行為         紅茶をつくる
                    ／／／｜＼＼＼
基本レベルの行為
           ティーバッ  お湯をポッ  ミルクをカッ  カップに紅   カップに砂  スプーンで
           グをポット  トに入れる  プに入れる   茶を注ぐ    糖を入れる  混ぜる
           に入れる                        ／  ｜  ＼

下位レベルの行為
                                    ポットを持ち  ポットをカッ  紅茶が注げる
                                    上げる      プの上に移動  までポットを
                                               する        傾ける
```

図 6.9　系列行為の階層的表現（Humphreys & Forde, 1998 にもとづき作成）

より先に入れている。これは英国人の一般的な習慣であり，ミルクを後から入れる日本人の習慣とは合わない。このことからも基本レベルの行為の系列は学習によって獲得されていることがわかる。それぞれの行為はまた，さらに下位レベルの行為の系列から成り立っている場合もある。たとえば，カップに紅茶を注ぐという行為は，ポットを手に取る，カップの上まで移動する，ポットを傾けるなどの下位の行為からなる。これらの下位のレベルでは行為自体の自動化の程度が高くなる。したがって，具体的にどのような行為を行うのかを思い出して記述することが困難となる。たとえば，ポットを手に取るという行為を行うときに，どのようなタイミングで腕や指を動かしているかを記述することは難しい。

　系列行為の遂行に関わるメカニズムについては，脳損傷患者の協力を得て行われた研究から興味深いメカニズムの存在が明らかになってきている。まず，主に脳の前頭葉を損傷した患者では，系列行為の遂行が困難になる症状

が報告されている。これらは，**行為の非組織化症候群**（**ADS**；Action Disorganization Syndrome）とよばれている。ADSの患者では，基本レベルの行為は可能である。たとえば，カップにお湯を注ぐといった行為は問題なく遂行できる。しかし，その上位のレベルの行動完遂するために基本レベルの行為を順序立てて行うことができない。特定のステップを抜かす，順序を間違える，すでに完了した行為のステップを繰り返して行うなどのエラーが起きる（Humphreys & Forde, 1998）。これらの結果からは，系列行為が基本レベルの行為を単位として保持されていることがわかる。さらに系列行為の実行には，系列どおりに次のステップにかかわる認知過程をセットアップすることの他に，すでに実行し終わった行為に関わる認知過程の活性化を抑制するようなプロセスのはたらきが重要であることもわかる。実行し終わった行為のステップを抑制できない場合に，それらを何度も繰り返すという行動がみられるのである。

日常生活の場面では，系列行為が実行できるためには，現時点での目的には関係ない行為の活性化を抑制するはたらきが必要である。仁木らは，前頭葉を損傷した患者で，目的とした行動は正しく遂行できるが，それに加えて無関係な行為を行ってしまうという興味深い結果を報告している（Niki et al., 2009）。この実験では，前頭葉損傷患者の前に，プレゼントをラッピングするのに必要な道具（箱，包装紙，テープ，リボンなど）と書道に関連した道具（墨，硯，筆，下敷き，文鎮，半紙など）を混ぜて並べておき，この中から必要な道具だけを用いてプレゼント（おもちゃの車）をラッピングするようにという教示を行った。1名の患者は，プレゼントを入れる箱を組み立てかけた途中で，墨をすり始め，書道の準備を整えた。そして，半紙を下敷きの上にのせ，文鎮を半紙の端に置いた。まったく正しい手順で書道を始めたのである。患者が書いたのは，プレゼントであるおもちゃの車の「目録」であった。この患者は目録を書き終えると，プレゼントを正しくラッピングした。また，もう1名は，上記と同じ場面で，プレゼントを箱に入れた後で，半紙を丸めて入れ，緩衝材として利用した。上記の例以外にも，異な

る2つの行動に使う道具類を組み合わせて，5つの課題を実施したところ，この研究に協力した3名の患者すべてが，それらで課題として指示された行為は正しく遂行できたが，それに加えて課題に関係ない道具を何らかの形で用いた場合があった。この結果は私たちの系列行動がどのように組織化されているかに関する興味深い示唆を与える。

　上記の結果は，以下のように説明ができる。まず，道具は自動的に行為を連想させ，場合によっては行動を引き起こす。前頭葉を損傷した患者では，目の前に置かれた道具を無意識のうちに利用してしまう傾向（**利用行動**；utilization behavior とよばれる）が知られている。利用行動は，健常者であれば，道具から喚起される行動が発現する前に抑制されるのに対して，脳損傷患者では，この抑制機能の障害によって，行動の抑制に失敗し，実際に行動が発現してしまうと考えられている。この研究に参加した患者も，物品そのものが基本レベルの行為を喚起し，あるいはそれらが合わさって上位レベルの行動を喚起するという，いわばボトムアップによる一連の行為の活性化が生じたといえる。

　この研究で注目すべきは，上述の患者のように，本来の行動の目的（プレゼントをラッピングする）に関連づけて，本来，無関係な道具（この場合，書道）を利用するような事例がみられたことである。系列行為の遂行は，行動の目標に従ったトップダウンの制御のもとで行われる。すなわち，プレゼントをラッピングするという最上位の行動の目的のもとに，ボトムアップによって喚起された系列行為のうち，適切なもののみが選択される。その際に，これらの患者では，本来，課題とは無関連な物品が，行動の目的に合致するように統合された点がきわめて興味深い。

6.2.3　モニタリング

　情報処理を行い，課題を達成していくためには，まず，自分の注意の能力を正しく理解し，また，その選択がどの程度困難かを認識し，さらには実際に選択が正しく行えたかどうかを監視するはたらきが必要である。そのよう

なはたらきを**モニタリング**とよんでいる。

　自分がエラーをしたかどうかを検出するはたらきをするメカニズムの存在は，脳波を用いた研究から明らかになっている。フランカー課題を用いた実験を行うと反応不一致条件（たとえば，HHSHH，SSHSS）では，中央の文字に対する反応を行う際に，誤って周辺の文字に割り当てられたキーを押してしまうことがある。このようなエラー反応が生起した際の脳波を測定した研究によると（Gehring et al., 1993），キーを押そうとして腕の筋肉が動き始めた時点から約 100 ms 後に，誤答試行と正答試行で脳波に違いがみられた（図 6.10）。この脳波は，**エラー関連電位**とよばれている。エラー関連電位は，実験参加者が自らの反応を見て誤りに気がついたことによる反応としては時間的に早過ぎることから，視覚的なフィードバックやあるいはエラーに対する意識的な反応に起因するものではないと考えられている。自らの運動の意図と実際に脳内で生成された手への運動指令の情報との間の不一致を，自動的に検出するメカニズムが存在し，その活動がエラー関連電位として観察されたと考えられている。

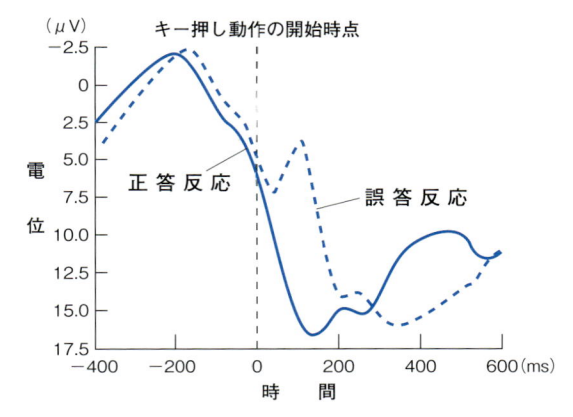

図 6.10　**エラー関連電位**（Gehring et al., 1993 にもとづき作成）

エラー関連電位は，脳の左右半球の内側面で，前頭葉よりもさらに脳の中心近くにある帯状回前部とよばれる部位から出現することが知られている。実際に，フランカー課題を遂行しているときの脳活動を計測すると帯状回前部が活性化する（Botvinick et al., 2004）ことがfMRIによる脳画像研究でも明らかにされている。とくに，実験参加者がエラーをしなくても，課題関連情報と課題無関連情報が不一致なときには，両者が一致するときに比べてより帯状回前部の活動が大きくなる。このことから，帯状回前部はエラー検出の他にも，刺激に含まれる葛藤状態，つまり課題関連情報と課題無関連情報が一致しているかどうかを監視する機能（葛藤モニタリングとよばれる）に関与していると考えられている。

6.3　おわりに

　本章では，行動の目標を達成するための環境からの物や情報の選択の制御にかかわる研究を解説した。とくに，後半の実行制御に関する部分については，必ずしも注意研究の範疇に含まれるとは限らないものも含まれているが，あえて選択の制御という観点から取り上げた。こうしてみると，注意研究が，環境からの情報の選択という主題からスタートし，行動全体を理解するための枠組みとして発展してきた様子がわかるであろう。認知心理学という分野は，個別の研究がかなり先鋭化し非常に緻密な（ややもすると細かすぎるきらいのある）トピックスを追っているようにも思えるが，それらを俯瞰的に眺めると人間の行動に普遍的で大きな主題に迫っているという別の側面がみてとれる。実験手法を駆使しながら人間の認知機能における普遍的な主題の解明を目指す認知心理学の醍醐味が実感できたのではないだろうか。

知識という記憶，文化と認知過程 7

　認知過程とは，通常は基本的な情報処理の過程，つまり，知覚的・行動的な時空間の水準としてとらえられている。本章は，そのような認知過程に，知識や文化がどのような影響を及ぼしているかを紹介する。一方で，知識や文化ということは，個人的・生活史的な時空間の水準，さらには，社会的・歴史的な時空間の水準でもとらえることができ，認知心理学の観点からの研究も行われている。以上について，具体的な研究例を紹介しながら解説していくことにしよう。

7.1　はじめに——認知過程とは

　本章のタイトル「知識という記憶，文化と認知過程」はやや複雑な構造をしている。読点「，」で分けて「知識という記憶」と「文化と認知過程」という構造をしているととらえることもできるし，「，」を並列の意味にとらえ，「知識という記憶と認知過程」と「知識という文化と認知過程」という構造をしているととらえることもできるだろう。本章は本書の第Ⅱ部「認知過程を統制する要因」の1章であるので，後者の「知識という記憶と認知過程」と「知識という文化と認知過程」という構造をしているととらえるのがよいであろう。つまり，「認知過程」を統制する要因として「知識という記憶」と「知識という文化」という2つの要因があるだろう，ということになる。

　そこで「認知過程」についての説明から始めよう。まず**認知過程**（cognitive process）とは，「認知に関わる物事がある状態から変化や進行をして，ある結果に至るまでの道筋」というような意味になるであろう。ここで，認知過程を制御する中央処理系を想定するのが，情報処理論的なアプローチに

よる認知心理学であるといえる。人間の認知過程を，コンピュータにおける情報処理とみなしているわけである。中央処理系が，知識という記憶あるいは文化という貯蔵された情報を利用しながら，何らかの処理をしていく，ということである。

エリクソンとオルバー（Ericsson, K. A., & Olver, W. L., 1988）は，問題解決の心理学における観察のタイプについて議論している（図7.1）。この議論は，問題解決の心理学における研究方法を示したものであるが，認知心理学における研究方法の大枠として理解することができるばかりか，認知過程を研究する方法の大枠を示したものとして理解することもできるであろう。図7.1は，心理学の研究において得ることのできる各種のデータの位置づけを示している。横軸は，課題が与えられてから何らかの答えが出されるまでを示している。そして，その間に得ることのできるデータばかりでなく，課題が与えられる前と，答えが出された後とで得ることのできるデータにつ

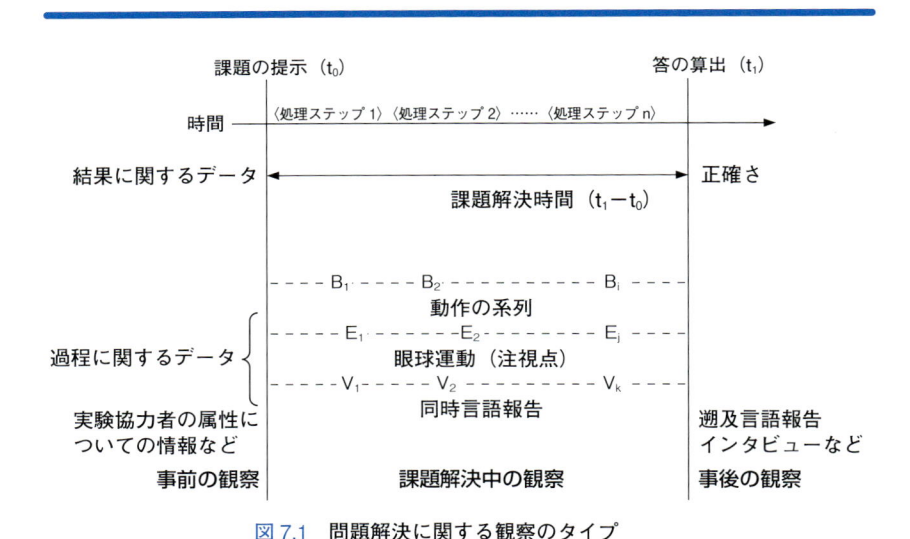

図7.1 **問題解決に関する観察のタイプ**
(Ericsson & Olver, 1988より翻案)

いても示されている。一番上の〈処理ステップ〉とは，課題を解決するためにどのような処理を行う必要があるか，つまり課題解決の「道筋」を模式的に示したものである。通常は，課題分析を行って，論理的な解決のための道筋を明らかにした上で，実際に調査協力者が行った解決に至る道筋と比較する，という方法をとることになる。

　まず，課題解決の間に得ることのできるデータとしては，結果に関するデータと過程に関するデータとがある。結果に関するデータとは，課題解決の結果が正解か否かということと，課題解決にどのくらいの時間を必要としたかということの2つのデータを得ることができる。一方で，過程に関するデータとしては，動作の系列，眼球運動（注視点），同時言語報告があげられている。動作の系列とは，調査協力者の行動の変化ということであり，道具の操作ということも含まれる。眼球運動（注視点）とは，課題解決中に調査協力者が何をどのように見ていたか記録し分析することをいう。同時言語報告とは，調査協力者に，課題解決中に考えていることを話しながら解決することを求め，そこで話された言語データのことをいう。

　課題解決の前に得られるデータとしては，調査協力者の個人属性（つまり，年齢，性別，学歴，職業歴など）や，事前アンケートによって研究目的に応じて確認しておくこと，たとえば，課題自体についての既有知識や熟達度のことである。課題解決後にも，事後アンケートによって課題解決の仕方や難しかったことなどを確認しておくことができる。また，遡及言語報告といわれるが，調査協力者に，課題解決時に考えていたことを思い出して話すことを求め，その言語データを得ることも行われている。

　さて，以上の各種のデータは，問題解決の心理学にのみ当てはまるのではなく，認知心理学一般のデータに当てはまるといえるだろう。つまり，何らかの刺激が提示されて，何らかの反応を行うまでの間に，何らかの道筋がある，すなわち，認知過程を，認知心理学は研究対象としているからである。課題の内容によって，課題解決に必要な処理ステップは異なるし，想定される時間もさまざまである。

以上はあくまでも認知心理学における研究において当てはまることである。これを，もう少し日常生活の具体的な事例で考えてみよう。

7.2　「書く」という認知過程を振り返る

　筆者は現在本章の原稿を執筆しているが，この「書く」ということ自体は，日常生活のさまざまな場面で実践されている。筆記具を手で持って書くということばかりでなく，携帯端末を使って指で操作しながら文字を入力して何らかのメッセージを送るということまで，さまざまな「書く」という実践がなされている。筆者の「書く」という認知過程を細かく振り返ってみると，キーボードをタッチタイピングで打ち込みながら，おおよそ文節単位で漢字変換し，うまく漢字変換できないときには文字毎に漢字変換しながら，文，そして文章，段落から節を作っていく，という道筋をたどっている。「書く」ということおよびその認知過程は認知心理学の研究対象である。筆者自身もいくつかの観点から「書く」ということを研究対象としてきた（高橋（1994），Takahashi（1996），高橋（2009）など）が，ここではふれない。これから述べることは，図 7.1 では，同時言語報告あるいは遡及言語報告に相当するデータということもできる。

　本章のようなやや長い原稿を執筆するためには長い時間を要する。この原稿の執筆を最初に依頼されてから現時点まで 3 年以上過ぎている。この間，毎日，この原稿執筆のために時間を割いていたわけではないが，本章全体の構成や取り上げる話題などを，頭の片隅で考えていたことも否定できないので，この間「書く」という認知過程が進んでいたことは事実である。

　筆者は「国語」を使用して書いている。ここで「日本語」ではなく，「国語」という用語を使用した理由もある。「日本語」という用語は世界で使用される言語の中の一つの言語ということを強調したいときや，外国人に教えたり説明したりというように外国人を意識させようとする，あるいは，客観性を重んじたり第三者的に表現したいというときに使われる。一方で，「国

語」という用語は，「日本」という国を前提にし，そこでの教育や制度を強調したいときに使われる．ところが筆者はむしろ「目立ちたい」ために「国語」という用語を使用している．つまり，筆者は，この文脈では「日本語」という用語を使うのが普通であるので，それとは異なる用語を使って読者の注意を引こうとしたわけである．いずれにしても，筆者は日本語を理解することができる人を想定して本章を書いている．

　一方で筆者はラップトップ型のパーソナルコンピュータというハードウェアと，エディタとよばれるアプリケーションソフトウェアとを利用して，本章を書いている．より正確には，関連資料の電子ファイルを同じパーソナルコンピュータのハードディスクに保存し，その一部のファイルは開いたままにしているし，ブラウザと呼ばれるアプリケーションソフトウェアを立ち上げ検索サイトで百科事典の「文化」の項目を開いたままにしている．なお，パーソナルコンピュータは電源から電気を供給しているし，有線でインターネットに接続している．以上のように，筆者は「文明の利器」を利用して本章の原稿を書いている．また，机上には，それ以外のさまざまな関連文献を広げながら，原稿を書いている．

　読者もよく経験すると思うが，書く内容を調べている最中に，まったく別の情報を検索してしまい，しばし，その情報に心が奪われる，ということがある．たとえば，筆者は大学院で教えているが，そのための教案作りも，本章を書くことと並行して進めていた．そこで，本来は，本章に関連した内容を検索したのだが，大学院の次のクラスに使えると思った瞬間に，原稿を書くことから教案作りに仕事が移ってしまった．教案作りも認知過程としてとらえることのできる実践である．このように，日常生活における認知過程とは，複数の認知過程が同時進行しているのが常態であるといえよう．図7.1では，いわば単線の課題解決におけるデータについて示したわけであるが，私たちの日常生活においては，複数の課題解決が同時進行している，ということである．

　さらに振り返って考えてみると，このように考えて文章を書いていること

7.2　「書く」という認知過程を振り返る

を，筆者は誰かから強制されたということはない。つまり「表現の自由」という日本国憲法で認められた権利を行使して，そうしているわけである。同時に筆者は，書いたことには責任を負う義務があるという覚悟のもとにそうしている。なお，筆者は，今現在は，自宅のテーブルの上でその活動をしているが，自宅に帰る前までは，職場のデスクトップ型のパーソナルコンピュータを使って，本章の構成を考えながら，書くべき内容を思いつくままに入力していた。これは，「表現の自由」ばかりでなく，書いている時間や空間も自由に選んで，書いているわけである。あまりにも当然のことであるが，筆者には，このようなハードウェアやソフトウェアを自分で選んで購入する自由と経済的能力とがあり，職場と自宅とを移動する自由も持ち合わせているので，このような活動をとることができるわけである。筆者は，こうして，日本という自由主義の国家に生を受けたればこそ，このような活動をとることができる幸福を感じると同時に，「自由」という概念は自分の血肉になっていると実感もしている。

　ここまで「書くこと」の自由について書いてきたが，あらゆることが自由に書かれるわけでもないことは指摘しておくべきであろう。その文化に属している人にとって当たり前と思われていることは通常は書かれない。また，その文化に属している人にとって，タブーであることも書かれない。これらのことを，あえて書く場合があるが，そのような一つの実践が「学問」であるともいえよう。こうして，「書く」という実践に，本章のタイトル「知識という記憶，文化と認知過程」のすべての概念が関連していることがわかるであろう。

7.3　文化・文明と知識

　ここで「認知過程」という用語以外について，本章に関連する用語の整理をしておく。

　まず「文化（culture）」という用語について，たとえば，鈴木（2011 a）

は「集団の一員として学習，伝達されるものが，一つのセットとして統合性をもつ総体」と定義している。そして，文化の構成要素について「思考，感情，衣，食，住，機械，制度などが一つのセットとして集団の文化が構成されており，これらの構成諸要素は言語，価値，社会，技術の4分野に大別される」としている。このうち「言語」は，独自の機能と自律性をもっとも強くもつとしている。「価値」とは道徳，思想，宗教，自然観，価値観など人間の内面に関わることであり，すべての行動に影響を及ぼすとしている。「社会」とは慣習，制度，法律，そして日常的な交際を含むさまざまな人間関係のことであり，他の分野との関係も強いとしている。最後の「技術」とは科学，技術，経済的活動のことであり，自然への適応にとって中心的役割を果たしており，累積的であることがはっきりしているので，進歩の尺度を当てはめることができるとしている。本章でも，この4つの分野に目配せをして説明をしたいと考えている。

次に「文明（civilization）」という用語について，鈴木（2011 b）は2つの言葉の使い方があるとし，1つは「文明と文化は連続したものであり，都市化，高度の技術，社会の分化，階層の分化を伴う文化を文明とする」としている。2つは文化と文明とを「対立したものとしてとらえ，精神的所産を文化，物質的所産を文明とする」としている。本章では，文化と文明とを対立したものとはとらえないが，技術の高度化を強調したい文脈では「文明」という用語を使うことにしたい。

前節において「書く」ということを考察したが，「書く」ということは国語という言語を使い，記憶している知識や検索された情報を総動員してそうしているという点では精神的文化に関わる活動といえる。一方で，「書く」ということは「文明の利器」を利用してそうしているという点で物質的文明に関わる活動といえる。このように，「書く」ということは，精神的文化と物質的文明との両者に関わる活動であるといえよう。そこで，以下，「文化的実践」という用語を使うことにする。

次に「知識（knowledge）」という用語は，認知心理学においては「長期

記憶（long-term memory）」に保存されている情報のことを指す。そして，言葉によって表すことのできる「宣言的知識（declarative knowledge）」と運動技能やスキルに関連する「手続き的知識（procedural knowledge）」とを区別する。さらに宣言的知識は，世界についての一般的な知識である「意味記憶（semantic memory）」と特定の時間と場所とに関連した知識である「エピソード記憶（episodic memory）」とに分けられる（本書第Ⅰ部を参照）。以上は本章のタイトルの一部「知識という記憶」を通常の意味に取った場合の内容である。一方で本章のタイトルの一部は（上述したように）「知識という文化」と読むことも可能である。本節の直前で整理したが，文化とは言語，価値，社会，技術の4分野から成る。「知識という言語」とは文字通り言語の単語や意味や用法を知識としてもっているということを示す。「知識という価値」についても同様に，道徳，思想，宗教，価値観などについて知識としてもっていることを示している。「知識という社会」も，制度や法律は明文化された知識としてもっているし，習慣や日常的な交際についても厳密な明文化はされていなくても知識としてもっていないと日常生活を送ることは難しくなることは事実である。最後の「知識という技術」も同様である。科学・技術や経済的活動は過去の実績を知識としてもっているからこそ知識として累積するし，進歩もするといえるわけである。自然への適応という点では，科学技術の進歩という側面ばかりでなく，たとえば，「ことわざ」や「言い伝え」という「人生の知恵」という形式の知識として持っているといえよう。

7.4 記憶と認知過程——時空間の3水準

清水（2005）は，時間の流れの3つの水準を区別し，それぞれに対応した記憶と記憶研究とをまとめている。3つの水準とは，①知覚的・行動的時間，②個人的・生活史的時間，③社会的・歴史的時間，の3つである。

第1の**知覚的・行動的時間**とは，個人として何らかのことを見聞きし理解

し行動しているときに,いまこのときに流れていることを感じとれる時間としている。この水準の記憶には,比較的短い間だけ刺激情報を処理することが必要であるので,短期記憶（short-term memory）や作業記憶（working memory），さらには,近い未来のことを保持しておく展望記憶（prospective memory）が関連しているとしている。

第2の**個人的・生活史的時間**も個人の認識に関わるが,個人の人生に時間軸を重ねて,自分の年齢や特定の時期・期間によってとらえることのできる時間としている。この水準の記憶には,個人の思い出,追憶や回想など自伝的記憶（autobiographical memory）が関連しているとしている。

第3の**社会的・歴史的時間**は,個人の時間認識とは関係なく,時計や暦によって位置づけられる物理的・客観的な時間としている[1]。この水準の記憶には,ある一つの社会や時代に生きる人々が共有する記憶としての集合的記憶（collective memory）が関連しているとしている。

筆者は,清水（2005）の記憶の3水準に対応して,空間の水準も加味して3つに区別したほうが良いと考えている。つまり,①知覚的・行動的時空間,②個人的・生活史的時空間,③社会的・歴史的時空間の3つである。

第1の**知覚的・行動的時空間**とは,個人が今ここで経験している時空間のことである。基本的には個人が生得的にもっている器官を使って処理できる時空間の水準であり,上であげた,短期記憶や作業記憶,展望記憶もこの水準の時空間を対象にしていたといえよう。

第2の**個人的・生活史的時空間**も個人の認識に関わるが,個人の人生において,特定の時期・期間に特定の場所・地域によってとらえることのできる時空間のことである。この水準の記憶として自伝的記憶があげられるが,こ

---

[1] ここで,社会的・歴史的時間と,物理的・客観的時間とは矛盾する概念であると指摘できるであろう。暦とは文化的な所産であることは明白であるし,時計にしても技術分野の成果物であることも明白であるからである。さらに,時計で測定された時間は物理的であるとはいえるが,それが客観的であるというのは一つの合意に過ぎないともいえよう。

の記憶には単に時間が特定されるだけでなく，その記憶の場所や状況も特定されていたというのが正確であろう。この水準の時空間に関わる認識は個人の認識ではあるが，個人が属している家族や集団や組織との関わりの中で作られた認識である，というほうが正確であろう。

　第3の**社会的・歴史的時空間**は，時計や暦という時間を区切るしかけと，地方や国家という空間を区切るしかけとによって位置づけられた時空間のことである。清水（2005）は集合的記憶に関連してさらに，「記念制定」について述べている。これは，歴史書の編纂など文書による記録作業ではなく，記念物の建築・制作や記念行事の設定といった記念・顕彰行為のことであり，特定の社会がその基盤を維持し，連帯性や凝集性を保持するため，集合的記憶を明示化，統一化，制度化するためのしかけ（社会的装置）としているが，むしろ，時空間を同時に扱った概念としてとらえるべきであった。高橋（2007）は説明のためのメディアの一つとして出来事を記念する文書や建築，メディアイベントについてふれている。清水（2005）があげている歴史書の編纂など文書による記録作業ということを振り返ってみると，このことは単に社会学や歴史学における考え方ということにとどまらず，たとえば，現在の国家事業としての教科書の編集と製作，およびその教科書にもとづいた教育という営み自体が，この水準の時空間に関連しているとさえ言えるわけである。

　以上,「記憶」という用語について，3つの水準の時空間という観点からとらえたが，このことは「認知過程」という用語とも関連している。つまり，認知過程も，その粒度や精度によって，3つの水準を区別することができるといえよう。「認知過程」とは通常は，第1の知覚的・行動的時空間の水準に関わることである。心理学の実験室で何らかの課題が与えられ，そのときその場所での処理を求められ，その課題を解決する過程についてデータが取られるというようにして，研究が行われてきたわけである（本書第Ⅰ部の各章参照）。第2や第3の水準の時空間になると，想定される時空間が長く大きくなるので，そこでの認知過程をとらえることは困難になるが，第1の水

準よりも粒度・精度は低くなるが，認知過程を対象としていることは事実である。こうして，図7.1は，知覚的・行動的時空間の水準に関わる認知過程で得られるデータととらえるのがもっともわかりやすいであろう。さらに，遡及言語報告の意味を広義にとらえるならば，さまざまな記録，資料，史料なども含まれることになるので，第2や第3の水準の時空間に関わる認知過程で得られるデータとしてみなすことも可能であろう（たとえば，ボイヤーとワーチ（Boyer, P., & Wertsch, J. W., 2009）のように，記憶研究者と歴史・人類学研究者との対話の試みも始まっている）。本章7.2で「書く」という文化的実践について検討したが，この「書く」という文化的実践についても同じように，これらの3つの時空間の水準でとらえることができるだろう。

7.5 認知過程を記述する——文化的実践

　文化について研究しているのは**文化心理学**（cultural psychology）という領域である。まず文化心理学の状況について簡単にふれておく。田島（2008, p.i）はその編者まえがきで，日本における心理学の講座本シリーズにおいて「「文化心理学」というタイトルの巻が上梓されたのは」初めてであり，その編集を依頼された際に「驚きを感じ，大いに感激を覚えた」と書いている。その理由として，文化心理学は，それ以外の心理学，つまり「自然科学的，実験的心理学の志向してきた」「伝統的心理学」に対して，「発想の転換」と「方法論の見直し」を迫る「領域」であるからとしている。

　佐伯（1997）はこのことを次のように述べている。少し長くなるが引用したい。

　「筆者の理解するところでは，文化心理学というのは，「文化」を問題にする心理学のことではない。人間の精神活動の一切を，社会的・文化的・歴史的なパースペクティブから考え直そうという，心理学全体に対して「文化的」スタンスをとる研究を指す。言い換えると，「文化」は「文化的」とい

う人間の有りようとして，形容詞としてしか捉えられないものであり，（中略）[2] どこまでも「プロセス」でしかない。これは当然，「これまでの心理学」をその根源にさかのぼって批判し，扱ってきた諸概念，諸方法論，諸説明の一つ一つを「文化的」スタンスから吟味にかけていく，という研究を誘発するはずである。したがって，文化心理学というのは，これまでの心理学研究を，その根源から反省し，「出直し」をせまるところがあるはずである。」(p.296)

この一方で，たとえば村上（2009）が述べるように，世界の潮流は「エビデンス・ベイスド」の心理学であり，その点で日本の心理学はまったく遅れている。田島（2008）を構成している多くの章は，エビデンス・ベイスドの心理学といえるものはほとんどなく，いわばナラティブ・ベイスドのそれにすぎないといわざるをえない。

田島（2008）でも大きな比重を占めているが，ロシアの心理学者ヴィゴツキー（Vygotsky, L. S.）の理論に起源をもつコール（Cole, M., 1996）の文化心理学は現在の文化心理学の主流の一つといえよう。コール（Cole, 1996 天野訳 2002, p.143）は，文化心理学の特徴を以下の7つにまとめている。これは，認知過程を記述するという方法としても，認めることができるだろう。

1. 文化心理学は，文脈のなかで媒介された行為を強調する。
2. 文化心理学は，歴史的，個体発生的，および微視的発生的水準の分析を含む広い意味での「発生的方法」の重要性を主張する。
3. 文化心理学は，その分析を，日常生活の出来事に基礎をおくことを求める。
4. 文化心理学は，人々の共同の媒介された活動のなかで精神が新生すると仮定する。精神はそれゆえ，重要な意味で，「共同で構成され」かつ分配さ

---

[2] （中略）部には，ハッチンス（Hutchins, E.）の引用があるが，筆者は，佐伯本人の考えでもあるとみなし，中略の扱いとした。

れるものである。
5. 文化心理学は，個人は，その発達において能動的な行為者であるが，完全に自分が選んだ条件において行為するわけでないと仮定する。
6. 文化心理学は，活動のなかで精神が新生するという本質を強調し，その説明枠組みにおける解釈の中心的役割を認める科学を支持し，原因—結果，刺激—反応にもとづく説明的科学を拒絶する。
7. 文化心理学は，人文諸科学，社会諸科学，生物諸科学の方法論を活用する。

　佐伯（2010）はその書籍のタイトルが『文化と実践』とされているにも関わらず，批判の対象となった論文が「実践」について述べていないのに「物足りなさ」を感じ，佐伯自身の著作を「解説」するとして，次のように述べている。「「己をとりまく文化」と述べているものは，（中略）己を中心に同心円的に広がる社会，それを超える世界，さらにそれを超える宇宙までも含め，この己が具体的に考慮できる範囲として，己がこれから生きていく世界で出会い，影響され，また影響を与える可能性のある世界での「良い生活（well-being）」のありようをさす。（中略）「文化」は，そこに関わる人々の働きによって，それ自身が発展しようとしており，新しい価値を求めているのだとして，人はそのような発展と創造に協働的に参加しようとする存在なのだとするのである。」（pp.177-178）。さらに，「「理解産出のプロセス」，すなわち，「学習」は，それ自体が文化的実践になっており，私たちの文化活動への「参加」になっている。」（p.179）と述べている。

7.6　認知過程を記述する——研究例の検討

　本節では，認知過程を記述している研究の具体例をアラカルト的に取り上げ，人間にとっての時空間の3水準と文化の4分野との観点から検討していきたい。まず，清水（2005）が紹介している研究から取り上げる。

7.6.1 歴史書の編纂

清水（2005）は，その冒頭で『古事記』の編纂において，稗田阿礼が記憶した内容を太安万侶が記録に残したという事例を紹介している。稗田阿礼は天武天皇の命により，当時の諸家に伝わる神話や伝説，歴代天皇の系譜を記憶した。文化の4分野という観点からみれば，この事例における記憶という活動の対象は，主には価値と社会の分野にあたるといえよう。一方で，時空間の水準という観点からは，稗田阿礼個人にとっては知覚的・行動的時空間の水準での記憶の活動に相当するが，その記憶内容や対象は，個人的・生活史的時空間および社会的・歴史的時空間の水準での記憶の活動といえよう。認知過程の精度としては，それを確認する手がかりがないので判断できないが，神話や伝説の話し手にとっては，眼前にあるかのような真実さや有意味さをもって語るであろうし，太安万侶が記録に残す際には，稗田阿礼の語りを圧縮したり解釈したりしたと考えるのが自然であろう。あるいは，最初の話し手の内容が，文字に結晶化されたともいえよう。

7.6.2 記憶のゆがみとスキーマ，スクリプトの形成

清水（2005）は，過去経験や環境についての構造化された知識であるスキーマ（schema）によって，新規情報の記憶にゆがみが生じることをバートレット（Bartlett, F. C.）『想起の心理学』を引用して述べている。また，ステレオタイプや偏見による認識や記憶のゆがみも同じようにスキーマによる情報処理によって生起すると述べている。さらに，スキーマの中で日常の身近な活動や経験に関する知識であるスクリプト（script）も同じはたらきをすると述べている。この例は，文化の4分野からみれば，価値と社会の分野にあたるといえよう。時空間の水準という観点からは，新規情報の処理については知覚的・行動的時空間の水準での活動にあたるといえるが，スキーマやスクリプトの形成については個人的・生活史的時空間の水準，場合によっては，社会的・歴史的時空間の水準での活動にあたるといえよう。認知過程の精度という点では，実験的に統制することが可能な場面でもあるので，十

分に高いといえよう。

7.6.3　フラッシュバルブ記憶と協同想起

　清水（2005）は，個人の記憶から社会の記憶へ変容する事例として，フラッシュバルブ記憶と協同想起とをあげている。**フラッシュバルブ記憶**（flash bulb memory）とは，とくに感情を強く揺さぶられるような出来事を，まるでカメラのフラッシュを焚いて撮影した写真のように鮮明に記憶していることをいう。通常は，そのような強い感情を伴う出来事は個人だけにとどまらないので，他者と語り合ったり，出来事の意味を他者と共有したりする。時空間の3水準という点では，フラッシュバルブ記憶は，個人的・生活史的時空間と社会的・歴史的時空間という2水準が重なった状態といえよう。あるいは，個人のフラッシュバルブ記憶がいくつも集まって統合されたものが社会的・歴史的時間に対応した記憶であるとしている。「歴史とは戦争の記録である」というのも同様に解釈できるであろう。フラッシュバルブ記憶は，文化の4分野すべてに関連している。しかし，人間は，大事件をメディア（テレビやインターネット）を通して知ることが通常であるので，技術の分野の活動ととらえるのが妥当であるともいえよう。認知過程の精度という点では，判断が困難である。メディアを通した情報処理という点では，精度が高いといえるであろうが，実体験にもとづいた情報処理ではないという点では精度を判断することは不可能に近いといわざるをえない。この意味でとくに，マスメディアを通した情報提供はプロパガンダとして利用しやすいと指摘できるであろう。

　協同想起（collaborative remembering）について清水（2005）は，日常生活において個人の記憶過程全般にわたって他者とのコミュニケーションを通して協力して記憶活動を展開することが多いとしている。そして，個人の記憶が集まって社会の記憶が作り上げられるときに，その基盤としてフラッシュバルブ記憶の場合と同じように，他者とのコミュニケーションを伴う協同想起が重要な役割を果たすとしている。協同想起は，日常生活での記憶活動

全般に関わるので，文化の 4 分野すべてに関連するといえよう。時空間の 3 水準という観点については，フラッシュバルブ記憶の場合と同様に，個人的・生活史的時空間と社会的・歴史的時空間という 2 水準が重なった状態といえよう。認知過程の精度については，協同想起には複数人が関与するので，記憶の精度が確認される機会が増えるだろうと考えられる反面で，前述の記憶のゆがみが促進されやすいともいえよう。

7.6.4 記憶術

　清水（2005）は，**記憶術**（mnemonics）を大量のことがらを速やかに記銘するための実際的な技法としている。この歴史は古代ローマ時代にさかのぼり，弁論術や修辞学の一環として取り扱われたとしている。また，人間の歴史において，記憶力の高さが人間の知性の一つの表れであるという見方が長く続いていたとしている。こうして，人間は，記憶術を積極的に利用して社会や集団の歴史を記憶してその文化を継承しようとしたり，個人が記憶術を用いて自分の所属する文化を受け継いでいったりしているとしている。時空間の 3 水準という点からは，記憶術は，個人としては，知覚的・行動的時空間の水準での活動であるが，社会としては，社会的・歴史的時空間の水準の活動であるといえよう。文化の 4 分野という観点からは，記憶術は，4 分野すべてに関わる活動であるといえよう。認知過程の精度の点からは，記憶術は，その結果を評価することができるという意味では，高い精度をもっているといえよう。

7.6.5 文字に頼らない知識の継承・技能技術の継承

　清水（2005）は，アイヌにおける叙事詩の口承や，無文字社会における出来事や思想の継承，さらに，古代寺社建築技術の口伝による継承について検討している。これらの事例についても，記憶術と同様に，時空間の 3 水準という点からは，個人としては，知覚的・行動的時空間の水準での活動であるが，社会としては，社会的・歴史的時空間の水準の活動であるといえよう。

文化の4分野という観点からは，4分野すべてに関わる活動であるといえよう。認知過程の精度の点からは，その結果を評価することができるという意味では，高い精度を持っているといえよう。

7.6.6　ヒューマンセンシングとライフログ

中村（2009）は人間活動のフィールドを観察し，それにあった社会システムや情報メディア・人工物を設計するための手法として**ヒューマンセンシング**（human sensing）を解説している。これは，人間の身体動作（表情，動作，位置，音声，視線）と身体的特徴（容姿，発汗，体臭など）という外面的状態と，生理的状態（心電図，心拍数，呼吸数，眼球電位，筋電図，皮膚電位活動，脳波などによって測定される状態）と心理的状態（緊張，恐怖，感情，快不快など）という内面的状態，さらに，言語・非言語コミュニケーションや対人接触や対人距離などのコミュニケーションの状態について，各種のセンシング技術を用いて測定し，分析することである。時空間の3水準の点からは，知覚的・行動的時空間の水準での活動を記述するためのもっとも客観的な方法といえるであろう。文化の4分野という点でも，4分野すべてに関わる活動を対象にすることが可能である。このことは言語的な相互作用の活動について，マルチモダール分析（たとえば，Norris, 2004））という方法があることからもわかる。

高橋と小松（2006）は，日常生活における学習活動を記述するために，調査協力者に15分毎行動記録を求めたが，これも同様の試みといえよう。これらの研究は，**ライフログ**（life log）の研究ともいわれている。

さらに，高橋（2004）は，問題解決におけるマルチモダール分析とみなすことのできる試みである。課題が与えられてから最初の発話がみられる2秒程度について，視線移動とジェスチャーの変化とを記述したものである。課題解決において，視線，ジェスチャー，発話のそれぞれを媒介された活動（心理的道具）とみなして，その道具の使用の変化を記述したものである。

なお，これらの方法は，データ収集および分析のためのコストがかかるこ

とを無視すれば，データを長期間継続して収集することが可能であるし，ある活動に関与する複数の人から同時に同期してデータを収集することも可能である。よって，知覚的・行動的時空間の水準から，個人的・生活史的時空間の水準や社会的・歴史的時空間の水準での活動を記述することも理論的には可能であるといえよう。

7.6.7 〈家の中〉から半径 300 メートルまで

　個人的・生活史的時空間の水準における典型的な活動を扱っているとみなすことができる研究として，野島と原田（2004）と有元と岡部（2008）とを取り上げよう。いずれも文化の4分野という点で，4分野すべてに関わる活動を対象にしているといえよう。認知過程の精度という点でも，研究者にとっても身近であり反復して観察することも容易であるので，高い精度をもっているといえよう。野島と原田（2004）は，家族における人間関係の変化，家の中にあるモノや技術の開発や使いやすさ，家の中での家事，慣習，介護などの学びについて扱っている。「半径 300 メートル」とは有元と岡部（2008）の副題である[3]。サービス業でのオーダーの記憶，ケータイ利用，プリクラ越しの友人関係，コスプレやヤオイというサブカルチャーの実践といった研究事例を扱っている。

7.6.8 社会と場所の経験

　筆者は，清水（2005）による時間の3水準に「空間」も加味した時空間の3水準という枠組みを提案したが，その意味でも，人間にとっての「場所」の意味に注目した研究として，サトウと南（2008）は興味深い。山笠祭の博多，震災の神戸，先の大戦の舞台となった沖縄・那覇という具体的な場所で

---

[3] 有元と岡部（2013）は有元と岡部（2008）の増補版であるが，タイトルの副題が，「半径 300 メートル」という表現から「集合的達成」という表現に変わってしまった。本章では，「半径 300 メートル」という表現のほうが趣旨に合うので，そのまま使っている。

のフィールドワークばかりでなく，差別・政治・司法という現場における力のせめぎ合い，さらに介護の現場が扱われている．

7.6.9 科学技術の実践・メディアの実践

現代はいうまでもなく情報社会である．科学技術が集約された情報通信機器という文明の利器が生活のあらゆる局面に浸透している．高橋と山本（2002）は，メディアという観点から，情報を理解し利用しデザインすることについての研究をまとめている．山下と福島（2005）は，人類学からの情報社会のさまざまな局面にアプローチした成果である．科学技術の実践の現場ばかりでなく，情報通信機器の利用も取り込んださまざまな場面（救急救命センター，福祉などの制度の現場，観光や農村開発などの産業の現場，勉強会や学校などの教育の現場）についての研究である．上野と土橋（2006）も，科学技術の実践の現場を「ハイブリッド（hybrid）」という概念を中心において検討している．これは人間と人工物とが異質のものでありつつ，お互いに影響し浸透し合うさまを称した概念である．これらは，科学技術を対象にしており，現代文明に関する現場研究といえよう．

7.7 おわりに

本章では，文化と称されるものが情報処理されるという前提で説明をしてきた．しかし，たとえば，箕浦（1990）がいうように，文化と称されるものは意味をもっているものであり，それが情報処理されるものとは考えられない．むしろ，意味は現場で実践の中で作られると考えるほうが自然である．これは，コール（Cole, 1996）がいうように，精神が活動の中で新生するということと同じである．

それでは，文化でも認知過程でも，それらに影響を及ぼす他の要因はないのであろうか？　たとえば，ダマシオ（Damasio, A. R., 1994）の感情が認知に影響を及ぼすという考え方は有力にみえる．しかし，佐伯（1997）が批

判しているように，感情・認知の情報処理に「文化差」を説明範囲に含めたとしても，「文化的」行動の説明にはならないと判断するのが妥当であろう。感情と称されるものも含め，文化的実践は，結局のところは「プロセス」としてとらえるしかないのであろう。

　筆者は，そもそも心理学では記述ということが厳密になされていないという問題意識をもっている。とくに，「プロセス」つまり認知過程を記述することが重要であると考えている。その意味では，現在の心理学は，まだまだ仮説生成のための記述に徹するべきであり，その結果うまくいけば要因を特定することができ，それを検証するための実験によって，エビデンスを追求できる可能性がある，という状況にあるにすぎないと認識している。一方で，ナラディブ・ベイスドの心理学を進めるあまり，認知過程についてのデータから逸脱する心理学の主張には組みしない立場もとっている。本章の後半の節を「認知過程を記述する」と題した意味でもある。

　福島（2010）はそのあとがきで，古典的な認知理論の理論指向性に比べ，状況論的学習理論などの現場研究は結局のところ記述の山を積み上げるだけで物足りないと述べた後で，自著のキャッチフレーズはその逆で「フィールドから再び実験室へ」であるとしている。これは，人間やその社会にとっての「実験」の意味を再検討する試みである。筆者も上で紹介したように，実験室で得られるデータを多面的に収集し分析する手法もとっている（高橋，2004）が，筆者なりに「実験」の意味を再検討する試みであった。

　以上のことは，上でも書いた，エビデンス・ベイスド対ナラティブ・ベイスドの対立の問題でもある。これは読者にも開かれた問題であると指摘して，本章を閉じることにする。

認知の状況依存性 8

　伝統的な認知心理学における研究には，認知的な行為や現象は，個人の頭の中にあるプログラムの制御によって遂行されるという前提が存在する。本章ではこれらの前提を批判した，「社会の中に分散された認知」「状況的行為」という２つのアプローチについて解説する。これら２つのアプローチはいずれも，認知における「状況性」を重視する立場であり，私たち自身がその一部として「埋め込まれた」環境全体の中に立ち現れる現象として，認知過程を考えようとする立場である。

8.1　認知の状況依存性——２つのアプローチ

　もしあなたが「飛行機を飛ばしているのは誰か」と問われれば，「パイロット（＝飛行機の仕組みを熟知し，操縦方法の訓練を受けた人間）」と素朴に答えるかもしれない。また，熟達したカヌー乗りに，川下りをした後「どのようなことを考えて川を下ってきたのか？」と問えば，「今まで経験した川下りの出来事と今日のコースから考えて，漕ぎ方やコースを調整しながら下ってきた」と答えるかもしれない。

　これら２つの回答は，それぞれある前提にもとづいた回答である。飛行機の例では，パイロット個人の知識・技能（いずれも記憶）や認知活動が，飛行機を飛ばしているということ，すなわち計算処理を行うシステムは個人であり，個人が外的環境とやりとりして作業を行っているという考え方を前提としている。また，カヌーの例であれば，頭の中にあるプログラムが，現在進行中の行為を制御することで，行為が成立するということ，すなわち頭の中にある情報とその「計算」によって行為が駆動されているという仮説を前

提としている．こうした2つの前提は，認知心理学的研究を行う際の前提ともなっているが，本章で解説する立場は，このような前提に対して批判的な立場をとり，それらとは異なる形で認知へのアプローチを行っている．

このような立場を代表するものとして，ハッチンス（Hutchins, E.）のアプローチがあげられる．ハッチンスは，知的な振る舞いを，1人の人間の心あるいは脳という「個人内の情報処理システム」に帰属せず，たくさんの人や人工物の相互作用全体を1つのシステムとしてとらえるべきだという**社会の中に分散した認知**（**分散認知**：socially distributed cognition）という考え方を提唱した（ハッチンス，1994，1996）．この考え方から，「飛行機を飛ばすのは誰か」という質問に答えるとすれば「飛行機が飛ぶことを可能にしているのは，飛んでいる飛行機というシステム全体の計算である．飛行機というシステムは，パイロットの能力や知識だけでなく，多くの乗員，地上職員，多くの機器，情報ネットワークその他を含む全体が知的なシステムを構成し，その結果として飛んでいるのだ」ということになる．

また，もう一つの代表的なアプローチとして，サッチマン（Suchman, L. A.）に代表されるアプローチがあげられる．サッチマンは，何らかのプランや知識表象を計算することによって行為が生じるという考え方を退ける**状況的行為**（situated action）という考え方を提案した（サッチマン，1990）．この立場から「川下りをしているとき，何を考えて川を下ったのか？」という質問に答えるとすれば，「あらかじめ『こういうコースで川を下ろう』と計画を立てていたとしても，実際に川を下っている際には，その計画のみに従って行為しているのではなく，むしろその場の状況の変化に合わせて即興的に行為して川を下ってきたのだ」と答えることになるだろう．

ハッチンスのアプローチは，現象を分析するための単位を，個人に限定せず，個人を取り巻く，他者，人工物，それらが構成する相互作用のネットワークといった状況まで広げるものである．また，サッチマンのアプローチは，内的なプログラムが人間の行為を駆動するのではなく，絶え間なく変化する状況との相互作用の連続の中で人の行為が成立していると主張するものであ

る。以上のようなアプローチは，人間の認知における状況の重要性を強調していることから，状況論や状況論的アプローチとよばれる立場を構成している。このような，状況性を強調するアプローチは，人の認知を一人ひとりの頭の中に限定する，伝統的な認知科学・認知心理学と対立し，1990年代にはさまざまな論争が行われた（たとえば，サッチマンと認知科学者ヴェラ・サイモンとの論争については，村山（2001）にまとめられている）。本章では，上記2人の人物によって行われた研究について紹介し，それらの立場が状況という新しい視点から，認知科学・認知心理学にもたらした側面を示していく。

8.2 社会の中に分散した認知——ハッチンスの考え方

認知人類学（cognitive anthropology）でナヴィゲーション（navigation）の研究を行っていたハッチンスは，チームで行われるナヴィゲーションを研究する中で，社会の中に分散した認知（socially distributed cognition）という考え方を提唱した。これは，認知的な過程が，複数の人や人工物の相互作用の結果として実現されるという考え方であり，複数の人間や人工物を含む「環境全体としてのシステムの計算」としてそれらを表現する（ハッチンス，1994）。本節では，2つの具体的な研究事例からその意味するところを説明する。

8.2.1 社会の中に分散した認知を事例からとらえる（1）
——船舶のナヴィゲーションの事例

まず，ハッチンスの船舶航行の研究（ハッチンス，1990, 1994）をもとに，社会の中に分散した認知という考え方を見てみよう。アメリカ海軍など大型の艦船はチームで航行されている。航行する中で欠かせない仕事の一つとして「絶え間なく船の現在位置を把握し，次の航跡を予測し，さらに位置を記録する」というものがある（自分が今どこにいるのかを正確にはっきりと知

ることは，ナヴィゲーションの基本要素である）。この仕事は，とくに陸地近くの狭い水路を航行するときに重要なものであり，6名の船員によって作業が行われる。ここではとくにそのうち4名の作業について説明をしてみたい。この4名は，艦船内において図8.1のように配置される。

船の現在位置に関する新しい情報をもたらすのは，船の両脇にいる方位測定係（図では①，②の位置）である。この2人は，指方規とよばれる望遠鏡に方位磁石機能を加えた装置を使って，船の周囲にある目標物（灯台や岬などのランドマーク）の方位を「ある指定された時刻に，同じタイミングで」測定する。方位測定係が測定した情報は通信回線を通じて船内の方位測時記録係（図では③の位置）に伝えられる。方位測時記録係は得られた情報（時刻とランドマーク，方位）を船内に報告しつつ，海図台に置いてある方位日

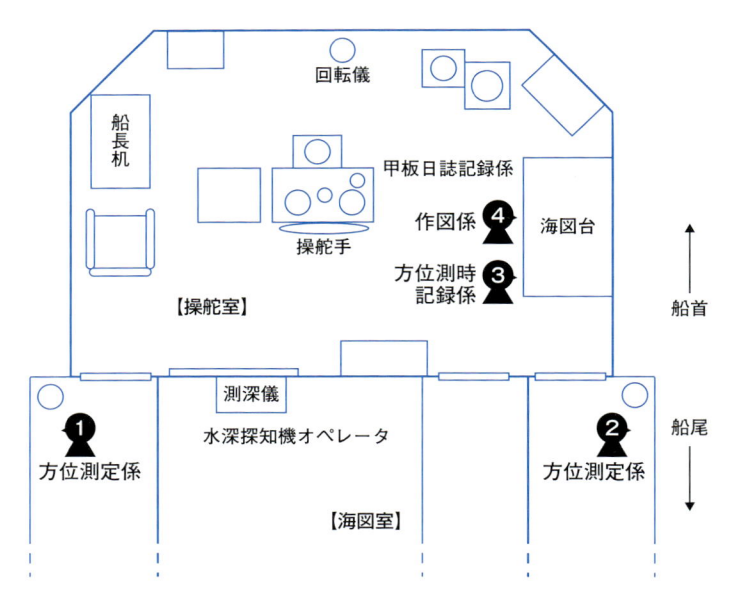

図8.1　**船舶における船員の配置図**（ハッチンス，1990，p.23をもとに作図）
本節で取り上げる4名を中心に図示している。

誌へ記録していく。実際に位置を示す作図を行うのは作図係（図では④の位置）であり，彼は方位測時記録係によってもたらされた情報をもとに，分度器を用いて海図の上に船の位置を示す情報を描きだしていく。このとき作図係が直接，船外の方位測定係と話をすることはない。しかし，作図係は分度器の腕木を方位によって指定された角度に合わせ，そして方位測定係が現実の世界で測定した空間関係を，海図上に再現するために，ペンを走らせる（以上の事例に関わる人と人工物を図 8.2 にまとめた）。

　ここで注目すべきことは，この場面に登場した道具が，船の現在位置についての情報の**表象**（representation）をもたらしていること，そして，各船員の活動によってその変換が行われていることである。方位測定係は，まず，目標物の方位を指方規上に表象として見るが，それを通信回線で方位測時記録係に伝える際には，話し言葉によって表象する。次に，それを受けた方位測時記録係は，方位日誌に書き込まれる形にその表象を変換し，同時に作図係が，それを変換して，分度器で海図に描き，表象する。方位測定係が指方

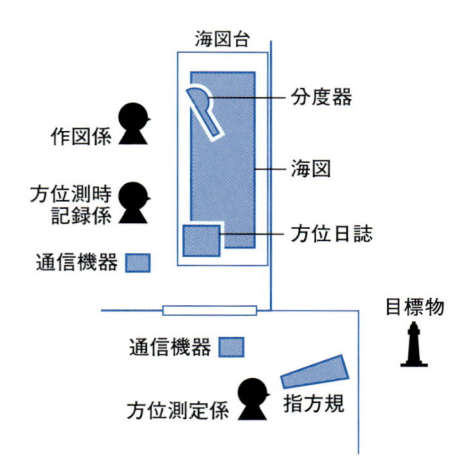

図 8.2　位置の確認が行われる様子を示した図

規上に見た目標物の方位の表象は，今や海図上の1本の線となり，他の線との関連によって船の現在位置を割り出している．

この事例では，複数の人や人工物（たとえば通信回線や方位日誌）などが表象を変換しながら，情報を橋渡しし，現実世界の目標物（灯台や岬などのランドマーク）の方位情報を，船内の海図に記す様子が示されている．個々の道具が作り上げた表象は，その次に現れる船員や道具によってさらに別の表象へ変換される．そのような局所的な変換が一定の順序でなされると，船舶の現在位置の割り出しが見事に達成されるのである．このような事例を説明するときには，船員個人の認知的な過程のみを追うよりも，人工物や情報の橋渡しのパターンを丸ごと記述するほうが，うまく現象をとらえているように思われる．

ハッチンスは，認知的な過程を「船員という個人の頭の中」で完結させるのではなく，人工物や，表象のための媒体の性質（現実世界の情報をどのような表象によって橋渡ししていくか），その結びつき方にまで拡張した．そして，それらを一つの全体として，すなわち，作業を行うシステム全体の計算として，とらえることを主張したのである．このような考え方から「船の現在位置を測定する」という認知的課題の達成をとらえると，船員の認知的な性質はもちろんのこと，電話回線や方位日誌，およびその結びつき方を，システムを構成する要素として同等に扱う必要が生じる．そして，それらが全体としてどのように「船の現在位置の測定」を達成するために構成されているのかを記述することこそ，ハッチンスが行ったことなのである．

8.2.2　社会の中に分散した認知を事例からとらえる（2）——コクピットの事例

同様に，ハッチンスは記憶という概念についても，個人を越えたより大きなシステムとしてとらえることができるとしている．通常，記憶は「個人の頭の中にある情報を，あとで取り出して利用する」という考え方をする．たとえば指定された商品（たとえばにんじん）を買ってくる「おつかい」は，

自分が頼まれた，おつかいの品物を記憶から想起し，店で該当する商品を購入する作業（課題）であると考えられる。

しかし，ハッチンスはそのような記憶も，個人によってではなく，飛行機全体の機能システムによって行われている，ととらえるのである。この考え方を具体的にみるために，航空機のコクピットでの一つの課題の例を示したい（ハッチンス，1994）。

飛行機は着陸時，減速をする必要があるが，遅い速度にしても必要な揚力を保てるように，機体の重量に応じて，気流速度を計算し，翼の形を変える必要がある。この作業を正しく行うために，飛行機の重さを計算に入れたうえで，あらかじめ各種の計算をし，ちょうどよい速度になったときに正確に翼の形を変えることができるよう，スケジュールが作られる（図 8.3 (a)）。この計算は実際の着陸よりもずっと前に行われるのだが，そうすると，パイロットはそのスケジュールを「記憶」してこの作業を実行する必要があるように思われるかもしれない。しかし，実際にはその必要はない。彼らは，図 8.3 (a) に示された数字にあわせて，図 8.3 (b) の対気速度計の周辺につけたつまみを移動させることで，いわゆる記憶の想起なしに「つまみの範囲内に速度計の針が入ったら次々に翼の形を変える」という形で，課題を達成しているのである。

このとき，「飛行機の速度」は速度計を介することによって目盛り間の空間的配置の情報へと変換されている。さらに，「翼の形を変えるという操作」は，目盛り，針，つまみが構成する空間的配置の変化に対して，パイロットが動作を返すという形に変換されている。ここでも鍵となるのは「必要な情報，表象の変換」である。この変換をふまえれば，パイロットが重要情報を記憶して，その記憶を想起することで課題を遂行しているという説明よりも，機能システムの構造全体が課題をうまく行える形に変換された上で，「記憶」をしているのだという説明（すなわち，ある課題を行うシステム全体が記憶しているのだという説明）がより適切になると考えられる。

この事例について，もしかすると「速度計のつまみはパイロットの記憶補

(a)

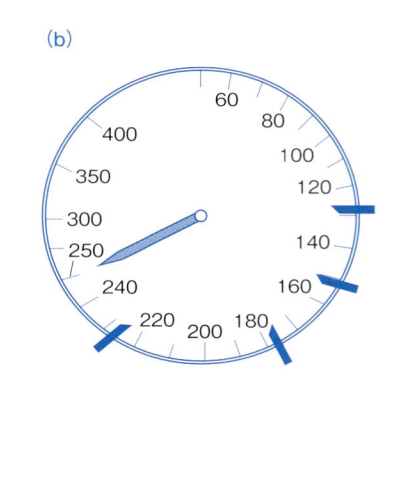

```
       操作手順
 フラップ/スラット  速度
   0/RET   ―  227
   0/EXT   ―  177
    11     ―  155
    15     ―  152
    28     ―  142
    40     ―  137
    V_REF
   28/EXT  ―  132
   40/EXT  ―  128

    122,000  ポンド
```

(b)

図 8.3 翼形変更のスケジュールおよび対気速度計
(両図ともハッチンス, 1994, p.75 にもとづき作図)
a：機体重量 (122,000 ポンド) をもとに, 速さ (227 や 177 等) と翼形 (0/RET や 0/EXT 等) の関係を示したカード。122,000 ポンドの重量では 227 ノットのときに 0/RET (フラップ 0°) にするという意味。
b：飛行機の対気速度計であり, 227, 177, 152, 128 ノットの部分につまみが設置されている。

助を行ったのだ」と考える向きがあるかもしれない。しかしハッチンスの説明は，つまみを「記憶補助用具 (memory aide)」とする説明の仕方とは根本的に異なる (ハッチンス, 1994)。パイロットは個人の記憶を「つまみという人工物」の補助を得て思い出すのではなく，記憶を使ってできたであろう課題を，もはや記憶を使わないまた別の認知的な行為へと変化させたのである。

8.2.3 社会の中に分散した認知の射程

こうしたハッチンスの考え方が端的に表現されているのが「知能とは何か／知能とはどこに存在するのか」という問いに対するハッチンスの回答であ

る。

　知能は必ずしもひとつのエイジェントの中に位置しているわけではない。通常考えられている個人という境界に限定されない機能システムの動作の中に存在するのである。

（ハッチンス（著）三宅・原田（訳），1996, p.399）

　このように，ハッチンスは認知的な過程を"個人"の中にではなく，それらを含むシステム全体の中にとらえるべきだとした。それではなぜ，ハッチンスはこのようなアプローチからの記述を行ったのか。それに対して，以下のような記述がある。

　ひとりひとりの人間の記憶に関する完全な理論があっても，われわれが理解しようとしているものを理解するのには不十分であろう。なぜならば，非常に多くの記憶機能が，個人の外側で起きるからである。

（ハッチンス（著）高橋（訳），1994, p.77）

　私たちの目の前に広がる複雑な現象を，個人の記憶あるいは認知に関する理論の精緻化というアプローチからではなく，全体としてのシステムという観点から分析する必要があるとハッチンスは考えたのである。さらにハッチンスはこう続けている。

　認知をこのように見ることは，単に個人の認知が文化的な文脈に"埋め込まれている（situated）"ことを示すだけではなく，認知が基本的に文化的なプロセスであることを明らかにする。

（ハッチンス（著）高橋（訳），1994, p.78）

　以上のように，ハッチンスはともすれば個人の内的なプロセスのみを重視

しがちな認知心理学的な研究に対して，状況を切り離して認知を論じることはできないというメッセージを送っているのである。

8.3　状況的行為——サッチマンの考え方

　社会学・文化人類学をバックグラウンドにもつサッチマンは，エスノメソドロジー（ethnomethodology）の枠組みをもとに，人と人工物の相互作用についての研究を行った。その中でとくに，「頭の中にあるプラン（もしくは行為の表象）の実行によって行為が駆動されている」という伝統的な考え方を批判し，絶え間なく変化する状況との相互作用の連続の中で，即興的に人が行為しているという**状況的行為**（situated action）の考え方を提唱した（サッチマン，1990）。本節では，まずサッチマンが否定した「プラン」という概念について概説する。そしてその後，サッチマンの状況的行為の考え方について，2つの研究事例をもとに紹介する。

8.3.1　伝統的な「プラン」から状況的行為へ

　認知心理学においてプランは，行為を生成したり，コントロールする内的なメカニズムとみなされてきた（上野，1999）。ミラーらによってなされた「プランは一連の操作を実行する順序をコントロールする生活体の階層構造過程である……（中略）……生活体にとってのプランは，コンピュータに対するプログラムと本質的に同じである」（Miller et al., 1960 十島他訳 1980, pp.18–19）という定式化は，その後さまざまなバリエーションを生んだが，現在に至るまで，それらの本質に大きな変化はないと考えられる（上野，1999）。しかし，私たちが行う行為は，そのようなプランによって制御されて行われているのだろうか。サッチマンは，このような，プランという認知心理学的前提に対して，疑問を投げかけたのである。

　それでは，プランが存在し，そのプランが人間の行為を制御するという考え方にもとづくと，行為はどのように記述されるのだろうか。サッチマンが

示したカヌーの例（サッチマン，1990）を題材に考えてみよう。これからカヌーで急流を下ろうというとき，その人の心の中では「できる限り左側を行き，2つの岩の間を抜けよう，それから次は岩石群のあたりを後ろ向きに右に行こう」といった行為のプランがたてられる。そしてその後，実際に川を下り始めたら，もとのプランと現実の場面との差異が検出されながら行為が制御され続け，それにより川下りが遂行される。つまり頭の中で情報処理が行われることで川下りがなされる。このような説明がプランにもとづく観点からの記述である。

　しかし，サッチマンの状況的行為の立場では，一度そのようなプランを用いた説明をやめ，次のような形で行為をとらえることを提案する。確かに私たちは，行為の前に「こう動いてみよう」というプランを立てることはある。しかしながら，カヌーを漕いでいるまさにそのときには（すなわち，行為を行っているまさにそのときには），むしろ，川の流れの微細な変化や徐々に近づいてくる岩に対して，その時々で局所的，即興的にオールを動かして川の中を移動している。つまり，そのつど立ち現れてくる状況の連続的な変化に対する，絶え間ない即興的な行為，すなわち状況的行為を繰り返して，「川を下る」という全体的な目的を達成しているのである。以上のようにサッチマンは，行為を制御するプランという観点から説明を行うのではなく，絶え間なくその配置を換える環境（状況）に対してそのつど即興的に対応することが結果的に目的を達成することになるという観点から，行為をとらえている。

8.3.2　状況的行為を事例からとらえる（1）——ミニキャドの事例

　上記の考え方について，上野（1999）は，ルフとヒース（Luff, P., & Heath, C., 1993）の事例を引きながら解説している。ルフとヒース（1993）の事例とは，建築デザイナーがコンピュータ（Apple社のマッキントッシュコンピュータ）上で動作するミニキャド（Minicad）というソフトウェアを利用している場面に関するものである（ミニキャドの画面例を図8.4に示

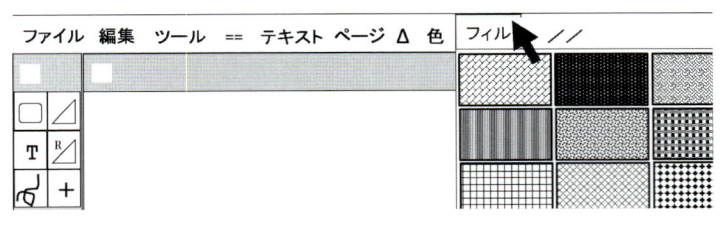

図8.4　ミニキャドの操作画面例（Luff & Heath, 1993をもとに作成）

す）。

　事例の中で1人目のデザイナーは，まず，ラインの太さを選ぶライン・メニュー（図8.4の「／／」マーク）を押した。しかし，その約1秒後に，ラインの模様を決めるためのフィル・メニューに移り，それを開いて約3秒間とどまっていた。しかし，そこでも何もせず，約1秒後，色・メニューを開いた。そして，そこからタイトル・バーへ戻り，レイヤー（層）を選ぶためのレイヤー（層）の色・メニューを選択した。ここでまた5秒とどまり，ファイル・メニューをのぞき込んだ後，最終的にコマンド「S」キーを押していた。また，2人目のデザイナーはまず，ライン・メニューを開き，つぎに，フィル・メニューを開いた。しかし，これらのメニューでは何も選択せずに，ラインの色・メニューに移り，ここで白黒のラインを選択していた。これらの事例は何を示しているのだろうか。上野（1999）は以下のように解説している。

（著者注釈：前述した二人の事例は）一見，熟達者がメニューの中から，特定の項目を探し出し，特定の問題解決を行っているように見えるかもしれない。…しかし，たとえば，二つ目の事例にあるように，ライン・メニューとフィル・メニューでは，やることが全く異なっているのであって，実際には熟達者による特定の問題解決へ向けての探索というふうには見え

ない。……（中略）……デザイナーの行為は，明確な目的に従ってなされたものであるというよりは，むしろいくつかのメニューを開いて見るという行為の流れの中で，次第に明確になっていったことを示しているのではないだろうか。

こうした事例を見ると，何をすべきか，何ができるかは，作り出している対象の中に，そのつど，局所的に見えてくるのであって，こうした場合，行為の"目的"といった言い方は必ずしもしっくりしたいいかたではないように思われる。

（上野，1999, pp.22-23）

これらの事例を考えたときに，私たちの行為に対し「抽象化されたプランが行為を制御する」と説明するのでは不十分であり，「そのつど立ち現れてくる状況に対して，局所的，即興的に行為する」という視点から説明することの必要性が見えてくるのではないだろうか。

8.3.3 状況的行為を事例からとらえる（2）――空港の事例

もう一つ，空港のオペレーション・ルーム（飛行機のゲートへの出入りや燃料補給，食事や荷物の積み込みなどの管制・調整を行う空港地上職が業務を行う部屋）の事例をあげよう（サッチマン，1994）。

表8.1の事例は，フライト・トラッカー（以下FT）とパイロットがやりとりをする場面である。FTでは，発着便を追跡しながら，無線を通して地上にいるパイロットたちとコミュニケーションをし，飛行機が割り当てられたゲートに到着する許可を与える業務を，他のさまざまな業務と一緒に行う。本事例において，FTは，あるパイロットから，「14番ゲート」に入りたいが，現在そのゲートが別の飛行機によってふさがっていることを伝えられる。

このFTはパイロットからの通信で「14番ゲート」という言葉が出るとすぐに，各ゲートを映し出すテレビ・モニターに体を向け，モニターに映っている飛行機のフライト・ナンバーを特定した。その後，飛行機の離発着スケ

表 8.1　パイロットと FT との会話（サッチマン，1994，pp.47-48 をもとに作成）

パイロット	14 番ゲートがふさがっているようなのですが どうしましょうか。 （0.3 秒の沈黙）
FT	えっと （0.1 秒の沈黙） 前の飛行機は 10 分前には出発したはずなのですが うまくいけばー（言葉の最後を伸ばす） （1 秒の沈黙） もうタラップを外しているので すぐに出ると思います。
パイロット	了解しました，ありがとうございました。

ジュール表や，手元に残されている実際のフライト情報，現在の時刻を知るために時計を見まわし，再度，テレビ・モニターでタラップが外されるという状況の変化を確認し，「この飛行機はすぐにゲートを出る」と予想している。

この事例に対して上野（1999）は以下のような解釈を加えている。

こうした状況の中で，テレビ・モニター……（中略）……などの道具は，活動の展開の中で，そのつど，そのつどの課題に適所になったときはじめて"出現"している。もう少し詳しく言えば，「14 番ゲートがふさがっているようだ」という待機中のパイロットの問いがいくつかの道具を道具として出現させ，道具によって与えられる文脈の探索，たとえば，どのモニターを見るべきか，そのモニターのなにを見るべきか，それが何か，どうなるはずかといったことを方向づけている……（中略）……このように，そのつど，どの道具をどのように使うか，道具の中に注視すべきことは，

局所的な相互行為の中で社会的に組織化されているのである。

さらに，FTが……（中略）……モニターを見る，運航予定表を見る，時計を見る……（中略）……ことは，相互に相互の文脈をつくっている。あるいは，相互の道具の何を見るべきか相互に方向づけあっている。仮にモニター，運航予定表や時計を見るだけでは，何の意味も構成されないだろう。……（中略）……つまり，局所的な相互作用が道具を道具として再編し，道具によって与えられる文脈を方向づけ，さらに道具使用によってつくられた文脈が逆に会話という相互行為のための文脈を与え，方向づけ，組織化しているのである。

(上野，1999, pp.187-188)

こうした事例から，人はある状況に即興的に対応することによって，その状況が再編成され，再編成された状況に対してまた即興的にふるまっていく，という行為のあり方を見てとれる。このように，行動する人の様子を実際につぶさに観察したとき，「頭の中にプランがあり，それが行動を制御している」という様子を見出すことは難しい。むしろそこでは，変化する状況の中で，そのつど何をすべきかがわかり，方向づけられているのだということが見えてくる。そして，その状況的行為の連続によって一つの作業が達成されているのだと解釈できるのである。

8.3.4 プランは存在しないのか？

ここまでの議論をふまえると，サッチマンは「プランは存在しない」と述べているように思われるかもしれないが，そうではない。サッチマンは以下のように述べている。

私たちは日ごろ日常的にいろいろなプランを立てる。しかし，この常識的なプランは，決して行為に関する欠陥ある科学的モデルなのではない。むしろそれは人々が実際に行為すべきか思いをめぐらす際に，人々がリソー

スとして用いているものにほかならない……（中略）……プランは目論まれ，回想された行為の説明として，それ自体，進行しつつある実践的活動のより大きな文脈に位置づけられるのである。

(Suchman, 1987 佐伯監訳 1990, p.48)

このように，サッチマンはプランの存在を否定していない。かといって，従来と同じような意味でプランの存在を認めているわけでもない。サッチマンはプランに対し，認知心理学的な研究で言われてきたような「行為を生成するメカニズムとしての特権をもったもの」から「行為に関する説明のために，アクセス可能なリソース（資源）の一つ」へ，その位置づけを変更することを提案しているのである。

8.4　おわりに

　ここまで見てきた社会の中に分散した認知と状況的行為というアプローチは，認知心理学に何をもたらし得るのだろうか。一つは，人間の認知を個人のみに焦点化した観点からとらえることへの懐疑であり，もう一つはプラン（内的プロセスや内的情報処理と言い換えてもいいかもしれない）が私たちの行為のすべてを制御し，下支えしているのだということへの懐疑である。すでに述べたように，これらのアプローチは，人間の内的なプロセスが存在しないと主張しているのではないし（ハッチンス，1994），プランが存在しないと主張するものでもない（サッチマン，1990；上野，1999）。そうではなく，それらを含んだ状況全体として，人間の認知的なプロセスを探求しようと試みているのである。

　本章で取り上げた，認知の状況依存性に関する議論は，状況論，あるいは状況論的アプローチという研究領域のごく一部に過ぎない。上野（2006）によれば，状況論のネットワークには，大まかにはサッチマン（1990）に代表される「状況的行為へのアプローチ」の流れと，レイヴとウェンガー

（1993）に代表される「**状況的学習論（situated learning）**」の流れがある。ここでは「状況的学習論」については割愛するが，この状況的学習論の立場は，学習を個人による知識の獲得や技能の熟達としてではなく，実践のコミュニティへの参加としてとらえることに特徴がある。この立場について詳細を知りたい読者は，レイヴとウェンガーの著書（1993）や，茂呂ら（2012）をあたられたい。さらに，本章では，日本で行われている多くの状況論的な立場からなされた研究を紹介することができなかった。こちらについては，2001年に刊行された「状況論的アプローチ」という3巻のシリーズ（上野，2001；加藤・有元，2001；茂呂，2001）が参考になる。

「研究の成果を現場で実践する」もしくは「研究で得られた知見を社会に還元する」ことを考えるとき，私たちは，「現場」や「社会」で生じる現象を，認知心理学の枠組みに押し込めて研究を行うことが少なくない。しかし，状況論的なアプローチは，そのような「認知心理学者という視点」を外して人々のやりとりの中に現象を観察する必要性を，私たちに示している。人が行為するという，非常に複雑かつ，とらえどころのない現象を記述するための重要な理論として，また「現場」を記述するための広範な射程をもつ理論として，状況論的アプローチのもつ可能性は大きいといえよう。

老年期における認知心理学 9

　国民衛生の動向（2014年10月1日現在推計）によると，わが国の総人口は1億2,708万3,000人である。そのうち65歳以上の高齢者人口は3,300万人で，総人口に占める割合（高齢化率）は26.0%と過去最高の値になった。このような高齢者の増加に伴い，医学，看護学，福祉学はもとより，経済学，社会学など多方面にわたり高齢者に対する関心が高まっている。もちろん心理学においても，発達心理学，教育心理学，臨床心理学などさまざまな領域において高齢者を対象とした研究が盛んに行われ，高齢者の精神機能，行動の諸様相などが理解されつつある。本章では，環境について知る，記憶する，判断するなどの情報処理過程である認知機能において，加齢に伴いどのような変化や特徴がみられるのかについて述べていく。また，高齢者の認知機能にみられる病気やその知的機能検査，自動車の運転における認知特性，交通に対する意識などについてもふれる。

9.1　高齢者の記憶

　高齢者の共通した悩みに物忘れ，記憶力の低下があげられる（十束, 2005）。覚えたはずなのに思い出せない，若い頃ならば簡単に覚えられていたことができなくなるといった記憶力の低下は，加齢によって生じるもっとも顕著な認知機能の変化である。このような年とともに感じるようになる記憶の衰えは，タルヴィング（Tulving, 1972）のエピソード記憶と意味記憶という記憶区分のうち，エピソード記憶（第3章参照）に関するものが多い。

9.1.1　加齢に伴うエピソード記憶の変化

　エピソード記憶とは，自分が経験した出来事に関する記憶であり，時間や

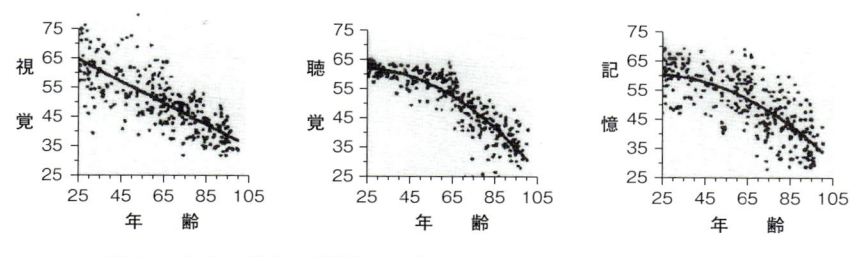

図 9.1　加齢に伴う各種機能の変化（Baltes & Lindenberger, 1997）
縦軸はTスコア。

空間と関連付けられた記憶である。バルテスとリンデンベルガー（Baltes, P. B., & Lindenberger, U. K., 1997）は感覚機能や認知機能の加齢変化を検討するために，25～103歳までを対象にしてベルリン加齢研究とよばれる各種実験を行っている。その結果，加齢に伴い視聴覚などの感覚機能の低下がみられたと同時に，文の記憶課題などで測定したエピソード記憶においても成績が低下することが示唆された（図9.1）。また，石原と権藤（2002）も，エピソード記憶を測定すると考えられるひらがな3音節を用いた長期記憶の実験において，再認率（提示された単語が初めて提示されるものか，2度目に提示されるものかの判断の正解率）は年齢が高くなるにつれて低下することを明らかにしている。とくに，これまで頻繁に目にしたことがある単語よりも，ほどほどに目にしたことがある単語のほうが正解率が低いという結果であった。このように，多くの研究が加齢に伴う**エピソード記憶の減退**を指摘しており，想起量は若年者の50～90％しかないことが多いとされている（古橋，2003）。確かに加齢に伴うエピソード記憶は概して低下するといえるが，その程度はどのような記憶課題を使用するか，あるいは，どのような学習，想起を課すのかによっても異なっている。

9.1　高齢者の記憶　　159

9.1.2 加齢に伴う意味記憶の変化

　意味記憶とは，社会全般に通じる知識や言語，ものの名前などに関する記憶のことである。意味記憶は，情報を想起するときにその内容さえ利用できればよく，その情報を獲得した時間や場所などを思い出すことを必要としていない。意味記憶において，高齢者と若年者を比較した研究では，日常生活のスクリプトを完成させる一般的な知識を聞く課題において，生成数に差が認められなかったことが明らかにされている（Light & Anderson, 1983）。また，先ほどのエピソード記憶と意味記憶の両側面の検討を行っているアルバートら（Albert, M. S., et al., 1988）の実験では，再生と再認課題で測定したエピソード記憶では，高齢者と若年者の成績に違いがみられたものの，線画を命名する課題で測定した意味記憶では両者間の成績に違いがみられなかったと報告されている。さらに，知能検査などで測定される知識問題においては，高齢者と若年者の成績においてあまり違いがみられていない（Salthouse, 1991）。このように，これまでの多くの研究において，意味記憶では加齢に伴う影響が少ないことが示唆されている。

9.1.3 高齢者と自伝的記憶

　エピソード記憶と関係深い記憶に自伝的記憶がある。**自伝的記憶**とは，エピソード記憶の一つのタイプであり，自己のライフストーリーを形作る記憶とされている（Nelson, 1992）。自伝的記憶の研究では，いくつかの手がかり（単語やテーマ）を提示し，それに関係する過去の経験やそのときの年齢などを尋ねる，人生において印象深かった出来事を自由に思い出し，そのときの年齢などを確認するというようなさまざまな方法が用いられている。これまでの研究結果から，概して自伝的記憶は図 9.2 のように布置されることが示唆されている（槙，2008）。この自伝的記憶の分布においては，最近の出来事ほどよく思い出されるという**新近性効果**，幼い日の出来事をあまり思い出さないという**幼児期健忘**，そして，10〜30 歳頃の出来事をよく思い出すという**レミニセンス・バンプ**という 3 つの特徴が見受けられる。とくに，

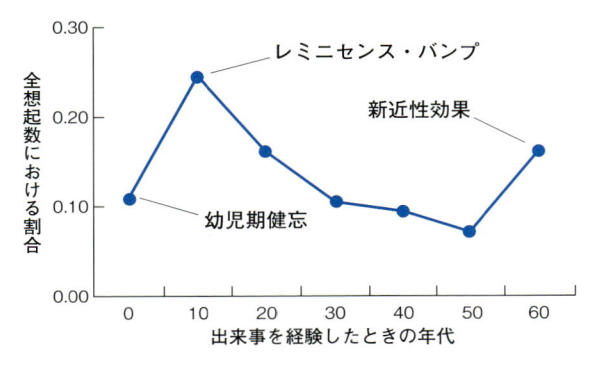

図9.2 　自伝的記憶の分布にみられる3つの特徴（佐藤他, 2008）

　高齢者を対象とした多くの研究において，レミニセンス・バンプが頑健にみられている（Rubin et al., 1986；Fromholt et al., 2003）。
　また，臨床場面では，自伝的記憶が**回想法**（life review therapy）という心理療法として用いられることがある。これは，高齢者が自分の人生を回顧し，話すことによる心理効果に着目しており，自尊心の回復や情動の安定などを期待するものである。

9.2　認知に関する病気

9.2.1　健康な物忘れと病気としての物忘れ

　「最近忘れっぽくて……」「思い出せないことが多いのよねぇ……」などということを口にする高齢者は多い。加齢に伴って，個人差はあるものの誰しもがこのような認知の変化，主にエピソード記憶の障害を経験するようになる。他方，病気によってもエピソード記憶は著しく障害され，日常生活に影響が及ぶ可能性もある。それでは，年とともに生じる「健康な」物忘れと，「病気として」生じる物忘れはどのような違いがみられるのだろうか。

たとえば，「昨日の夕飯に何を食べたっけ？」という物忘れの事態が高齢者に生じたとする。ここで家族から「ハンバーグだよ」といわれ，すぐに自分の経験と照らし合わせ「ハンバーグを食べた」と無事に思い出すことができた，このような場合のエピソード記憶における想起の失敗は，年とともに生じる自然現象であり，健康な物忘れである。これは一般的に，記憶の老化現象とよばれている。これに対して，上記のような事態で家族からいわれたことに「昨日は夕飯を食べていない」「夕飯を食べたかなぁ」という反応がみられた場合，病気として生じる物忘れの疑いがある。

　すなわち，健康な物忘れは自分の経験や体験の一部分を忘れるものであり，それ以外のことは思い出す（想起する）ことができ，自分が物忘れをしている（してしまった）という意識や自覚がある。それに対して病気としての物忘れは，自分の経験や体験全体を忘れるものであり，自分が物忘れをしている（してしまった）という意識や自覚がなく，思い出すことにも困難が生じる。そのため，自分の生活のある部分がすっぽりと抜け落ちてしまうような不連続なエピソード記憶となってしまう可能性があり，判断がうまくできなかったり，不安な気分を感じやすくなったりすると考えられている。また，日常生活にも支障が及ぶことが予想される（表9.1）。このような物忘れは，認知症（痴呆）とよばれており「いったん正常に発達した知能が後天的な脳の器質性障害により持続的に低下し，日常生活や社会生活が営めなくなって

表9.1　健康な物忘れと病気としての物忘れ

健康な物忘れ	病気としての物忘れ
● 経験したことの一部を忘れる。 　（例：食べたことは覚えている。） ● 物忘れをしている自覚がある。 ● 物忘れの頻度はあまりひどくならない。 ● 日常生活にあまり支障はない。	● 経験したこと全体を忘れる。 　（例：食べたことを覚えていない。） ● 物忘れをしている自覚がない。 ● 物忘れの頻度が増加し，進行する。 ● 日常生活に支障が出てくる。

いる状態」と一般的に定義されている（精神保健福祉研究会，1991）。

　健康な物忘れは進行しても物を忘れる頻度が増えるだけで，日常生活が困難になることはほとんどない。しかしながら，短期間に物忘れが増加したり，記憶テストでの得点が著しく低かったりした場合には，認知症に移行する可能性があるとされ，**軽度認知障害**（Mild Cognitive Impairment；**MCI**）とよばれている。軽度認知障害とは，認知症の診断には至らないが，病的な認知機能の低下を示すものであり，正常な高齢者が認知的変化を生じて認知症に転化していく過程において，軽度に認知機能が低下した時期の状態である（本間，2009）。近年，この状態の人を認知症に移行させない予防的介入が注目されている。

9.2.2　アルツハイマー型認知症

　認知症の発症原因疾患は 100 以上あるといわれているが，多くのものが脳内疾患である。須貝（2005）によれば，そのうちもっとも多いのは**アルツハイマー型認知症**であり，全体の約 50% 程度の割合を占め（図 9.3），加齢に

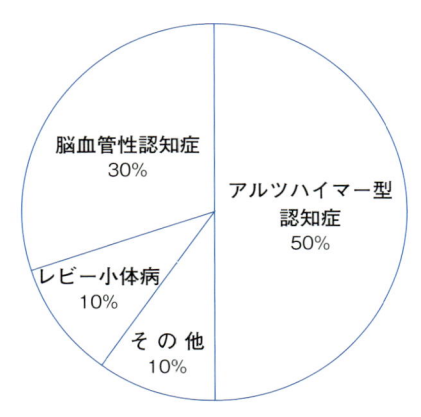

図 9.3　**認知症の主な原因疾患の比率**（須貝，2005 より一部改変）

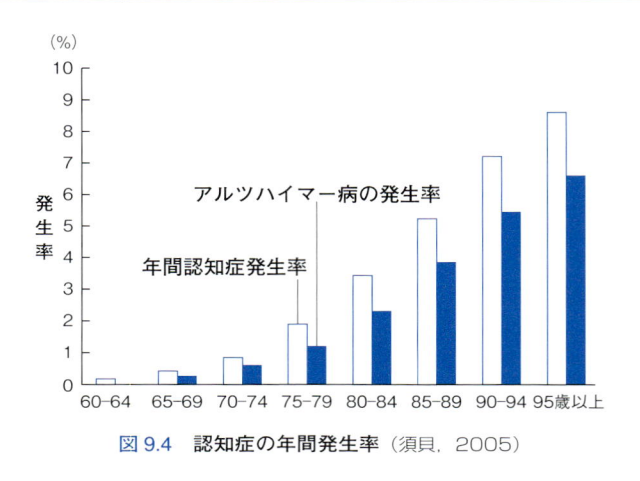

図9.4 認知症の年間発生率（須貝, 2005）

伴いその発症率は高くなる（図9.4）。この病気は，1906年にドイツの精神科医アルツハイマー博士（Alzheimer, A.）がある女性患者の臨床ケースを報告したことによって世界的に広まった。彼女は，記憶障害や夫への嫉妬妄想などがあり，死後に脳を病理解剖したところ，老人斑（しみ）のようなものと神経原線維の変化がみられていた。このような変化は，現在でもアルツハイマー型認知症に特徴的な構造だとされている。アメリカの精神医学会が作成する精神障害の診断・統計マニュアル（DSM-IV-TR, 2002）でのアルツハイマー型認知症の診断基準では，この病気によって障害を受ける認知機能は，記憶，注意力，言語，応用力などであるとされていた（表9.2）。そして2013年に改定されたDSM-5から，アルツハイマー病は神経認知障害群（Neurocognitive Disorders）の中に含まれるという記載になった。進行性の病気であるが，現在根本的な治療法はなく，薬で進行を遅らせる治療が行われている。これまでわが国では，「アリセプト（一般名：ドネペジル塩酸塩）」という治療薬のみであったが，2011年に「レミニール（一般名：ガランタミン臭化水素酸塩）」と「メマリー（一般名：メマンチン塩酸塩）」という新薬が発売され，薬の選択肢が広がっている。また，500円玉大の貼り薬

表9.2 DSM-Ⅳ-TR によるアルツハイマー型認知症の診断基準
（米国精神医学会, 2002）

A	以下の両方により明らかにされる多彩な認知欠損 1　記憶障害 2　以下の認知障害の1つ（またはそれ以上） a　失語　b　失行　c　失認　d　実行機能の障害
B	社会的, 職業的機能の著しい障害
C	穏やかな発症と持続的な認知の低下
D	Aに見る認知機能障害は以下のものに当てはまらない 1　記憶や認知に進行性の欠損を引き起こす他の中枢神経系疾患 2　認知症を引き起こす全身性疾患 3　物質誘発性の疾患
E	その欠損はせん妄の経過中にのみ現れるものではない
F	他の1軸の疾患によって説明されない

タイプの認知症薬（パッチ薬）も発売されており，嚥下障害のある方が服用できたり，パッチの表面に日付を記載することができたりという長所を有している。

9.2.3　認知症を診断する検査

　認知症の診断に用いられる検査にはさまざまなものがある。それぞれの検査が異なる質問内容やカットオフポイント（認知症か否かを区分する境界）を有しており，実施にあたっては高齢者に十分な説明をし，承諾を得ることが重要だとされている。

　認知症を診断する検査のうち，医療福祉現場で使用される代表的なものに**長谷川式認知症スケール**（Hasegawa Dementia Scale-Revised；**HDS-R**）が

ある。この検査は，認知症のスクリーニングテストとして1974年に作成された長谷川式簡易知能評価スケールの質問項目が現代社会に適合していない部分があるなどの問題点をふまえ，1991年に改訂長谷川式簡易知能評価スケールとされたものが，痴呆から認知症への病気名の改称に伴って名称変更したものである（長谷川他，1974；加藤他，1991）。長谷川式認知症スケールは，表9.3のような9つの質問から構成されている。正しい答えであった場合には，点数が与えられるが，誤答であった場合には，0点となる。1から9までの質問の合計得点を計算し，30点満点中20点以下の得点であった場合には認知症を疑うことになる。この検査による認知症の重症度別平均得点は，正常な場合24.3点，軽度の場合19.1点，中度の場合15.4点，高度の場合は10.7点，非常に高度の場合は4点とされている。

長谷川式認知症スケール（HDS-R）と同じく頻繁に使用されるものに，アメリカのフォルスタインら（Folstein, M.F., et al., 1975）が開発したミニメンタルテスト（Mini-Mental State Examination：MMSE）がある。これは，表9.4のような11の質問から構成されている。30点満点中24点以下の得点であった場合に，認知症を疑うことになる。長谷川式認知症スケール（HDS-R）との間には，非常に高い相関がみられている（大塚・本間，1991）。

また，前者2つの検査よりも言葉や教育，文化のレベルに関係がない検査として，時計描画検査（The Clock Drawing Test：CDT）というものも利用されている。これは，指定された時刻の時計の絵を描いてもらうことによって，認知症かどうかを判定する検査である。時計の文字盤を描く行為は，視空間認知と構成能力をみる簡易精神機能評価検査として神経心理学領域では用いられることが多く（小森他，2002），抽象概念や数の概念などの言語的記憶の評価も含んでいるとされている。ただし，採点基準が研究者によって異なっており，実際に採点する場合も判定が難しいことが多い。

さらに，認知症者の重症度を診断する国際的評価尺度として，ヒュージら（Hughes, C.P., et al., 1982）によって作成された臨床的認知症尺度（Clinical Dementia Rating：CDR）がある。これは高齢者と家族に対して，表9.5

表9.3 長谷川式認知症スケール（HDS-R）(大塚・本間，1991)

No.	質問内容		配点
1.	お歳はいくつですか？（2年までの誤差は正解）		0　1
2.	今日は何年の何月何日ですか？　何曜日ですか？ （年月日，曜日が正解でそれぞれ1点ずつ）	年	0　1
		月	0　1
		日	0　1
		曜日	0　1
3.	私たちが今いるところはどこですか？ 自発的に出れば2点，5秒おいて家ですか？　病院ですか？ 施設ですか？　の中から正しい選択をすれば1点		0　1　2
4.	これから言う3つの言葉を言ってみてください。あとでまた聞きますのでよく覚えておいてください。 （以下の系列のいずれか1つで，採用した系列に○印をつけておく） 1：a）桜　b）猫　c）電車　　2：a）梅　b）犬　c）自動車		0　1 0　1 0　1
5.	100から7を順番に引いてください。 （100-7は？　それからまた7を引くと？　と質問する。最初の答えが不正解の場合，打ち切る）	(93)	0　1
		(86)	0　1
6.	私がこれから言う数字を逆から言ってください。 (6-8-2, 3-5-2-9) （3桁逆唱に失敗したら打ち切る）	2-8-6	0　1
		9-2-5-3	0　1
7.	先ほど覚えてもらった言葉をもう一度言ってみてください。 （自発的に回答があれば各2点，もし回答がない場合，以下のヒントを与え正解であれば1点） a）植物　b）動物　c）乗り物		a：0　1　2 b：0　1　2 c：0　1　2
8.	これから5つの品物を見せます。それを隠しますので何があったか言ってください。 （時計，鍵，タバコ，ペン，硬貨など必ず相互に無関係なもの）		0　1　2 3　4　5
9.	知っている野菜の名前をできるだけ多く言ってください。 答えた野菜の名前を右欄に記入する。 途中で詰まり，約10秒待っても出ない場合にはそこで打ち切る。 5個までは0点，6個＝1点，7個＝2点，8個＝3点，9個＝4点，10個＝5点		0　1　2 3　4　5

表9.4 Mini-Mental State Examination（MMSE）（大塚・本間，1991）

		質問内容	回答	得点
1.	5点	今年は何年ですか 今の季節は何ですか 今日は何曜日ですか 今日は何月何日ですか	年 曜日 月 日	
2.	5点	ここは，何県ですか ここは，何市ですか ここは，何病院ですか ここは，何階ですか ここは，何地方ですか（例：関東地方）	県 市 病院 階 	
3.	3点	物品名を3個（相互に無関係） 検者は物の名前を1秒間に1個ずつ言う その後，被験者に繰り返させる 正答1個につき1点を与える。3個すべて言うまで繰り返す（6回まで） 何回繰り返したかを記せ____回		
4.	5点	100から順に7を引く（5回まで） あるいは「フジノヤマ」を逆唱させる		
5.	3点	3で提示した物品名を再度復唱させる		
6.	2点	（時計を見せながら）これは何ですか （鉛筆を見せながら）これは何ですか		
7.	1点	次の文章を繰り返す 「みんなで　力を合わせて　綱を　引きます」		
8.	3点	（3段の命令） 「右手にこの紙を持ってください」 「それを半分に折りたたんでください」 「机の上に置いてください」		
9.	1点	（次の文章を読んで，その指示に従ってください） 「目を閉じなさい」		
10.	1点	（何か文章を書いてください）		
11.	1点	（次の図形を書いてください）		
			得点合計	

表 9.5 臨床的認知症尺度（CDR）（大塚・本間, 1991）

	健康 CDR 0	認知症の疑い CDR 0.5	軽度認知症 CDR 1	中等度認知症 CDR 2	重度認知症 CDR 3
記憶	記憶障害なし，時に若干の物忘れ	一貫した軽い物忘れ 出来事を部分的に思い出す 良性健忘	中等度記憶障害，特に最近の出来事に対するもの 日常活動に支障	重度記憶障害 高度に学習した記憶は保持 新しいものはすぐに忘れる	重度記憶障害 断片的記憶のみ残存
見当識	見当識障害なし		時間に対しての障害あり，検査では，場所，人物の失見当なし，しかし時に地理的失見当あり	常時時間の失見当 時に場所の失見当	人物への見当識のみ
判断力と問題解決	適切な判断力，問題解決	問題解決能力の障害が疑われる	複雑な問題解決に関する中等度の障害 社会的判断力は保持	重度の問題解決能力の障害 社会的判断力の障害	判断不能 問題解決不能
社会適応	仕事，買い物，ビジネス，金銭の取り扱い，ボランティアや社会的グループで，普通の自立した機能	左記の活動の軽度の障害もしくはその疑い	左記の活動のいくつかにかかわっていても，自立した機能が果たせない	家庭外（一般社会）では独立した機能は果たせない	
家庭状況および趣味	家での生活，趣味，知的関心が保持されている	同左，もしくは若干の障害	軽度の家庭生活の障害 複雑な家事は障害 高度の趣味，関心の喪失	単純な家事のみ，限定された関心	家庭内不適応
介護状況	セルフケアは完全		時々激励が必要	着衣，衛生管理など身の回りのことに介助が必要	日常生活に十分な介護を要する しばしば失禁

に示すような半構造化された認知機能に関する 6 項目を用いて認知症の評価を行うものである。健康（CDR 0）から重度認知症（CDR 3）までの 5 段階で社会生活上の困難性が位置づけられており，とくに記憶の項目を中心に評

価が行われるものである。

　他方，軽度認知機能低下のスクリーニング検査として，日本語版のMoCA（Montreal Cognitive Assessment）がある。これは，多領域の認知機能（注意機能，集中力，実行機能，記憶など）を約10分ほどの短時間で評価するものであり，30満点中26点以上が健常範囲と考えられている（鈴木・藤原，2010）。

　認知症を診断するための検査はこの他にもさまざまなものが存在するが，これらの検査を1つだけ使用して認知症の判断を行うことは十分ではない。認知症を判断する際には，医師の問診，いくつかの心理検査や脳画像診断，血液検査などを実施し，総合的に判断することが必要であるとされている（河野，2005）。

9.2.4　認知症者の理解

　このように，認知症では記憶障害，見当識障害，判断能力の低下などの中核症状がみられるため，環境から情報を受け取り，理解・処理し，判断するという一連のプロセスが私たちとは異なる可能性がある。プライス（Price, B., 2003 グリーンナップ（倉持）訳 2003）は，「認知症の人は，周りから遮断された世界，閉ざされた世界に住んでいる」と指摘している。その閉ざされた世界は記憶，知的能力，人格などで成り立っている私たちの世界とは別の感情（フィーリング）によって成り立っている。フィーリングの世界では，快の感情が生じている場合は問題ないが，不快の感情が生じている場合，興奮，暴力，妄想，徘徊，うつ，不安などの周辺症状（精神症状）を惹起させやすく，介護に大変さをもたらしているといわれる。そのため，認知症者と向かい合ったときに重要なことは，言葉そのものではなくて，その背後にある感情に耳を傾けることだとされる。つまり，認知症者のケアのためには，認知症という病気に関する知識を得るとともに，彼らの感情にふれて，言動の根本にある感情や情緒を正しく認識することが重要であるといえよう。

9.3 高齢者の自動車運転と交通事故

9.3.1 高齢者の運転特性

　自動車を運転するということと認知能力は深く関係している（第12章参照）。なぜなら運転は，周りの環境を正確に知覚，理解し，記憶しているルールに従い，即座に判断，操作をしなければならない一連の行為であり，失敗すると大きな事故につながるからである。社会の高齢化に伴い，自動車を運転する高齢者数も増加の一途である。それと呼応するように，高齢者が関わる交通事故数も増加しており，75歳以上の高齢運転者による交通事故はこの10年間で4.7倍になり社会問題となっている（豊田他，2008）。この主な要因として，高齢者のさまざまな認知機能の低下があげられる。

　環境の認知にとって重要な視機能に関する研究によると，運転に必要な「動く人やものを見る」という動体視力は，図9.5に示すように加齢に伴って低下することが明らかにされている。また，夜間運転には「暗い状況でものを見る」という夜間視力が必要である。この夜間視力測定ために，30秒

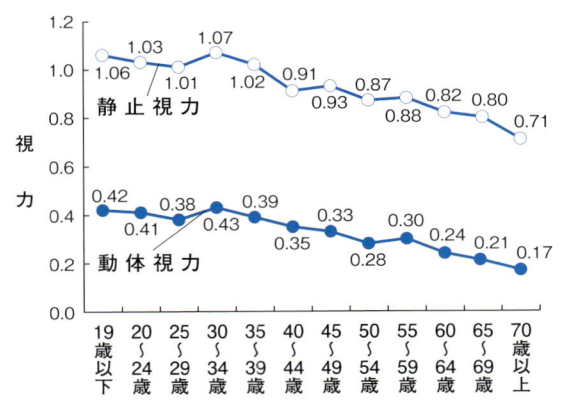

図9.5　静止視力および動体視力と年齢の関係（三井他，1999）

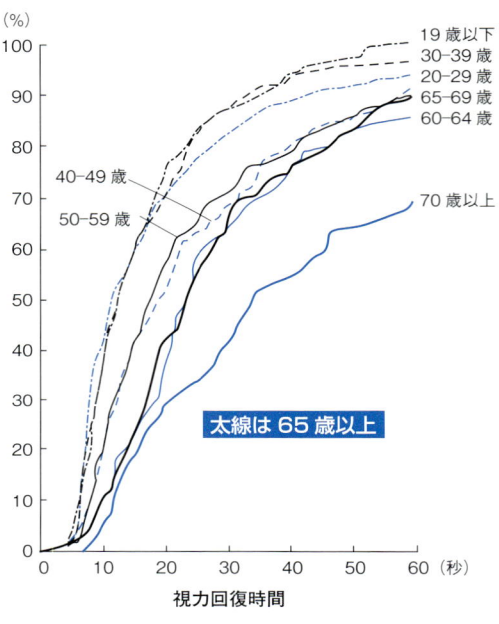

図 9.6 視力回復時間（三井他，1999）

間明るい所で目を慣らした後に，装置内を暗くすると同時に指標を提示し，それを正しく判読できるまでの時間が計測された。つまり，明るさから暗さへ順応する回復時間がどれくらいかかるかが指標となっている。その結果，夜間視力も図 9.6 に示すように加齢に伴って低下することが明らかにされている。とりわけ，70 歳以上の夜間視力（暗順応）の低下が著しいことが明らかにされている（三井他，1999）。

また，三村他（2003）が 1,700 人を対象として行った高齢者の認知機能と運転適性についての研究によると，モニター画面中央にマークが出現したら踏んでいたアクセルをできるだけ早く離してもらうという単純反応検査では，男性において 60 歳代以降，反応速度の遅い高齢者が増加し，個人差が顕著

172　第 9 章　老年期における認知心理学

表 9.6 **事故予測映像の内容**（三井・岡村，2009）

	映像内容
場面 A	信号交差点で左折するときに左後方の直進二輪車を巻き込む
場面 B	信号交差点で右折するとき右折先の横断歩道上の自転車と衝突
場面 C	駐車車両の陰から飛び出した子供と衝突
場面 D	信号交差点で右折するときに進路をゆずってくれた対向トラックの陰からの直進二輪車と衝突
場面 E	信号交差点を左折するときに横断歩道上の歩行者と衝突

になることが示唆された。また，S状の道の中央をできるだけ正確に進むハンドル操作検査では，男性では60歳代から，女性でも50〜60歳代からハンドル操作が不正確な高齢者が顕著になっていた。

さらに，運転中における危険予測能力を検討した三井と岡村（2009）の研究では，運転席からみた事故を起こす直前の映像を高齢者に提示し，どのような事故が起こるかを予測させている。神経心理学検査（MMSE，遅延記憶テスト，時計描画テスト）を用いて高齢者を正常群と低下群に区分し検討した結果，低下群は正常群に比べて，具体的に事故の内容を予測する能力が衰えていたことが明らかにされた。とりわけ，場面C（表9.6）のような見えない場所に潜んでいる相手との衝突を予測することが困難であった（図9.7）。

このように多くの研究において，自動車運転での高齢者の**認知機能の低下**が示唆されており，信号無視，交差点通行，進路変更，あるいは運転操作不適といった運転行動と一定の関連があると指摘されている（三村，2008）。

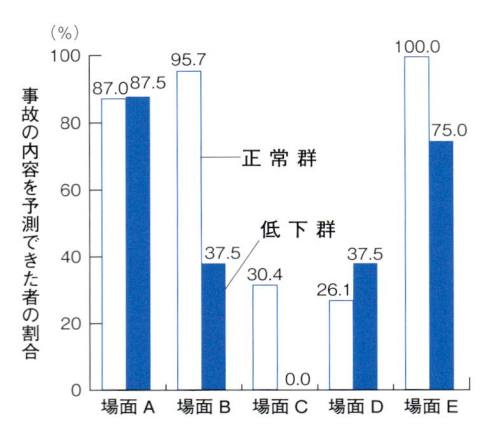

図 9.7　事故内容を予測できた者の割合（三井・岡村，2009）

9.3.2　高齢ドライバーに対する認知機能検査

　高齢ドライバーの増加や認知症ドライバーの交通事故の多発を受け，2002年6月より道路交通法にて70歳から74歳までの高齢者が運転免許証を更新する際には，高齢者講習（いくつかの種類があるが，ほとんどのものに交通安全についての座学講習と運転適正検査，実車指導などが含まれる）が義務付けられた。また，2009年6月からは75歳以上の高齢者が運転免許証を更新する際には，高齢者講習に先立ち講習予備検査（認知機能検査）を実施することが課せられている。この認知機能検査の主な目的は，一般高齢ドライバーの中から認知症の疑いのある者をスクリーニングすることと同時に，高齢ドライバー個人が運転に際して，認知機能の低下を自覚し，安全運転を継続するための教育にある（三村，2008）。

　認知機能検査[1] では，時間の見当識，手がかり再生，時計描画の3つの検査が設定されている。時間の見当識検査では，検査当日の年月日，時間などを答えることが求められる。また，手がかり再生検査では，花や動物などの

絵を見て覚え，しばらく経った後に，まずは手がかり（ヒント）なしで先ほど覚えた絵が何であったのかを思い出す，さらに手がかり（ヒント）をもとに思い出すということを行う．最後の時計描画検査では，時計の文字盤を描いた後に，指定された時刻を示すように長針，短針を描くことが求められる．検査全体は約30分ほどで実施され，「記憶力・判断力に心配のない方」「記憶力・判断力が少し低くなっている方」「記憶力・判断力が低くなっている方」の3分類で結果がその場で通知される．そして，その後の高齢者講習では，この認知機能検査の分類に対応したものが行われる一方，認知症が強く疑われる場合には，専門医の受診が義務づけられている．このように，高齢者の認知機能状態を適切に把握することは交通安全対策の必須事項と考えられており，社会全体での大きな取組みとなっている．

　免許証更新時の検査や講習に限らず，高齢運転者に対する認知機能の測定はさまざまな形で行われている．長野市の運転免許センターでは，新型の運転シミュレータ20台に県内の道路をコンピュータグラフィックス（CG）化し，事故多発交差点の運転模擬体験ができる体制を整え，高齢者を対象に交通安全教室を開いている．また島根県では，「ご長寿交通安全号」という運動能力や判断力，記憶力などが測定できる機器を備えたトラックを所有している．この"動く診断室"は各市の交通安全教室において，自身の身体能力や認知能力の自覚を促すことを目的として活用されている．このように，各地域においても高齢者の認知機能に着目した交通安全指導が行われており，今後もますます重要視されていくと考えられる．

9.3.3　高齢者の交通に対する意識調査

　2012年中の交通事故死者数に占める65歳以上の高齢者の割合は全体の

---

[1] 検査実施の詳細な内容，目的については，警察庁ホームページにある以下の「講習予備検査（認知機能）について」で説明されている．
http://www.npa.go.jp/annai/license_renewal/ninti/

51.3％を占めており，過去最悪の状況となっている。交通事故状況をみると，歩行中の事故がほぼ半数を占め，その多くが高齢者自身による交通ルール違反であることが明らかになっている（内閣府大臣官房政府広報室，2014）。このような状況を鑑み，全国の警察署，運転免許センターでは上述したようなさまざまな形式の安全指導が行われている。これらの取組みで重要だとされているのは，高齢者自身が交通安全への意識を高め，自らの身体機能や認知機能の状態を把握し，状況に応じた行動をとることである。それでは現在，高齢者の交通安全意識や身体機能，認知機能の評価について，どのようなことが示されているのだろうか。

長野県の交通企画課（信濃毎日新聞，2011）は，県内の高齢者8,393人を対象として交通安全意識の調査を行った。その結果，「徒歩や自転車で横断するとき，遠くても利用しますか」の質問に対して，「利用しない」という答えは横断歩道では17.8％，信号機では18.4％であり，歩道橋については38.8％であった。つまり，正しい横断方法が遠い場合，信号機や横断歩道がない車道を横切ってしまう高齢者が2割弱いるということが明らかにされた。また，横断歩道よりも歩く距離が長くなる歩道橋の利用にいたっては，4割弱の高齢者が拒否する傾向がうかがえた。警視庁（2011）によれば，横断歩道以外の場所を渡って亡くなった高齢者全員が，自宅付近で事故にあっている。「いつも通る道だから」と安全でない横断方法を選択してしまう高齢者の安易な認識・行動が大きな事故につながっていると考えられ，高齢者自身の交通安全意識の向上が必要であるといえる。

他方，運転に関しては宇佐美（2010）が高齢者を対象にして「安全運転を行う自信がどれくらいあるのか」という意識調査を実施した。その結果，自分の運転に対して「自信あり」「少し自信あり」と回答した者の合計が70歳代では91.0％，80歳代以上では93％であり，高齢ドライバーの多くが自分の運転に対して高い自己評価をしていることがうかがえる（図9.8）。また，河野（2007）が65歳以上の高齢者に対して行った自己評価に関する調査では，「同じ年の人よりも，自分の記憶力は衰えておらず，動作も鈍くない」

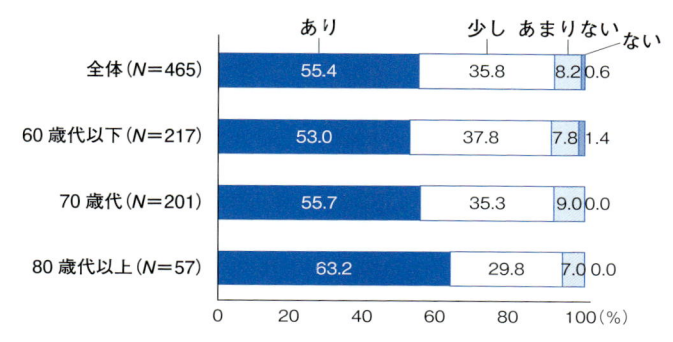

	あり	少し	あまりない	ない
全体 (N=465)	55.4	35.8	8.2	0.6
60歳代以下 (N=217)	53.0	37.8	7.8	1.4
70歳代 (N=201)	55.7	35.3	9.0	0.0
80歳代以上 (N=57)	63.2	29.8	7.0	0.0

図9.8　年代別に見た自動車運転者の安全運転の自信の有無（宇佐美，2010）

と7割以上の高齢者が考えていることが明らかにされている。これらの結果から，多くの高齢者が「"年のわりには"記憶や判断力がよく，さまざまな行動に問題がない」という思いを保持しており，身体機能や認知機能に対する主観的な評価が高いのではないかと推測される。

　これまで述べてきたように，個人差があるとはいえ，多くの高齢者において身体機能や認知機能の低下は否めない。しかしながら高齢者自身の運転や記憶能力に対する評価は高い。すなわち，歩行，横断，運転などにおいて，高齢者が自分の意識では大丈夫だと思っていても，身体機能，認知機能が伴わない危険な状況が生じるという高齢者の意識と行動のミスマッチの可能性が指摘できる。「気持ちでは渡りきれない青信号」。2010年に警視庁が公募した高齢者交通安全川柳の最優秀作品である。高齢者の身体機能や認知機能の低下と意識のあり様をうまく表現しており，交通安全教育の方向性を示していると考える。

　政府の推計では，高齢化率は今後も増加を続け，2035年には33.4％，2060年には39.9％になり，国民の2.5人に1人が65歳以上の高齢者となる社会が到来するとされている。安全で豊かな高齢社会の構築のため，高齢者の認

知変化に関する研究が盛んに行われ，高齢者への環境支援，対策が講じられていくことがますます必要になるであろう。

第III部
日常生活の中に見る認知過程

裁判と心理学

2009年から刑事裁判において裁判員裁判制度が施行され，裁判は法律専門家である裁判官，検察官そして弁護士に加えて，裁判員として私たち市民が加わって事実の認定や量刑判断を行うこととなった。

本章では，裁判員裁判において，事実の認定と量刑判断に裁判員として直接関与する義務を負った市民の立場に身をおいて，冤罪の危険性を見抜くための心理学的な研究成果を紹介することとする。

10.1　はじめに

2009年，足利事件の被告人が17年半ぶりに千葉刑務所から釈放され，2010年3月の栃木地方裁判所における再審裁判で無罪の判決を受けた。また，同年6月には，福祉団体への郵便料金優遇制度に関する証明書偽造の嫌疑で起訴された元厚生労働省局長も，大阪地方裁判所において無罪の判決が下された。刑事裁判における有罪率99.9％というわが国にあって，無罪判決であったこともさることながら，足利事件の被告人は，幼女殺害を自白していたこと（下野新聞社編集局，2010），元厚労省局長の逮捕・起訴に導いたのは元部下らによる検察庁において録取された嘘の供述であったこと，さらには検察官による証拠偽造が明らかになったこと（魚住，2010）により一般市民の注目を集めるところとなった。犯罪立証の主要な証拠が，検察官により作られたストーリー，証拠であり，虚偽であったことが露呈し，警察や検察における捜査の杜撰さが白日の下にさらされ，その権威を失墜させたのである。

こうした誤起訴・誤判が生ずる原因は単純ではないだろうが，たとえば，「自分がやってもいない犯罪をやったなどと供述するはずはない」「目撃者に対して繰返し目撃体験を聞けば，正しい記憶を想起してくれる」などの極端な人間観をもち，こうした人間観を個別の被疑者や目撃者の特性を無視してあてはめる取調べや証拠評価のあり方に起因する部分も大きい。法の実務においては，具体的な事件と人間を対象としているにもかかわらず，人間に対する理解が過度に合理的・規範的であり，現実的で具体的な人間の振る舞い方の理解（心理学）を欠いているように思える。こうした人間に対する理解の偏りが，重大な誤りを引き起こした原因の一つだといえるのではないだろうか。

　認知心理学は，人間の知覚，判断，記憶，思考，コミュニケーションなどについて基礎的な知見を集積してきた。こうした認知心理学の基礎的な知見は，ややもすれば硬直した人間観にもとづいた取調べや裁判が散見される刑事司法の実際的な場面において，有用性を発揮することが期待される。近年，多くの国で，認知心理学の知見が，取調べの工夫改善や判決における証拠評価に活かされ始めており，わが国の法実務においても，認知心理学の知見にもとづく具体的で実践的な活用が注目されつつある。こうした動向は，認知心理学を基礎とした現実的な人間理解に立った取調べや裁判の実践こそが，公正な手続きと人権尊重にもとづく法律の運用を実現できる可能性があることに，司法関係者が気づき始めたことを表しているように思われる。

　さらに，わが国において裁判員裁判が導入されている現在，私たち市民も裁判に参加し証拠の評価に直接関わる機会をもつことになった。先にあげた事例のような誤りを犯すことなく，目撃証言や自白などの証拠を正確に評価するための知識をもつことが求められてもいるのである。

10.2　イノセンス・プロジェクトが明らかにしたこと

　アメリカ合衆国では，DNA鑑定が導入される以前に有罪が確定したのだ

が，刑務所から無罪を訴える者について，DNA 鑑定を実施することが認められている（イノセンス・プロテクト法）。これは，弁護士の長年の努力によって 2004 年に法制化された。この法律実現に寄与した**イノセンス・プロジェクト**の HP（http : //www.innocenceproject.org/）によれば，DNA 鑑定を実施した結果，1992 年以来，2015 年 8 月段階で 338 名もの人が犯人ではありえないとして釈放されている。この中には，死刑囚も含まれており，さらにその 72％ で目撃証言が有力な有罪証拠とされていた。また，ドリズィンとレオ（Drizin, S. A., & Leo, R. A., 2004）によると，こうして釈放された者のうち，約 25％ について虚偽自白があったという。

　アメリカ合衆国における刑事裁判は，陪審員制度を採用しており，わが国の裁判員制度とは異なっているものの，この数字は驚くべきものである。これが，他国の事情であって，わが国の裁判にそのままあてはまるものではないといえるのであろうか？　先にあげた足利事件や郵便不正事件に加えて，歴史的な免田事件，財田川事件，八海事件，島田事件，甲山事件，さらには最近起きた富山氷見事件，鹿児島の志布志事件，愛媛の宇和島事件，いくつかの痴漢冤罪事件など，わが国においても数多くの誤審や誤判が生じているのである。イノセンス・プロジェクトが明らかにしたことは，おそらくはわが国においても同様の事件や裁判があるということであり，私たち自身が裁判員として，誤った判決に直接関与してしまう可能性のあることを示唆しているのである。

10.3　目撃証言の信用性

　「あなたが見た犯人は，この法廷内にいますか？」「はい」「その人を指差すことができますか」「はい，できます」「それでは，その人を指差してください」「犯人は，この人です」と言って，被告人を指差す目撃証人。テレビドラマや映画でよくみられる裁判の一場面である。目撃証人が被告人を指差す場面を目の当たりにする裁判員は，「被告人が犯人だ」と判断し，その確

信を深めるに違いない。目撃証言は，裁判において有罪・無罪を決定づける重要な証拠の一つなのである。

公の法廷において，犯人でもない人物を犯人と間違えることなど，私たちが起こすはずはない，と思ってしまう。日常の素朴な心理学にもとづくのであれば，これは致しかたない信念であり，判断である。しかし，イノセンス・プロジェクトが明らかにしたように，誤判原因の72％が目撃証言であることも，また事実なのである。

本節では，目撃証言の信用性について，主に実証的な心理学的研究を中心に考えていくこととする。

10.3.1　目撃証言研究の意味

目撃証言は，刑事裁判における心理学研究の中で，もっとも研究が盛んな領域である。日常の出来事体験とその想起を研究テーマとする認知心理学，とりわけ記憶の心理学に関する基礎研究を下敷きにして，裁判における目撃証言に関わる問題を分析し説明することは，実験室研究の応用として理解しやすい領域である。また，ともすれば，研究テーマの意味以上に方法論的厳密性を追い求めるあまり，研究課題の切実性や現実性を失念しがちな実証研究に対し，研究本来の「考え，説明する価値のある課題」という社会的意味を付与することも，研究の発展を支えていたと考えることができる。

目撃証言研究は，事件の知覚（符号化），記憶（貯蔵）そして想起（検索）という認知過程として検討されてきているので（厳島他，2003），ここでもその枠組みにもとづいて解説する。

10.3.2　知覚段階（符号化段階）

知覚段階の問題は，「出来事要因」と「目撃者要因」に分けて説明することがわかりやすい。「出来事要因」とは，明るさ，出来事の持続時間，出来事と目撃者の距離や位置，出来事の種類（暴行か，窃盗かなど）などであり，「目撃者要因」とは，目撃者の年齢，性，視力・聴力，訓練の程度，恐怖や

ストレスなどである。

　ワーグナーとヴァン・デル・シュライアー（Wagenaar, W. A., & Van der Schrier, J. H., 1996）は，照明と距離の変化が人間の顔の識別に及ぼす影響について組織的に検討した。9種類の照明条件（0.3 lx（ルクス）から3,000 lx まで）と7種類の距離条件（3 m から 40 m まで）の下で，7名の写真ラインナップ（後述）を用いた人物識別を実施した。その結果，照明条件が 30 lx（照明の悪い部屋），距離 12 m で，人物識別の正当率が半分以下に落ちることが明らかになった。距離条件が 20 m の場合には，照明条件が最大の 3,000 lx（昼間の曇天）でも正識別率は 18％ でしかなかった。彼らは，目撃場面の物理的条件として，距離 15 m，照度 15 lx（薄暗い街の通り）の条件を満たさない場合には，人物識別の結果に問題があるとの見解を示している。

　目撃者要因として注目されているのは，情動・ストレスと記憶との関係である。クリフォードとスコット（Clifford, B. R., & Scott, J., 1978）は，殴り合いの場面を含む暴力場面映像を見る実験群と，暴力場面のない映像を見る統制群について 44 項目の再認テストを実施したところ，実験群の再認成績は統制群よりも悪かった。ロフタスとバーンズ（Loftus, E. F., & Burns, T. E., 1982）は，銀行強盗が逃走するときに拳銃を発砲し，銃弾が少年の顔にあたる場面を見る実験群と発砲後に銀行内の場面に移り，少年が銃に撃たれる場面を見ることのない統制群について記憶を調べたところ，質問項目 16 項目中 14 項目で統制群の成績が実験群よりもすぐれていた。これらの結果は，ヤーキース・ドットソンの法則を用いて説明ができる。図 10.1 に示したように，情動・ストレスと記憶などの認知的能力との間には逆 U 字型の関係が成り立ち，情動・ストレスが低すぎても（起床直後など），高すぎても認知的パフォーマンスは中程度の水準よりも低下するというものである。しかし，実験室研究では非常に高い情動反応やストレスを生じさせる条件設定は困難であり，図の右側についての効果に関しては検証できていないとする指摘もあり（越智，2005），情動・ストレスと記憶との関係は単純ではな

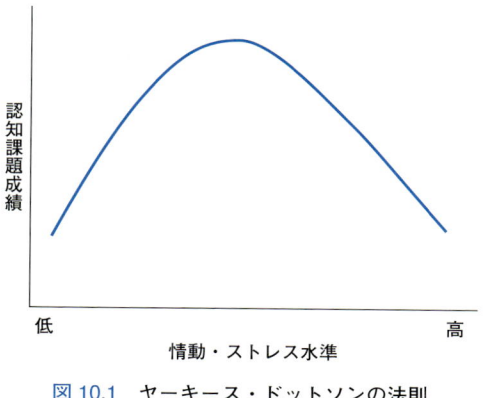

図 10.1　ヤーキース・ドットソンの法則

い。
　注意集中効果によって情動・ストレスと記憶との間でみられた実験結果が説明できるとする見解もある。クリスチャンソンとロフタス（Christianson, S., & Loftus, E. F., 1991）は，日常生活を描いた 15 枚のスライドを実験参加者に見せた。その 8 枚目のスライドで女性が怪我をして自転車の脇に倒れている場面（実験群）と女性が自転車に乗って走っている場面（統制群）を提示し，女性の服の色と背景にあった車の色を回答させたところ，女性の服の色に関しては実験群が統制群よりもすぐれていたが，車の色については統制群が実験群よりもよかった。女性の服の色は，画面の中心部分に当たり，車の色に関しては画面の周辺部分に当たると考えられる。そこで，実験群は情動を喚起される中心部分に注意を集中させたことにより，中心情報である女性の服の色に関する想起がすぐれたが，周辺情報となる背景の車の色については注意を向けることができず，想起も統制群よりも悪くなったと解釈された。統制群では，とりわけ情動を喚起される場面ではなかったから，スライド全体に注意することができたが，情動喚起条件の実験群では，中心情報に注意を集中させたから，周辺情報への注意が脱落したのである。注意集中

10.3　目撃証言の信用性　　185

効果は，目撃証言研究では**凶器注目効果**として知られている現象も説明できる。凶器注目効果とは，犯罪場面にピストルやナイフなどの凶器が介在したときには，そうした凶器が介在しない犯罪場面に比べて，犯人の識別が劣るというものである。直接的な危害の恐れのある凶器に注意が集中し，犯人の人相などの特徴に注意を向けることができず，結果的に犯人識別成績が劣ることになるのであり，まさに注意集中効果を代表する現象である。

　これらの情動に関する実験室研究から得られた結果が，「あんなに恐ろしいことをした犯人を見て，その顔を忘れようにも忘れられません」といった日常の素朴信念が必ずしも正しいとは限らないことを示しており，裁判員として目撃証言の信用性を判断する際には注意すべきであろう。

10.3.3　記憶段階（貯蔵段階）

1. ジョン・ディーンの記憶

　アメリカのマスコミから「人間テープレコーダー」の称号を与えられた男がいた。アメリカ合衆国大統領であったニクソンが，対立陣営である民主党の盗聴を行い，さらに，大統領の事件関与を隠蔽したウォーターゲート事件において，重要な証言をしたジョン・ディーンである。彼は，大統領による盗聴事件を隠蔽し，法的な審理を阻止する役目を担っていた。1972年9月15日，大陪審は7名の人物について起訴の評決を下した。5人の侵入犯人と，ハワード・ハントとゴードン・リディの2人であった。司法省は，その他について起訴するだけの証拠なしと言明したため，ディーンの目的は達成されたようであった。後に隠蔽工作自体が明らかになり，この9月15日の会話に関する陳述書が9カ月後にディーンによって提出された。

　さらに，オーバル・オフィスに仕掛けられていた秘密の録音装置で記録された9月15日の会話のやりとりの一部も公表された。これにより，陳述書（証言）の正確性を吟味することができることとなった。表10.1を見るとジョン・ディーンが陳述書で書いていたことは，でたらめではないし，嘘でもない。しかし正確でもない。彼は，彼自身の立場を知っていたし，彼の証言

表 10.1(1)　ジョン・ディーンの記憶

(a) **1972 年　オーヴァル・オフィスでの会話録音記録**（Neisser, 1982　富田訳 1988）

　　　P：大統領　　D：ジョン・ディーン　　H：ハルデマン
P：ヤア，どうだい？　君は今日大変そうだったね，そうなんだろう？　君はウォーターゲートをいいようにやった，そうだね？
D：やってみました。
P：結局どうなった？
D：アー，この時点で，よいと言えると思います。新聞の動きはまさにわれわれの予想通りです。
H：もみ消せた？
D：イイエ，まだです――いま正に記事になっている――
P：大きな記事だ。
H：起訴された5人，プラス，ホワイトハウス前職員，それで全部だ。
D：プラス，ホワイトハウスの2人の仲間。
H：それでよい。もみ消しが露骨にみえなくなるだろう。本当だ，ミッチェルがいつも言っている通りだ。田舎の人間にとってリディとハントは大物だということ，たぶんこれでよい。
P：マクレガーはどうしている？
D：非常によいと思います。彼はよい声明を出しました。大陪審が召集されたということと，何らかの弁明があってしかるべきことを今悟るべきだと言っていました。
H：心細いことだこと。
D：チクショウ（聞きとれず）
H：それはできない。
P：これだけは忘れるな。すべての災難がわれわれにふりかかってきている。いつか反撃しよう。ほかの調査のほうはどうなっている？
　　　⋮
　　（略）
　　　⋮
D：3か月前，私は忘れた頃にこれが明るみに出るのではないかと予測して心配していました。しかし私はいまから54日間［すなわち，11月の選挙日］，驚くような致命的なことは何も起きないといえると思います。
P：なんだって？
D：驚くような致命的なことがなにも起こりそうもありません。
　　　⋮
　　（略）
　　　⋮
P：オー，そうだ，君が知っているようにこれは混み入った問題だ。起きてしまったちょっとしたくだらんことだ，そしてこんなふうに働いた連中はひどく困っている。だが，君のこの問題の処理の仕方は非常にうまいように私にはみえる。あちこち吹き出している漏れ口を君の指でふさいでくれ，大陪審はもう無視できるかい？
D：その通り……

表 10.1(2)　ジョン・ディーンの記憶

(b) ジョン・ディーンの陳述書 (Neisser, 1982 富田訳 1988)

　9月15日,司法省はウォーターゲートを審査している連邦大陪審によって7名の起訴が申し渡されたことを声明した。その日の午後遅く,私は大統領のオーヴァル・オフィスに来るようにという電話要請を受けた。私がオーヴァル・オフィスに到着したときハルデマンと大統領がいた。大統領は私に腰かけるように言った。2人は非常に機嫌がよいように私にはみえたし,私に対する応対の仕方は大変温かく誠意がみられた。そこで大統領は私に対してボブ――ハルデマンのこと――が大統領に私のウォータゲート事件の処理に関する情報を絶えず伝えていたことを告げた。大統領は私に対してよい仕事をしたこと,そしてそれがどんなに困難な仕事であったかということを彼が評価していること,そして大統領はこの事件がリディアのところでストップしたことを喜んでいることを述べた。私は,他の人たちが私がやったことよりもはるかに困難なことをやったのだから,私の手柄とはいえないと返事した。大統領がその事態の現状を論じたとき,私は彼に対して自分がやりえたことのすべては事件を封じ込めてそれをホワイトハウスと無関連に保つ手伝いをすることであったと言った。私はさらに彼に対して,この問題の終了までの長いみちのりがあること,そしてこの問題の解決が始まるであろう日がやってこないかも知れないこと,私はたぶん確約できないことを述べた。

調べてみよう

(a)の会話録音記録と (b)の陳述書における違いを,次の①の例を参考にしてできるだけ見つけよう。

①大統領はディーンに対して腰かけるようにはいっていない。

②
③
④
⑤
⑥
⑦
⑧

の重要性も歴史的な意味に関しても十分理解していただろう。さらに,9月15日の会合では起こっていなかったものの,「いつもはそうしていた」こと(スクリプト)が陳述書に入り込んでいた。また,「こうなるはずだ」との期待も入り込んで,ディーンの記憶を構成していたのである。

　ジョン・ディーンの記憶は特殊なものではなく,日常的にごく自然に私たちが経験している記憶の現象であることを忘れてはいけない。

2. 事後情報効果

ある出来事の体験後に経験した出来事の内容が，もとの出来事体験の記憶を歪めてしまうことを**事後情報効果**という。

　ロフタスとパルマー（Loftus, E. F., & Palmer, J. C., 1974）は，実験参加者に交通事故の映画を見せた後，映画の中で事故を起こした自動車の速度はどのくらいであったかに関して次のような質問した。

　「自動車が激突した（smashed）とき，どれくらいの速度で走っていましたか？」

　この質問の「激突した」を，衝突した（collided），突き当たった（bumped），ぶつかった（hit），接触した（contacted）と変化させて別の実験参加者に同じ質問をした。その結果が**表10.2**に示されている。使用された動詞が意味する衝撃の強さに，見事に比例して速度が判断されていることがわかる。さらに，実験2では「激突した」「ぶつかった」と質問された実験参加者に，「壊れたガラスを見ましたか」という質問を1週間後に行った。この質問を受けなかった統制群を合わせた結果も**表10.2**にまとめておいた。表より，「ぶつかった」では質問されなかった統制群と差はないが，「激突した」では2倍以上の比率で「見た」と答えていることがわかる。重要なことは，映画には「壊れたガラス」は映されていないことだ。質問は交通事故の映画を見せられた後で聞かれたことに注目してほしい。つまり，「壊れたガラスを見

表10.2　**ロフタスとパルマーの実験結果**（Loftus & Palmer, 1974の結果から作成）

	自動車の速度（マイル/時間）	壊れたガラスを見ましたか？	
		見た	見ない
激突した（smashed）	40.8	16人（32%）	34人（68%）
衝突した（collided）	39.3	—	—
突き当たった（bumped）	38.1	—	—
ぶつかった（hit）	34.0	7人（14%）	43人（86%）
接触した（contacted）	31.8	—	—
統 制 群	—	6人（12%）	44人（88%）

10.3　目撃証言の信用性　　189

ましたか」と，実際には見た体験のなかったことを事後的な質問文で用いられると，この内容がもとの出来事体験の記憶に入り込み，もとの体験記憶を変容させてしまうのである（事後情報効果は，事後的にあえて誤情報を与える手続きであるので，誤情報効果ともいう）。

10.3.4　想起段階（検索段階）

　先に紹介したロフタスの質問文に関する実験は，取調べや裁判における出来事体験の想起を意識した研究である。取調べや裁判においては，目撃体験者だけによる想起ではなく，取調官の質問に対する回答という形で体験想起を行うことが普通である。したがって，体験の想起が単に体験者の記憶のあり方によるのではなく，質問者がどのようにして体験者の想起を聞き出そうとしたのかも同様に重要なのである。この問題は，10.4 の「捜査面接」において検討することとして，ここでは，目撃者の人物識別手続き，確信度と正確さに関する研究を紹介する。

1. 人物識別手続き

(1) 識別手続きの種類

　目撃者の証言においてもっとも重要なことは，犯人の特定であり，この特定する手続きのことを人物識別手続きという。人物識別にはいくつかの方法がある。複数の人物の中から目撃した人物を選別する**ラインナップ**（イギリスではパレード）が，比較的公正な手続きであると考えられている。ラインナップには，実物の人間を用いる「実物ラインナップ」（physical lineup），ビデオ録画した人物を用いる「ビデオラインナップ」，そして，静止画写真を用いた写真ラインナップ（photo lineup）がある。また，被疑者一人だけについて目撃者に確認させる「単独面通し」（ショウアップ）あるいは写真を用いた「単独面割り」という手続きがある。わが国の捜査ではほとんどがこの単独面割，単独面通し手続きが用いられている。しかし，一人のターゲット（被疑者）だけについての識別は，誘導や迎合が生じやすく，適正な手続きとはいえない。

(2) フォイルの選び方

　ラインナップには，ターゲットとなる人物以外に，無関係な人物である**フォイル**が必要であるが，このフォイルは何人が適切なのだろうか。偶然確率（まぐれ当たり確率）を低くしようとすれば，フォイルの数はできるだけ多いほうがいいだろうが，現実的には数十人のフォイルを準備することは難しい。実際の事件捜査においては，時間や経費などの制約もあるから無尽蔵にフォイルを準備することはできない。わが国唯一の「目撃供述・識別手続に関するガイドライン」（法と心理学会・目撃ガイドライン作成委員会編, 2005）では，イギリスの実務規範にならって8名以上のフォイルを求めている。この場合，「この中にはいない」の選択を含めると9分の1（11.1％）の偶然確率であり，科学的には高い値のようであるが，現実的には妥当な人数であると考えられる。

　フォイルの条件として，ターゲット（被疑者）と類似した特徴をもつ必要がある。特徴として注意すべきは，年齢，身長，体格，髪型，人種，髭，あざ，傷，ホクロなどである。これらの特徴が共有されていなければ，被疑者のみが際立つことになり，**バイアス**（偏向）のある識別手続きとなる。

(3) 識別に先立つ教示

　ラインナップを実施する前に，「この中にあなたが見た人物がいるかもしれませんし，いないかもしれません」という教示を目撃者に与えることはきわめて重要である。この教示を用いると，ターゲット不在ラインナップにおいて，いずれかの人物を選択する（誤認）確率が42％も減少し，ターゲットが存在するラインナップにおいてターゲットを正しく選択する確率は2％しか減少しないのである（黒沢, 2005）。原（2013）は，模擬窃盗事件を目撃体験した後，同様の教示を与えて，ターゲット不在の6枚の写真によるラインナップを実施したが，約7割の実験参加者がいずれかの写真を選択したとしている。したがって，教示だけで誤認を防ぐことは難しいと考えられる。

(4) ラインナップの提示方法

　複数のラインナップメンバーを目撃者に対してどのように提示するのが適

切な手続きであろうか。目撃者に対してラインナップメンバーを同時に示す手続きは同時提示法とよばれる。一方，ラインナップメンバーを1人ずつ提示して目撃者に確認させる手続きを継時提示法（順次提示法）とよぶ。同時提示法では，目撃した犯人にもっとも類似した人物を選択する，いわゆる相対判断を引き起こしやすく，ターゲット不在ラインナップにおいて誰かが選択される危険性がある。これに対して継時提示法においては，相対判断は生じにくくなる（Lindsay & Wells, 1985）。先に紹介したわが国におけるガイドラインにおいても，識別手続きの実務として継時提示法を推奨している。

(5) 二重盲検法

二重盲検法とは，実験条件に関する情報を実験参加者に与えないばかりでなく，実験を実際に行うものにも情報を与えない手続きのことである。とりわけ，人物識別手続きの実施においては，取調官が犯人逮捕を職務としており，犯人逮捕に情熱をもっているから，識別を行う目撃者に対して無意図的に言語および態度による手がかりや誘導を与える可能性がある。さらに，無意図的な誘導であるから，事後的に誘導や迎合の事実を検証することも不可能である。また，こうした誤った手続きによって目撃者の体験記憶自体を汚染してしまう可能性もある。心理学研究においては，実験者による期待効果（Rosenthal, 2002）として知られていたことであるが，人物識別手続きにおいては実証研究が開始されたところである（Greathouse & Kovera, 2009）。実務的にはアメリカ合衆国ニュージャージー州やノースカロライナ州のガイドラインにおいて二重盲検法が推奨されており（黒沢，2005；伊藤，2006），わが国のガイドラインにおいても提案されている。

10.3.5　確信度と正確さ

「自信たっぷりに目撃した出来事を証言し，犯人識別を行う者の証言は正しい」と感ずるかも知れない。しかし，「自信がある」（確信度が高い）ことと，証言の正確さとは，必ずしも一義的な関係にあるとはいえない。ルースとウェルズ（Luus, E., & Wells, G. L., 1994）は，他の目撃者の識別結果

を知らされた場合と，知らされなかった場合，さらに，他の目撃者が別の人物を識別したとの情報を与えられたときの確信度の変化について検討した。図 10.2 に示されているように，他の目撃者からの情報が確信度に対して大きな影響をもたらしていることがわかる。他の目撃者が同一人物を選択したとの情報を知らされると自らの選択に対する確信度は高まり，異なる人物を選択したとの情報は確信度を低下させるのである。つまり，確信度とは，自らの記憶の正しさや鮮明さに依存しているわけではないのである。一方，目撃証言の確信度と正確さの関連を詳細に検討した伊東と矢野（2005）は，「確信度は目撃記憶の正確さの指標になりえるか」との問いに対して，「常にではないが，なりえる」との解答を与えている。これまでの研究で用いられてきた相関係数に代わる新たな指標を用いるならば，先のような解答が妥当だという。しかし，それでも「確信度が目撃記憶の正確さと関連しない場合が多いことを訴え続けることは，心理学研究者にとって重要な責務である」（p.289）とも述べている。裁判員として，少なくとも自信たっぷりに語る証人の証言を，丸ごと信用するようなことは誤った判断に結び付く危険性があることを銘記すべきである。

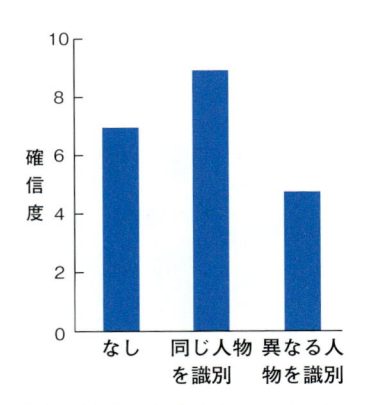

図 10.2　他者の情報と確信度 (Luus & Wells, 1994)

コラム 10.1　ジェニファーはコットンを選んでしまった

　1984年6月28日の夜，アメリカ合衆国ノースカロライナ州で2件のレイプ事件が起こった。1件の被害者であったジェニファー・トンプソンは，警察で6枚の顔写真の中から（A）の写真を犯人であるとして選択した。レオナルド・コットンであった。コットンは警察で事情聴取された後，再度7名からなる実物ラインナップを受けさせられた。その写真が（C）の写真である。人物識別に臨んだのは，もちろん，ジェニファー・トンプソンであった。彼女は，5番の人物，コットンを選択した。

　裁判で終身刑の判決を受けたコットンは，獄中から無罪を訴えた。そして，11年後，DNA鑑定により無罪が確定して釈放された。真犯人は，奇しくもコットンと同じ刑務所で服役していた（B）のレオン・プールであった。ジ

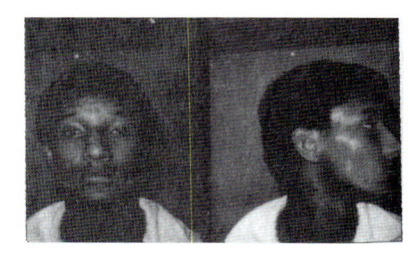

（A）ジェニファーが選択したコットンの顔写真

（B）真犯人レオン・プールの写真

（C）7名の実物ラインナップの際の写真

図 10.3　実物ラインナップの例 （Thompson et al., 2009 より）

ェニファーは，法廷においてプールを一度見る機会があったのだが，彼女はプールに何も感じなかったし，レイプ犯であるとも思わなかったという。冤罪が明らかになった後，ジェニファーとコットンは，家族ぐるみで付き合う関係となり，目撃証言手続きの改善などを求める運動を共に行っている。

さて，ジェニファーが実物ラインナップで5番のコットンを選択したのは，どのような理由からだろうか。また，真犯人のプールを見てジェニファーはどうして犯人だと気づかなかったのだろうか？　考えてみよう。

10.3.6　推定変数とシステム変数

ウェルズ（Wells, G. L., 1978）は，目撃証言に影響する多くの要因を**推定変数**と**システム変数**に分類した。推定変数とは，実際の事件や出来事において事後的にその要因の影響や，影響の程度を推定するしかない要因のことであり，警察や検察などの取調べ過程において直接関わることができない要因を指している。システム変数とは，取調べにおける誘導のない取調べや質問の仕方や人物識別手続きの適切な運用など，司法組織が直接統制できる要因である。推定変数は，過去の出来事の条件をいかに正確に，誠実に再現しようとしても結局は推定にしか過ぎない要因である。他方，システム変数は，捜査に携わる組織や人が工夫，改善することができる要因である。このシステム変数の研究こそが捜査の実務，適正な手続きにもとづく取調べと証拠の収集に寄与できると結論づけている。

本節で検討してきた目撃証言に影響する知覚，記憶，想起段階における要因は，過去の出来事の時点に立ち返ることはできず，結局のところ取調べにおいて目撃者が供述した内容にもとづいて得られた要因にしか過ぎない。その意味では，ウェルズの提唱するシステム変数をいかに適正に実行するかが，正確な目撃証言を得るためにはぜひとも必要なのである。

10.4 捜査面接

警察官や検察官による被疑者取調べや参考人の事情聴取は，わが国では尋問（interrogation）とよばれることが多いが，法心理学においては**捜査面接**（investigative interview）として研究されている。尋問ということばは，取り調べる側（質問者）中心で，被面接者から必要な情報を得るという意味合いが強いのに対し，捜査面接は，被面接者中心で，あくまでも体験者の側がもつ情報を提供してもらうという立場を強調している。

本節では，適切な質問の仕方やできる限り正しい情報を提供しやすくなる面接法について紹介する。

10.4.1 オープン質問とクローズ質問

裁判や取調べにおいて大切なことは，被面接者から歪みのない情報をできるだけ正確かつ豊富に語ってもらうことである。被面接者が自由に制限なく語ることができる質問は，**オープン質問**（open-ended question）である。これは，次のような質問である。
「Aさん，あなたはたまたまS通りで起きた事故の現場にいたとおっしゃいましたが，そこでどのようなことがあったかお話しいただけますか」。

オープン質問は，面接者の意見を被面接者に押しつける危険性が少ない。これに対して，被面接者に対して狭い範囲の反応だけを許す質問が，**クローズ質問**（close-ended question）である。これは，次のような質問である。

面接者：その事故を目撃したのは午後9時30分ころでしたね。
被面接者：はい。
面接者：あなたが見た人物は眼鏡をかけていましたか？
被面接者：いいえ。
面接者：車の色は赤，グレーのどちらでしたか？
被面接者：赤でした。

短答式質問であるクローズ質問は，面接官が面接自体をコントロールして被面接者からの無関連な情報提供を最小限にとどめることができる。しかし，被面接者が記憶を検索しようとすることを消極的にさせ，面接者の期待に応えるように情報検索を調整することになる。したがって，クローズ質問は面接者による誘導や，被面接者による迎合的な反応を引き起こす危険性が高い質問なのである。

10.4.2　認知面接法

　取調べにおいては，取調官は事実解明，犯人逮捕を何よりも大切にしているから，捜査官として必要な情報を目撃者や被疑者から得ることに集中する。その結果，体験者が語ることを受け止めるのではなく，捜査官自身の関心，必要性を前面に出す取調べが発生する。目撃者や被疑者に自由な供述を求めつつ，実際には頻繁に捜査官が介入し，平均で語り手の供述の7.5秒に1度の頻度で語りに干渉するとする結果もある（Fisher et al., 1987）。こうした取調官主体の取調べのあり方を改善するためにも，適切かつ公正な面接法を用いた取調べのあり方を心理学が提案しなくてはならない。

　適切な面接とは，おおむね次のような構造をもっている。

- ラポールをとる……安心して話すことができる関係をつくる。
- 自由再生……「見たことを思いつくままに，話してください。」
- 適切な質問……自由再生で話された内容の確認や不明な点に関する質問。
- 終結

　こうした面接は，容易なようであるが，「自由再生」において，面接者に制限なく話してもらうことは，とりわけ子どもなどの面接においては難しく，なかなか話してくれないということもある。

　捜査場面において，被疑者や目撃者から，正確な情報をできるだけたくさ

ん得ることを目的として，フィッシャーとガイゼルマン (Fisher, R. P., & Geiselman, R. E., 1992) によって開発された面接法が**認知面接法**（cognitive interview）である。**表 10.3** に認知面接法の流れを示しておいた。基本的な流れは先に示しておいた面接と異なることはない。オリジナルの認知面

表 10.3 **認知面接法の流れ**（ミルンとブル，2003）

第1段階	挨拶と面接の個人的関係化 ラポールの確立
第2段階	面接のねらいの説明 ● 焦点化検索 ● 悉皆報告 ● 制御の委譲 ● 作話や推測に対する注意 ● 高度な集中
第3段階	自由報告の開始 ● 文脈の再現 ● オープン質問 ● 休止 ● 非言語的行動
第4段階	質　問 ● 悉皆報告 ● 目撃者に適合した質問 ● 作話や推測に対する注意 ●「知らない」という答えの容認 ●「わからない」という答えの容認 ● 集中 ● イメージの活性化・探索 ● オープン質問・クローズ質問
第5段階	多様で広範な検索 ● 時間順序の変更 ● 視点の変更 ● すべての感覚への焦点化
第6段階	要　約
第7段階	終　結

これは，強化認知面接法の流れであり，初期の技法よりも詳細化，洗練化されている。

接においては，①すべての事項を報告させる悉皆報告教示を与えること，②出来事の文脈をイメージ化させる心的再現教示を与える，③出来事を時間的順序やその時間的順序を逆転させて再生させる教示，④自分とは異なる人物の視点（たとえば犯人や他の目撃者など）から再生させる視点変更技法，などが用いられている。これらは，認知心理学の知見にもとづいて，さまざまな記憶検索方略を試行する心的努力を求めることで，できるだけ多くの情報を想起させることをねらいとしている。認知面接法は，他の面接法と比べて，間違いや作話の比率においては差がないが，正しい想起率は高くなることがわかっている（ミルンとブル，2003；厳島他，2003）。また，イギリスにおいては，警察官に対する取調べ面接の訓練の中で簡易的な認知面接法が採用されている。近年はわが国の捜査機関においても「取調べの高度化」に関心をもち始め，心理学にもとづいた資料集が作成されている（警察庁 HP 参照）。

10.5 虚偽自白

足利事件の被告人は現在では完全な無罪であることが明らかになっているが，彼は取調べにおいて，さらに裁判においても女児の誘拐，殺害，死体遺棄などに関して自白を維持していた。今になってみると，彼の自白は，ウソの自白であったことになる。このような虚偽自白は，特殊なことなのだろうか。

「無実の者が，死刑になるかもしれない罪を自分が犯したなどと自白するはずはない。」

この信念は，きわめて妥当な考え方のように思えるかもしれない。また，司法関係者においても支持されている考え方であるかもしれない。しかし，この信念は「取調べ」の実態に対する無知を前提としているのである。

ドリズィンとレオ（Drizin & Leo, 2004）は，虚偽自白が実証的に証明された 125 事例を検討した結果，虚偽自白の 81% が殺人事件について発生し

表 10.4　虚偽自白までの時間（N=44）

時　間	人数	比率（%）
6 時間以下	7	16
6 時間以上 12 時間以下	15	34
12 時間以上 24 時間以下	17	39
24 時間以上 48 時間以下	3	7
48 時間以上 72 時間以下	1	2
72 時間以上 96 時間以下	1	2

ており，さらに，取調べ時間が明確であった 44 事例についてみると，24 時間以内に虚偽自白を行ったものが約 90% にも及んでいることを明らかにした（表 10.4）。まさに「極刑になるかもしれない事件において嘘の自白をする」傾向が認められたのである。彼らの調査においてもっとも重要なことは，こうした事例のなかで陪審裁判を受け，その約 80% で「合理的疑いを超えた証明がある」として有罪判決が下されていることである。

10.5.1　自白に陥る心理

　虚偽自白に陥るのは，拷問や監禁生活における孤立によって，取調べの圧力に屈するからなのであろうか。こうした状況で起こる虚偽自白は，自らは犯罪を犯していないことを自覚しているので，**強制的迎合**（Bull et al., 2006）といわれている。

　ドリズィンとレオ（Drizin & Leo, 2004）は，現在行われている取調べは基本的に真犯人に自白させることを目的として工夫されてきたものであるが，同時に，無実の人から虚偽自白を引き出す力ももっているとし，この具体的なやり方として次のような問題を指摘している。

　「自分の置かれた状況が絶望的であること，最悪の事態や処罰を免れる唯一の方法は，捜査官が示唆する，もっとも軽微な形で犯罪を認めるというシ

ナリオを受け入れることだと納得させる。」

　これは，否認を続ける無実の人が，捜査官の示唆するシナリオに乗って自白することが，否認することの心理的，身体的苦痛から逃れるもっとも合理的な行動であると信じてしまうということである。

　浜田（1992，2001）は，虚偽自白に陥る過程を次のように解説する。虚偽自白がもたらす刑罰は，もちろん死刑という刑罰を含めても，自分にとって不利益であることは理解できる。しかし，それは現在ただちにおこる不利益なのではなく，将来においてこうむる不利益である。取調べにおける圧力はまさに現在において進行している不利益であり，現在の取調べにおける辛さはリアリティをもつが，将来の刑罰は可能性であって，リアリティをもつことができない。無実のものであれば，なおのこと刑罰を科せられることの不利益にリアリティを抱くことは難しい。そこで，現在の困難な状況を変更させることを選択すること，つまりは虚偽自白をすることで，現在の取調べの圧力から解放されることを選択するという。彼は，こうした虚偽自白は，無実であると知りつつ，将来において死刑になるかもしれないウソをつくという意味で悲しい嘘とよんでいる。

　現在のわが国の司法制度においては，取調べにおいていったん自白した場合には，これを覆して再度否認に転ずることは，難しい。先に指摘した虚偽自白に陥る心理にもとづいて虚偽自白をしておき，裁判になってから否認することもある。しかし，多くの場合には検察官によって作成された検面調書における自白（虚偽自白）に対して，特別に証拠としての価値を認め（検面調書の特信性という），有罪判決が下されることが多いのである。

10.5.2　被疑者取調べの可視化

　イギリスにおいては，虚偽自白は無実の人に刑罰を与えるだけでなく，真犯人も野放しのままにしてしまうという認識に立って，1984年，被疑者取調べ場面を録音することが法律で定められた。被疑者の取調べを録音・録画する，いわゆる被疑者取調べの可視化は，アメリカ，オーストラリア，ニュ

ージーランド，韓国などでも制度化され，世界的な潮流になっている（指宿，2010）。わが国においても，2014年9月，法制審議会において裁判員裁判対象事件などについて検察，警察における取調べを全面可視化（録画化）することが答申され，遅ればせながら世界の動向に追いつきつつある。しかし，これらの対象事件は全体の2〜3%の事件に過ぎないこと，全面可視化の全面のとらえ方，アングルなどの録画方法など，課題も多い。また，被疑者取調べだけに可視化手続きを採用するだけでなく，目撃証人などの取調べにおいても被疑者取調べと同様の虚偽や勘違いなどが起こりうることを考えるならば，被疑者取調べのみを可視化することに限定する根拠は希薄であると考えられる。

10.5.3 嘘の発見

供述の嘘を科学的に見抜くことは，現在のところきわめて困難である。嘘発見器（ポリグラフ）などという生理的反応にもとづいた嘘の発見の可能性が研究されており，警察の取調べの実務においても用いられている。ポリグラフ検査の妥当性に関しては，被検査者が嘘をついている，本当のことを話しているという確実な証拠がない限り検証することができない。犯罪場面で実際に起きたことを知るのは難しいため，この妥当性に関する議論はできないことが多いのである。こうした事情に鑑み，イギリス心理学会（2004）では「私たちは誤りのないウソ発見法があると信じ込むような嘘を自らにつくべきではない」との警告を発している。

ドイツでは，児童への性虐待に関して子どもの供述を評価するときに，体験にもとづいたものであることを，専門家がいくつかの指標を用いて評価することを法的に認めている。この手法は，基準にもとづく内容分析（Criteria Based Content Analysis；CBCA）とよばれている（表10.5）。表の各指標に関して基準を満たしているかどうかを専門家がチェックするものであるが，この手法もポリグラフと同様に，犯罪における事実の確定が難しいことから，妥当性に関しては注意が必要である。

表 10.5　CBCA の項目 (Kapardis, 2003 より)

【全体的特徴】
論理的構造をもつか，構造化されてない供述，細部の質
【特殊内容】
文脈適合しているか，相互交渉への言及，会話の再生，予期しない出来事の再生，普通とは異なる詳細さ，過剰な詳細さ，誤りを詳細・正確に報告しているか等
【動機に関わる内容】
自発的な訂正，自分の証言に疑問を抱く，記憶がないことを認める，自己非難，犯人を許す
【犯人の特殊要素】
犯人に特異な細部特徴

10.5.4　わが国の供述分析

　わが国においては，供述の信用性評価に関して諸外国とは異なる独特の手法が浜田寿美男によって考案されている。

　わが国の捜査においては，何度も繰り返して供述がとられ，一人称の物語風の供述調書が取調官によって記録化される。ほとんどのケースにおいて，この反復された供述内容に変遷が発生する。この供述変遷が起こる原因，**変遷の起源**には 2 種類ある。取調べは捜査官と被疑者との質疑─応答，つまりは両者による**協同想起**として実施されている。そうすると変遷の起源として考えられるのは，捜査官にあるか被疑者にあるかのいずれかになる。したがって，第 1 の起源は，供述者の忘却や記憶の歪みや変容，あるいは嘘にもとづくもので，供述者に起源をもつ変遷である。第 2 は，論理的に，捜査官のもつ情報が，意図的あるいは無意図的に被疑者に伝えられることによるもので，捜査官に起源をもつ変遷である。浜田は，捜査過程で得られた全開示資料を精査して，時系列的な情報蓄積から取調べの構図を描き出し，供述調書の記録上は被疑者による供述変遷の形式をもちつつも，その変遷の起源は被疑者ではなく捜査官に起源をもつとみなすことが合理的であることを証明し

表 10.6　嘘の本質的要件（浜田，1988 より）

1. 嘘は間違いではない。嘘は意図した虚偽である。
2. 嘘には理由がある。
3. 嘘は空想的な作り話ではない。嘘は現実を説明しなくてはならない。
4. 嘘は単発では終わらない。
5. 嘘は階層的な構成をなす。
　　第1の嘘が，第2，第3，第4の嘘を必要とする。第1の嘘がばれれば，第2，3，……の嘘はばれるが，第2の嘘がばれても，第1の嘘はばれずに，さらに別の嘘をつけばいい。
6. 嘘は仮説演繹である。
　架空の出来事をあたかも現実のごとく工作することで，論理的力が必要。

課題：これまで，自分のついた嘘に関して上記の要件が満たされていることを確かめてみよう。

ようとする。捜査官に供述変遷の起源があるとすれば，供述あるいは自白が被疑者によるものと断ずるわけにはいかない。また，真犯人の供述変遷も無実の人の供述変遷も，最終的な供述からみると「嘘」と考えることができる。しかし，真犯人の嘘と無実の人の嘘は根本的に異なっている。浜田（1988）は，嘘の本質的要件として表 10.6 に示した 6 要件をあげ，真犯人の嘘（変遷）はこれらの要件を満たしているが，虚偽自白はこうした要件を満たしていないという。供述の変遷が，真犯人が事実を押し隠すことによって発生してくるのか，それとも，無実の人が捜査の圧力に屈して虚偽自白を行い，事件の事実に適合させるための変遷かを明らかにする手法である。こうした手法のほかに，浜田は，犯罪が生じた時点では知ることが不可能な情報が犯行場面の供述に表れてしまう「逆行的構成」など，心理学的に魅力的な分析手法を用いて数々の事件において供述分析を行っている。

　わが国の供述分析には，浜田寿美男が提唱した方法以外にも興味深い手法が提案されている（大橋他，2002；高木，2006）ので参照してほしい。

10.6 おわりに

　本章では裁判員裁判において，裁判員として事実認定を行うときに注意すべきことを，誤判や誤審を起こした主要な原因に関する心理学的研究を中心にして述べてきた。しかし，ここで紹介した研究が裁判において考慮すべき事柄のすべてではない。司法専門家の裁判官と裁判員との評議のあり方，量刑判断に影響を及ぼす要因，公判廷におけるプレゼンテーションの効果，裁判員の心理的負荷とその対処，子どもや障がい者などの弱者に対する対応，法律用語の理解などに関する問題も重要であるが，ここで扱うことはできなかった。これらの研究に関しては，岡田他（2009）を参照してほしい。また，民事裁判において示談における納得の問題など，心理学的視点が求められる課題が山積している。これらの研究に関しては菅原（1998）が参考になる。

　こうした研究や本章で扱った問題は，「法心理学」として心理学研究の新たな領域を形成しつつある。研究素材の制限などから，実証的研究を進めることに困難を伴ってはいるが，心理学研究の社会的意義と責任を十分果たすことができる研究領域であると信じている。

認知的人工物の
デザイン

　私たちは日常生活の中でさまざまなモノを使っている。人とモノの関係，とりわけモノに関わる情報が人の認知的な活動や行為に及ぼす影響については，日常場面を対象とした認知心理学研究としても，人にとって使いやすいモノのデザインを考えるうえでも，たいへん興味深いテーマである。本章では，人とモノの情報処理的な相互作用を「認知的人工物」という概念にもとづいて説明し，さらに，注意・知覚・知識などに関する認知心理学的な知見が，人工物のインタフェースデザインの実践とどのように結びついているのかを述べていく。最後に，人とモノの相互作用やモノの使いやすさに関する研究の，今後の可能性と課題について考察する。

11.1　人工物の使いやすさ

　人の認知的な活動，たとえば注意・知覚・記憶・思考などの特性を，日常場面の中で，道具や環境，状況との関わりにおいて理解しようとする研究は，1980年代の後半から活発に行われるようになった。中でも，人工物（artifacts）と総称される人工的な道具の使用や，そこでの認知的な特性に対する注目度を高めたのは，認知心理学，認知科学の専門家であるドナルド・ノーマン（Norman, D. A.）の著書『誰のためのデザイン？——認知科学者のデザイン原論——』（原題：*The psychology of everyday things*）である（ノーマン，1990）。

　私たちは日常生活の中でさまざまな人工物を使っており，これらは生活を便利にしたり，仕事を効率よく進めたり，時には能力を強化するのに大いに役立っている。たとえば，手帳という人工物を使えば，頭の中（記憶）に収まりきらない情報を外的に保存（貯蔵）し，それを参照しながらうまくスケ

ジュールを管理することができる。しかしその一方で，こうした人工物が私たちを悩ませ，困難な状況に陥れるようなことも少なからずある。たとえば，ビデオの予約に失敗するとか，ワープロソフトを思うように操作できないといった経験は，誰にでもあるだろう。

ノーマンは，台所にあるコンロ（図 11.1）や電灯のスイッチ，水道の蛇口，電話機などの身近な例をあげて，日常場面における行為が，人工物のデザインと密接に関係していることを鮮やかに描き出した。彼がとくに注目しているのは，人工物がその使用者（ユーザ）にもたらす「情報」であり，人工物とユーザの間の情報処理的な関わり，すなわち「相互作用（interaction）」である。

ノーマン（1992）は，「情報を保持したり表示したり操作したりするための道具であって，それによって表現機能を果たし，人の認知的な営みに影響を及ぼす」ものを，**認知的人工物**（cognitive artifacts）と定義した。コンピュータをはじめとする情報機器に限らず，たとえば本に挟まれたしおりやドアの取っ手なども，情報処理的な役割をもつ認知的人工物である（前者はそのページまで読んだことを，後者は押せばよいのか，引けばよいのか，あるいは横にスライドさせればよいのかを表示しており，それぞれに応じた行為

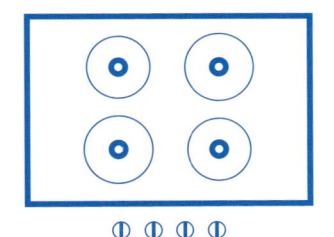

図 11.1　**コンロのつまみの配置**（ノーマン，1990）
バーナーとつまみの対応づけを記憶しなければ使えない。たとえば，つまみが左から順に［後ろ右］，［前左］，［後ろ左］，［前右］のように恣意的に並べられていたとしたら，簡単には記憶できない。

を引き出す役割を果たしている)。そう考えると私たちは，日常的な生活や活動のあらゆる場面でたくさんの認知的人工物と関わっており，そのデザインは，私たちの認知や行為に多大な影響を及ぼしていると考えられる。

ここで問題となってくるのは，認知的人工物の「使いやすさ」である。人が何らかの人工物を用いて課題（作業）を行うとき，その人工物がユーザにとって使いやすいものであるか否かによって，課題遂行の過程は大きく変化する。たとえば，ドアを開けて室内に入ろうとしても，取っ手を見ただけでは押すのか引くのかスライドさせるのかがわからなければ，その人はドアの前で悩みながら試行錯誤するか，ただ立ちつくすしかないだろう。それでは，どうしたらこのような人工物をもっと使いやすくできるのだろうか。そもそも，使いやすさとはいったいなんなのだろうか。

人工物の使いやすさを考えるうえで重要なのは，人工物を見る視点（view）である。ノーマン（1992）は，システムビューとパーソナルビューという，異なる2つの視点の存在を指摘している。**システムビュー**（system view）（図11.2）では，人・課題・人工物からなるシステムを俯瞰的に眺めることにより，人工物の物理的機能が人の認知的な能力を増大させる様子がとらえられる。コンピュータ（ワープロソフト）を使えば手書きするよ

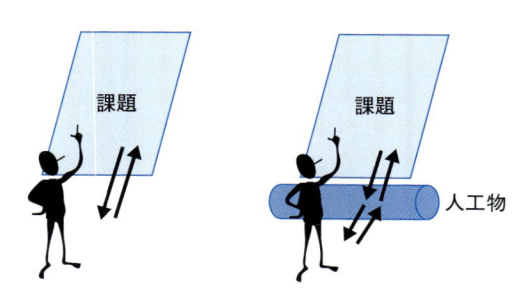

図 11.2 システムビュー
人工物を使うことにより，それがないとき以上のことができるようになる。
この視点では，人の認知的な能力が増大しているように見える。

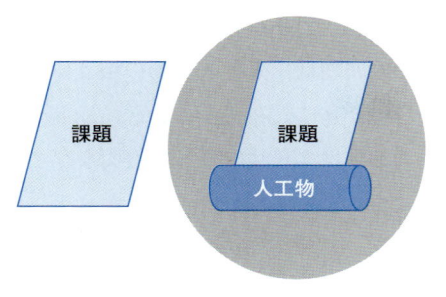

図 11.3　パーソナルビュー
ユーザ自身の視点から見ると，人工物を使うことにより，課題（作業）そのものの見え方や性質が大きく変化する。ここでは，人工物の使いやすさが重要な問題となる。

りもきれいな文書がすばやく作成でき，電子メールを使えば遠くにいる人とも簡単にコミュニケーションをとることができる，といった具合である。

　しかしこれとは別の，重要な視点がある。こうした人工物を使う人自身の視点，すなわち**パーソナルビュー**（personal view）（図 11.3）から見ると，認知的な能力の増大ではなく，その人にとっての認知的な課題の変化や，作業そのものの性質の変化がとらえられる。つまり，コンピュータや電子メールを使うということが，それまでとはまったく異なる認知的能力をユーザに求め，そこでの作業のあり方を根本から変えてしまうことが明らかになるのである。

　このように，人が人工物を用いて課題を行う状況を，人工物の機能的側面に注目するシステムビューではなく，ユーザのパーソナルビューから見ることによって，その人工物の認知的な特性，すなわちユーザにとっての使いやすさの問題を分析することが可能になる。

11.2 人と人工物の相互作用

　人工物の使いやすさの問題は，人と人工物の相互作用において何らかのトラブルやエラーが生じたときに顕在化する。逆に，トラブルやエラーがまったくなければ，その人工物はユーザにとって透明な存在であり，そこで生じている認知的な負荷は小さいと考えられる。まわりを見回してみると，たとえば図 11.4 のように，後からたくさんの情報が付け加えられた人工物をみつけることができる。後付けされた情報は，そのままでは相互作用がうまくいかなかった（うまく使えなかった）ことを示すサインであり，そこに認知的な問題が存在することを教えてくれる。

　人と人工物の相互作用について，ノーマン（1990）は，ユーザの心理的世界とシステムの物理的世界の間にある「淵（gulf：へだたり）」を越える過程としてモデル化し，このへだたりの存在，あるいはその大きさがユーザに困難をもたらすことを指摘している（図 11.5）。

　人が人工物を用いて課題を行うとき，目標や意図，作業プランなどはユーザの頭の中にあるが，それを実行するためには，外界にあるシステムへのは

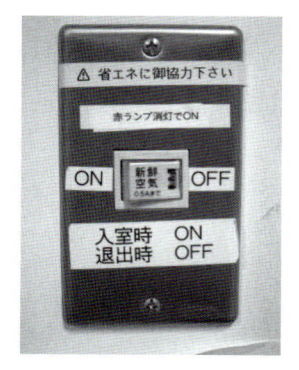

図 11.4　教室内の換気扇を操作するパネル
スイッチはたった 1 つだが，情報を付加しなければ使うことができない。

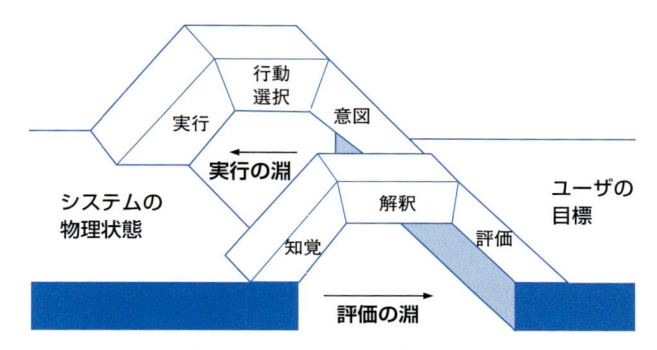

図 11.5　淵モデル（行為の 7 段階モデル）（ノーマン，1990）
自動販売機でコーヒーを買おうとしたとき，お金をどこに入れればよいのか
わからないのであれば，実行の淵に問題がある。コーヒーが出てきたことに
気づけないのであれば，評価の淵に問題がある。

たらきかけが必要となる。また，はたらきかけによってシステムや外界に生じた変化を，知覚し解釈して，当初の目標が達成されたか否かを評価しなければならない。このサイクルの中には，心理的世界から物理的世界への「実行の淵」と，物理的世界から心理的世界への「評価の淵」が存在し，ここにどのような橋をかけるかによって人と人工物の相互作用は大きく変化する。人と人工物の接面，すなわちヒューマン・インタフェースとよばれる部分には，人が行う情報処理と，人工物の情報デザインの問題が集約されているのである。

　例として，レポート作成という課題について考えてみる。紙に鉛筆で字を書く場合には，鉛筆を使うことと紙の上に書かれるものの間には直接的な関係性があり，ユーザは実行の淵と評価の淵をほとんど意識することなく越えることができる。一方，コンピュータ上のワープロソフトを使用する場合には，ユーザが行う操作（キーボードやマウスからの入力）とディスプレイ上の表示や印刷物との関係は間接的であるため，ユーザは 2 つの淵を越える際に困難を感じたり失敗したりすることがある。

これらの淵を小さく，あるいは越えやすくするためには，人工物のインタフェースを適切にデザインすることや，ユーザが操作を学習することなどが必要になる。つまり，システムをユーザに近づけたり，ユーザがシステムに近づいたりするということである。システムや外界の状態に関する情報や，操作に対するフィードバックが適切に提示されれば，ユーザはシステムとどう関わればよいかを理解できるようになり，また操作に習熟すれば，ユーザは自分が直接システムにはたらきかけているような感覚をもてるようになる。心理的世界と物理的世界の間の淵を狭め，ユーザにとって使いやすい人工物を実現するためには，こうした点を考慮して，人工物の物理的な側面のみならず，ユーザと人工物の相互作用全体をデザインしていくことが不可欠である。

11.3　ユーザのための人工物デザイン

　近年では，人工物の認知的な特性，ならびに人と人工物の相互作用の特性をふまえて，ユーザを中心に据え，ユーザの視点に立った人工物デザインの検討が活発に行われている。こうした取組みは，この20年あまりの間に，認知工学（cognitive engineering）やヒューマン・インタフェース（human interface）とよばれる学際的な研究分野を確立してきた。コンピュータや情報技術の発展に伴い，人工物の使いやすさの問題は，日常場面における認知的な活動に関心のある研究者だけでなく，実際にものづくりをするデザイナーやエンジニアにとっても，さらにはユーザ自身にとっても，ますます重要になってきている。

　ユーザが理解し使いやすいシステムをつくるというのは，容易なことではない。デザイナーやエンジニアは，認知心理学的な知見にもとづく一般的なデザイン原理やガイドラインを活用して，使いやすさの実現に取り組んでいる。ここではその中から，代表的な例を2つ紹介する。

　ウェブサイトのデザインの分野で活躍しているヤコブ・ニールセン

(Nielsen, J.) は，ユーザビリティ（usability；使いやすさ）の定義として次の5つの特性をあげている（ニールセン，1999）。

1. **学習しやすさ**

　システムは，ユーザがそれを使って作業をすぐ始められるよう，簡単に学習できるようにしなければならない。

2. **効率性**

　システムは，一度ユーザがそれについて学習すれば，後は高い生産性を上げられるよう，効率的な使用を可能にすべきである。

3. **記憶しやすさ**

　システムは，不定期利用のユーザがしばらく使わなくても，再び使うときに覚え直さないで使えるよう，覚えやすくしなければならない。

4. **エラーの少なさ**

　システムはエラー発生率を低くし，ユーザがシステム使用中にエラーを起こしにくく，もしエラーが発生しても簡単に回復できるようにしなければならない。また，致命的なエラーが起こってはいけない。

5. **主観的満足度**

　システムは，ユーザが個人的に満足できるよう，また好きになるよう，楽しく利用できるようにしなければならない。

　また，前述のノーマン（1990）は，「よいデザインの4原則」として，人と人工物の情報処理的な相互作用についてより具体的な内容を示している。

1. **可視性**

　目で見ることによって，ユーザは装置の状態とそこでどんな行為をとりうるかを知ることができる。

2. **よい概念モデル**

　デザイナーは，ユーザにとってのよい概念モデルを提供すること。そのモデルは，操作とその結果の表現に整合性があり，一貫的かつ整合的なシステムイメージを生むものでなくてはならない。

3. **よい対応づけ**

行為と結果，操作とその効果，システムの状態と目に見えるものの間の対応関係を確定することができること。

4. フィードバック

ユーザは，行為の結果に関する完全なフィードバックを常に受けることができる。

いずれにおいても，ユーザの認知的な負荷をできるだけ軽減することが重視されており，デザイナーやエンジニアはそれを考慮して人工物のインタフェースをデザインすることを求められている。

最後にもう一つだけ，ノーマン（2008）が示した興味深いデザインルールを紹介したい。これは，ユーザとの相互作用を改善するために，（デザイナーではなく）システムの側が考慮すべきルールとして表現されたものである。

1. ものごとを簡潔にする。
2. 人間には概念モデルを与える。
3. 理由を示す。
4. 人間が制御していると思わせる。
5. 絶えず安心させる。
6. 人間のふるまいを決して「エラー」と呼ばない。

確かに，システムがこのような原則に従ってふるまってくれれば，ユーザは苦労することなくそれを使うことができるだろう。要するにユーザは，簡単で，わかりやすく，納得でき，コントロールでき，安心でき，間違いを責められたりしないような相互作用を求めているのであり，その実現がシステムの使いやすさにつながるのである。

11.4　情報のデザイン

この他にも，デザインの実践的な現場では，認知心理学的な知見と関連したさまざまなルールやガイドラインが示されている。以下はその代表例である。

11.4.1 色によるサイン（注意のコントロール）

人の情報処理は無意識のうちにも進行しており，意識的に注意が向けられるとより深い処理が行われる（第6章も参照）。たとえば**カクテルパーティ効果**とよばれる現象は，特定の情報源にあらかじめ注意を向けていなかったとしても，その背後では自動的に処理が進行しており，なんらかのきっかけ（自分の名前がよばれるなど）によって注意が焦点化すると，選択的な処理へとシフトすることを示している。また，**ストループ効果**とよばれる現象は，選択的な処理に自動処理が干渉することによって生じる。たとえば，赤いインクで「青」という文字が書かれていると，同じく赤いインクで「●」が書かれているときよりも，インクの色を報告するのに時間がかかる。これは，インクの色に関する選択的な処理に対し，文字を読むという自動処理が干渉した結果である。

注意をコントロールして適切な処理を促すことは，デザイン上の重要な課題である。たとえば図11.6のように，無関係な情報に注意が向けられてし

図11.6　ある建物の男性トイレのサイン
赤色のプレートに人型のピクトグラムが薄水色で描かれている。ピクトグラムよりも背景の色に注意が焦点化してしまった結果として，誤ってここに入っていく女性がたくさんいた（筆者も）。

まったために，目標や意図に関連している情報の処理が十分には行われず，誤った行為へと発展してしまうことがある。それに加えて，特定の色には注意が向きやすく，意味を効果的に伝えることができるが（赤い色ならば，文脈に応じて，熱い・女性・重要・危険などのメッセージになる），その一方で，色による情報表現を誤ると行為のエラーを誘発しやすくなる。

11.4.2 情報の配置（まとまりの知覚）

人は，個別の要素（情報）をそのままではなく，まとまりとして知覚する傾向がある（図11.7）。そのまとまり方は，近接・類同・閉合・よい連続など，**ゲシュタルト要因**とよばれる各要素間の関係性によって決定される。これらの要因に従えば，関連性のある情報をまとまりとして見せたり，また逆に，関連性のない情報を区別して見せたりすることができる。

図11.8は，2000年の大統領選挙の際に，フロリダ州パームビーチ郡で使われた投票用紙である。冊子体の左右のページに候補者が分かれて表示され，中央のパンチ穴に矢印で対応づけられている。ここでは，関連性のある要素（候補者とパンチ穴）がまとまりとして知覚されにくいことに加えて，左右のページに分散された要素（候補者）に関連するもう一つの要素（パンチ穴）が，中央で1つのまとまりを形成していることも，要素間の適切な対応づけを難しくしている。その結果として，左ページ上から2番目のAl Gore

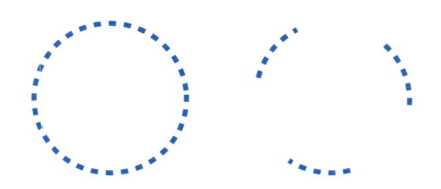

図11.7　まとまりの知覚
左は，各要素が1つのパターン（円）として知覚される。右では，近くにある要素が1つのパターンを形成する。

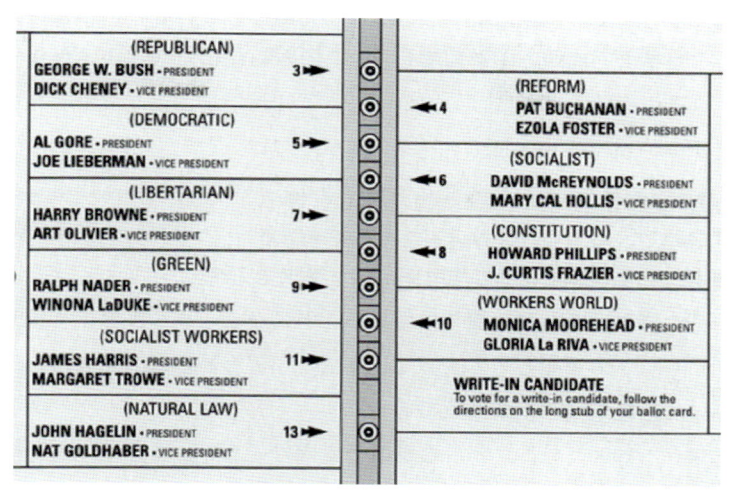

図11.8 パンチカード式投票用紙（Lidwell et al., 2003 より）
関連性のある要素がまとまりとして知覚されにくく，適切な対応づけが困難である。中央のパンチ穴の上から2番目に対応づけられていた Pat Buchanan 氏の得票数は，事前の予想をはるかに上回る結果となった。

氏に投票するつもりで，右ページ1番目の Pat Buchanan 氏のパンチ穴をあけたケースが多数あったとみられている（Lidwell et al., 2003）。

各要素をどのように配置するかによって，情報のまとまりの見え方，視線の流れ，情報処理の過程が大きく変化する。左から右，上から下への自然な視線の流れにさからって要素を複雑に配置すると，情報のまとまりを知覚できず，要素間の関連性の認知や対応づけに失敗して，行為のエラーを起こしやすい。視覚的なデザインの実践においては，あえて要素を複雑に配置することによって，注意をコントロールし緊張感を高めたり，躍動感を感じさせたりする試みも行われている。しかし，わかりやすさが重要となる公共性の高い状況では，知覚の特性をふまえた情報表現が必要である。

11.4　情報のデザイン

11.4.3　デザイナーとユーザのコミュニケーション（メンタルモデル）

　人は，それまでの経験によって得られた知識にもとづいて，さまざまなモノやコト，他者や環境などを理解したり，それらにはたらきかけたりする。あるシステムを使うときには，頭の中にある知識のまとまり，すなわちメンタルモデル（mental model）にもとづいてそれを理解し，操作を実行し，結果を解釈している。メンタルモデルの通りにシステムと相互作用できれば問題はないし，もしそれでうまくいかなくても，システムとの相互作用を通じて簡単にメンタルモデルを修正したり，新たに形成したりすることができれば，その経験はまた別の機会に役立つことになる。ニールセン（1999）がユーザビリティの定義としてあげたように，学習容易性は相互作用のデザインにおいて考慮すべき重要な点である。

　ノーマン（1990）は，ユーザとシステムだけでなく，システムの背後にいるデザイナー[1]も含めて，それぞれの概念モデルを示している（図11.9）。デザイナーはデザインモデル（design model）として，システムの機能やふるまいに関する具体的な方針や設計案をもっている。デザインモデルはインタフェースデザインとして具現化され，ユーザにシステムイメージを提供する（加藤，2002）。

　図11.9からわかるように，デザイナーはユーザと，システムイメージを介してコミュニケーションを行っている。そのため，デザインモデルが適切にシステムイメージ（インタフェースデザイン）に反映されていなかったり，デザインモデルとユーザのメンタルモデルがあまりにも違っていたりすると，ユーザとシステムの間の相互作用に問題が生じたり，ユーザが間違ったメンタルモデルを形成したりすることになる。したがってデザイナーは，ユーザのメンタルモデルを活かして，あるいは，新たなメンタルモデルを形成できるように，システムとの相互作用をデザインしなければならない。

　デザイナーがユーザのメンタルモデルを理解するためには，自分がユーザ

---

[1]　ここでの「デザイナー」は，システム設計に関わる人たち全体を指す。

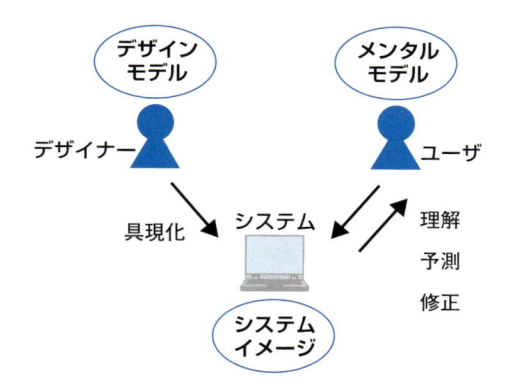

図 11.9　3つの概念モデル（ノーマン，1990）
ユーザはシステムとの相互作用を通じて，メンタルモデルを修正したり新たに形成したりする。ユーザとデザイナーは，システムイメージを介してコミュニケーションしている。

になってみるか，実際のユーザを対象とした調査を行うことが効果的である。ユーザ調査では，心理学の分野と同様に，質問紙法や日誌法，実験（ユーザビリティテスト），観察（フィールドワーク，エスノグラフィー），インタビューやフォーカスグループなどが行われ（Lazar et al., 2010），定量的・定性的なデータが収集される。デザイン実践の現場では，調査の目的だけでなく，予算や時間の制約に応じて方法が選択されており，複数の方法が組み合わされることも多い。

11.5　まとめ——認知的人工物研究の課題と可能性

　人と人工物の相互作用をよりよいものにするためには，その認知的，情報処理的な特性を考慮して，異なる2つの世界を近づけるようなインタフェースデザインを実現する必要がある。ユーザの視点に立ち，ユーザを中心に据えてインタフェースを設計するということは，まさに，使いやすさをデザイ

ンするということである．

　本章では，モノ自体の認知的な特性に焦点を当ててきた．しかし，パーソナルビューの中にはモノだけでなく，それが使われる環境や文脈，文化や社会なども含まれており，これら全体がユーザの認知的な活動や行為に影響を及ぼしている．したがって，デザインの対象は物理的なモノだけにとどまらず，ユーザをとりまく世界全体をデザインしていくという発想が必要である．また，道具使用の認知心理学的な研究においても，日常的な生活の現場に踏みこんで，人の認知的な活動や行為を注意深く観察・分析していく必要がある．

　情報デザインの分野は，モノのデザインから体験のデザイン（ユーザエクスペリエンスデザイン）へと発展してきている（情報デザインフォーラム，2010）．そこでは，モノ自体が使いやすい（ユーザの認知的な特性に適合している）ことに加えて，満足度や幸福感，うれしい，楽しいといった感性的な側面も含めて，ユーザに豊かな体験や新たな価値をもたらすことが目標となっている．使いやすさの概念は，今後ますます拡大していくことになるだろう．そして，ものづくりの一方で，ユーザにとって豊かな体験とはいかなるものかを実証的に検討していくことも重要になるだろう．

　コンピュータや情報技術の発展によって，私たちの生活は大きく変化してきている．より複雑な認知的人工物が次々に登場する中で，人とモノの相互作用やモノの使いやすさに関する研究は，これからも重要性を増していくと考えられる．ユーザを理解し，支援していくために，そして人とモノの幸せな関係を実現するためには，さまざまな分野による協働的な取組みが不可欠である．

安 全　12

　安全運転，安全第一，安全保障，食の安全，安全な Web サイトなどなど，私たちは日常生活の中で，常に安全を気にかけて暮らしている。

　しかしながら，安全（safety または security）の定義はかなり厄介である。辞書には「危険がなく安心なこと。傷病などの生命にかかわる心配，物の盗難・破損などの心配のないこと。」と記されている（『大辞泉』より）。

　「危険がなく」「心配のない」とあるように，安全な状態というものが明確に存在するわけではなく，反対の状態である「危険」や「心配」がないこととして間接的に定義される状態なのである。また，安全とは，「安心」や「心配」といった人間の感情に影響されるものであり，安全か否かは個人のとらえ方によって相対的であることもうかがえる。さらに，恐怖のように目の前にある危険だけでなく，将来に発生が予測される「心配」といった危険も考慮すべきであることを意味している。

　このように考えていくと，安全の心理学的研究の目的とは，その反対の危険について，今ある危険や将来に予測される危険に対する人間のとらえ方（認知や意思決定）の仕組みを明らかにすることであるといえる。さらに，人間の危険性の認知に影響を与えている要因を特定し，その要因を軽減したり取り除いたりして，安心感を得ることである。

12.1　リスク心理学

　「危険」は大きくハザードとリスクの2つに分けて考えることができる。

　ハザードとは，危険性を高める要素そのものである。たとえば，高速道路を 100 km/h で自動車を運転しているとき，約 50 m 先を走るトレーラーから巨大なコンクリートの塊が落下して進路を完全にふさいだとしよう。この落下物のような，危険性を増加させる要素のことをハザード（hazard）とい

う．さらに広義には，100 km/h という走行速度，50 m という車間距離，コンクリートの塊を積載不良で走行するトレーラー，高速道路という道路環境などもそれぞれがハザードである．

　リスクとは，危険性の量的な見積もりである．上述の例では，乾いた路面での 100 km/h からのフルブレーキによる停止距離は約 80〜110 m である（人間の反応時間を含む）ので，急ブレーキによって 50 m 先の落下物を避けることはまず不可能である．つまり，損失が発生する可能性は非常に高い．また，急ブレーキによって衝突時に 60 km/h まで減速できたとして，コンクリートへの激突は，約 14 m（ビルの 5 階程度）の高さから落下した衝撃に等しい．つまり，その損失は非常に大きいと予想される．このように，「損失の可能性×損失の大きさ」の推定値として表される危険の大きさのことを**リスク**（risk）という．

　このように，危険性はハザードの存在のみでは決まらない．ハザードによって生じるリスクの見積もりの過程があってはじめて，危険か否かが見積もられる．当然ながら，世の中からハザードを完全になくすことができればリスクもゼロになるが，それでは自動車には乗れないし，トレーラーで建築資材を運べなくなってしまい，日常生活が止まってしまう．よって，心理学的に主に扱われる事象はリスクである．

12.1.1　リスクに関する実験

　それではここで，リスクに関する実験をしてみよう（Tversky & Kahneman, 1981 より改変）．

　あなたが市長を務める街で，ある伝染病が発生した．対策をうたずに放っておけば確実に 600 人が死ぬ．ここで，市長のあなたは，以下の対策 A と B の二択を迫られた．あなたはどちらを選ぶだろうか？（解説は後述する）
A：確実に 200 人が救われる．
B：3 分の 1 の確率で 600 人が救われ，3 分の 2 の確率で誰も救われない．

また，数年後に別の伝染病が発生，放っておけば確実に600人が死ぬ。市長のあなたは，以下の対策CとDの二択を迫られた。どちらを選ぶだろうか？
C：確実に400人が死ぬ。
D：3分の1の確率で誰も死なず，3分の2の確率で600人が死ぬ。

12.1.2 リスク認知のバイアス

リスクの大きさは一般的に「損失の可能性×損失の大きさ」として定義される。上述の落下物への衝突の例のように，速度，距離，質量，重力などの具体的なデータや物理学的理論によって，リスクの計算がある程度客観的に可能な場合もある。しかしながら，日常生活の中のリスクの多くは，具体的なデータや理論が完全に揃っていないことが多い。そんな不確実な状況でも，人間は常にリスクの大きさを見積もっている。このような，不確実な状況におけるリスクの主観的な見積もりの過程を，**リスク認知**（risk cognition）または**リスク知覚**（risk perception）とよぶ。

リスク認知は主観的な過程であるため，その見積もりにさまざまな歪み（バイアス）がある。ある範囲内であれば認知された異常性をなるべく正常であると解釈しようとする**正常性バイアス**（normalcy bias），異常事態をより楽観的に明るい側面から見よう（リスクを過小評価しよう）とする**楽観主義バイアス**（optimism bias），きわめてまれにしか発生しない災害などを過大視する**カタストロフィー・バイアス**（catastrophe bias），経験豊富であるがゆえに情報の解釈が過去の経験の影響を受ける**ベテラン・バイアス**（veteran bias），経験不足のために情報を解釈できずに判断を誤る**バージン・バイアス**（virgin bias）などがある。

また，リスク認知のための情報が不足している場合に，より簡易にリスクを推定する方法として，**ヒューリスティックス**（heuristics）が用いられることが多い（Tversky & Kahneman, 1974）。代表的なヒューリスティックスの例として，思い浮かべやすい事象は思い浮かべにくい事象よりも起こり

12.1 リスク心理学

やすいとする**利用可能性ヒューリスティック**（availability heuristic）がある。たとえば，客観的には，自動車事故のほうが航空機事故よりはるかにリスクは高いのだが，発生すると一度に多くの死傷者が出てマスコミの情報にふれる機会が多い航空機事故のほうが，自動車事故よりリスクが高いと認知されがちである。

　さらに近年では，同一人物であっても，まったく同一の事象に対して，情報のとらえ方の枠組みや文脈によってリスク認知が変わるとする**フレーミング効果**（framing effect）が知られている（Tversky & Kahneman, 1981）。上述の実験では，選択肢AとC，選択肢BとDは，論理的には同一のことを述べている。異なるのは，AとBでは「救われる」と記され，CとDでは「死ぬ」と記されていることである。前者は利益を追求する状況（利益枠組み）であり，後者は損失を回避する状況（損失枠組み）である。利益枠組みにおいては，リスクを回避して確実な選択肢（A）を選択しやすいのに対し，損失枠組みにおいては，リスクを志向して不確実な選択肢（D）を選択しやすくなることがわかっている（図 12.1）。

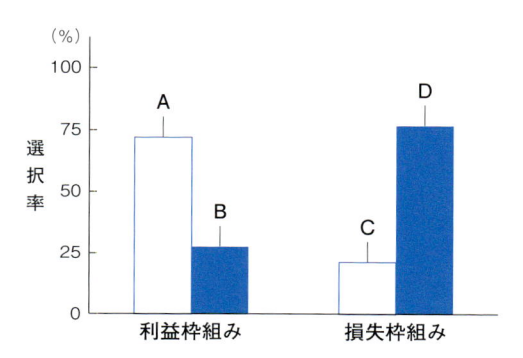

図 12.1　フレーミング効果（Tversky & Kahneman, 1981 より作成）

12.1.3 プロスペクト理論

フレーミング効果を説明する理論として，**プロスペクト理論**（prospect theory）が提案されている（Kahneman & Tversky, 1973）。この理論はもともと，リスク認知に限定されない，幅広い経済活動における判断・意思決定の理論である（第5章参照）。しかしながらこの理論の根幹かつ重要な特徴は，人間のリスク見積もりの非合理性を想定していることである。

それ以前の意思決定理論では，人間は，複数の選択肢において，各選択肢の生起する確率と，その選択によって得られるうれしさの関数（効用関数）をもとに，期待効用という値を選択肢ごとに算出し，期待効用が最大の選択肢を選ぶとされてきた。しかしながら，実際の経済活動においてはこの理論に適合しない事例が頻繁に観察されてきた。

プロスペクト理論では，これら選択肢の生起確率の見積もりと，効用の見積もりの双方において，人間の情報処理が歪んでいることを指摘した。具体的には，生起確率については，客観的確率が低い場合は過大に，客観的確率が中程度以上の場合は過小に見積もられるとする（Tversky & Kahneman, 1992；図12.2）。また，効用については，現状に比べて利得が得られる場合

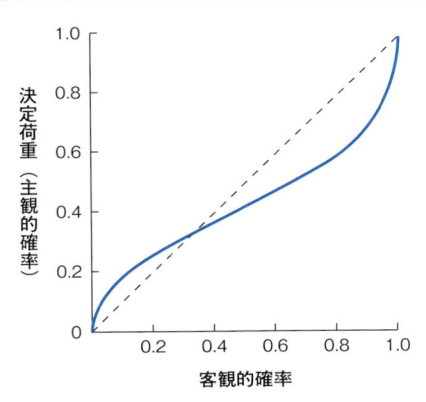

図12.2　プロスペクト理論における決定荷重関数（生起確率の主観的な見積もり）
(Tversky & Kahneman, 1992 より改変)

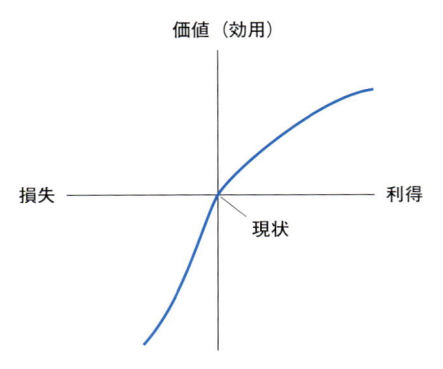

図 12.3　プロスペクト理論における価値関数（効用の見積もり）
(Tversky & Kahneman, 1981 より改変)

の効用は過小に，現状に比べて損失が出る場合の効用（負の効用）は過大に見積もられるとする（Tversky & Kahneman, 1981；図 12.3）。

　プロスペクト理論をリスク認知の過程に適用すれば，生起確率の見積もりに関するバイアスは「損失の可能性」の認知に関する歪みに相当し，小さな危険の可能性を過大に，中程度以上の危険の可能性を過小に見積もる傾向があることを示唆している。同様に，効用の見積もりに関するバイアスは「損失の大きさ」の認知に関する歪みに相当し，損失に対しては過敏に見積もり，利得（損失の反対＝安全）に対しては鈍感であることを示唆している。

12.1.4　リスク・ホメオスタシス理論

　一般的に，危険はなるべく避けたいものである。しかしながら，効率的で快適な生活のためには，飛行機や鉄道や自動車で高速に移動したい。いかに安全対策を万全にしても，事故のリスクはゼロではない。同様に，インターネットショッピングは便利だが，個人情報やクレジットカード番号が漏えいしてしまうリスクはゼロではない。人間は，すべての危険を避けていては効率的な生活ができない。そこで，ある一定水準までのリスクは受け入れつつ，効率性・快適性とのバランスを保っているといえる。

このようなリスクと効率性とのバランスに関する人間の情報処理の仮説として，ワイルド（Wilde, G. J. S.）は**リスク・ホメオスタシス理論**（Risk Homeostasis Theory；**RHT**）を提起している（Wilde, 1982, 2001；図 12.4）。RHT の特徴は，人間がリスクを「やむを得ず受け入れている」のではなく，むしろ「一定水準のリスクになるように行動を調節している」と考えることである。RHT では，人間は，リスクをとるメリットやデメリット，リスクを避けるメリットやデメリットの評価（図 12.4 の（1））をもとに，目標とするリスクの水準（**目標リスク**；target risk）を個々に設定していると仮定する。この目標リスク（a）と，実際に認知されたリスクの水準（b）とを比較して，差がなくなるように（a−b=0 となるように（c）），リスキーな行動を増減させるとする（d）。その結果，社会全体におけるリスク（たとえば事故率（e））は一定に保たれてしまうというのである。

　RHT はとくに交通行動においてさまざまな検証がなされてきた。たとえば，自動車に，夜間の視界を補助するナイトビジョンシステムを装備すると，装備しない場合に比べて走行スピードが上がることや（Stanton & Pinto, 2000），車間距離を自動で調節するアダプティブ・クルーズコントロールシステムを装備すると，装備しない場合に比べて車間距離が短くなるなど

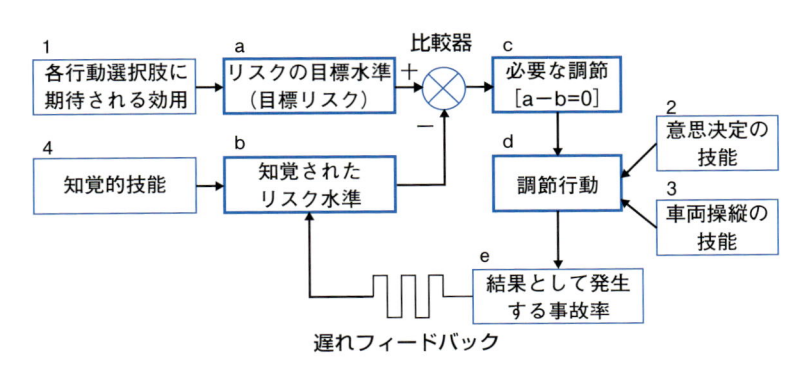

図 12.4　**リスク・ホメオスタシス理論**（Wilde, 2001 より改変）

(Hoedemaeker & Brookhuis, 1998），運転者が危険な行動を増やす事例が報告されている（いずれもシミュレータによる事例）。結果として事故率が一定に保たれることまでは明確になっていないものの，認知されるリスクが小さくなると，その穴を埋めるように（目標リスクに近づけるように），人間が行動をリスキーに変化させる現象（リスク補償；risk compensation）がさまざまな場面で観察されている。

12.1.5　リスク・コミュニケーション

　リスク認知はさまざまな要因で歪んでおり，あるハザードに対して認知されるリスクの大きさは，個人内・個人間のいずれにおいても差がある。社会や集団として，さまざまなリスクをどこまで受け入れるのか，どこまで対策するのか（予算や人員などのリソースを投入するか）といった集団意思決定を行う場合，リスク認知の歪みや個人差が問題となる。たとえば，自然災害のリスク，原子力発電のリスク，遺伝子組み換え食品のリスク，疫病のリスクなどがある。200年に1度の自然災害のリスクにどこまで対策をするか，10万人に1人の割合で人に感染する疫病にどこまで対策をするか，などの意思決定である。

　プロスペクト理論が提起しているように，人間のリスク認知は，可能性（確率）の見積もりと，損失の程度（効用）の見積もりの両面で，客観的なリスクに比べて歪んでいる。つまり，基本的に人間は，リスクを客観的かつ正確には見積もれない。そのため，集団意思決定の場面ではしばしば，個々人のリスク認知の差によって「私はそんなに危険とは感じない」「いや私は危険だと思う」といった感情的な議論になってしまい，合意形成が進まないことがある。

　そこで，社会的な意思決定・合意形成にあたっては，リスクに関する客観的な情報（具体的なデータや理論にもとづくリスクの見積もり）を，行政，専門家，企業，市民などが互いに共有し，リスク認知をすり合わせる作業が必要である。このようなリスク認知の共有化の過程をリスク・コミュニケー

ション (risk communication) という。現状，定型的なリスク・コミュニケーションの方法論や技法が確立しているわけではない。しかしながら近年では，テロや地球温暖化など，個人レベルでは正確にリスクを見積もることが非常に困難な，世界規模・地球規模のハザードに対する危機管理が求められており，リスク・コミュニケーションの重要性はますます高まっている。

12.2 交通心理学

伝統的に「安全」や「危険」を取り扱ってきた学問領域の一つに，**交通心理学**（traffic psychology）がある。自動車という乗り物の登場・普及により，自動車以前にはなかった**交通事故**というリスクが生まれた。自動車は運転者の意思や操作で運転するものであるので，運転者のさまざまな身体的・心理的な能力や特性について研究・解明し，交通事故を防ぐための知見を提供することを目的とした領域である。

「交通」心理学と称しているように，自動車だけでなく，広く，航空機や船舶の操縦，鉄道の運転なども本領域には含まれる。しかし，航空機・船舶の操縦士や鉄道の運転士の場合，体系的かつ定期的に訓練を受けたプロフェッショナルであることが普通である。自動車の場合，運転免許証は必要ではあるが，国や地域によっては体系的な訓練がない場合もある。また，他の交通機関に比べて運転者人口が桁違いに多く，運転者の能力や特性のばらつきが大きい。運転者の裁量もきわめて大きく，歩行者や自転車等の交通参加者と共通の道路インフラを利用する。そのため，道路交通に関する研究が相対的に多い。

12.2.1 交通心理学で使われるテスト

交通心理学でよく使われるテストをしてみよう（本田技研工業，1996 より改変）。

図 12.5 右折しようとするとき，どんな危険が潜んでいるだろうか？

　図 12.5 のような信号のある交差点で，あなたは右折しようとしている。信号は青で，対向車が左折したので，右折を開始するところである。このとき，あなたは何に注意するだろうか？　どんな危険が潜んでいるだろうか？　この状況ではどのような運転を行うのが適切だろうか？（解説は後述する）

12.2.2　交通事故の概要

　本章執筆時の最新データでは，日本における 2013 年（平成 25 年）中の交通事故発生件数は 629,021 件，死者数（24 時間以内）は 4,373 人，負傷者数は 781,494 人である（警察庁交通局，2014）。俗に交通戦争といわれ過去最多の死者数が出た 1970 年の交通事故発生件数は 718,080 件，死者数は 16,765 人，負傷者数は 981,096 人であった。死者数は 43 年間で約 74％ 減少しており，交通事故のリスクはかなり小さくなったようにみえる。しかしながら，発生件数と負傷者数にはそこまで大きな差がない。救急医療の発達や車両の衝突安全性能の向上などにより，事故で死にいたるケースが減ったととらえるのがより妥当といえる。

　ある地域における交通事故のリスクの大きさを示す指標として **1 億走行台 km あたりの事故発生件数** がある。平均的な運転者は 1 年間に約 1 万 km 走行するといわれるので，簡易的に，1 万人の運転者が 1 年間に交通事故を起こす件数ととらえるとよい。日本の数値は約 109 件である（2007 年の値）。同じ指標がある各国の値をみると，日本の値は 2〜10 倍も大きい（総務省統計局，2010；図 12.6）。日本における交通事故のリスクは国際的にみても非

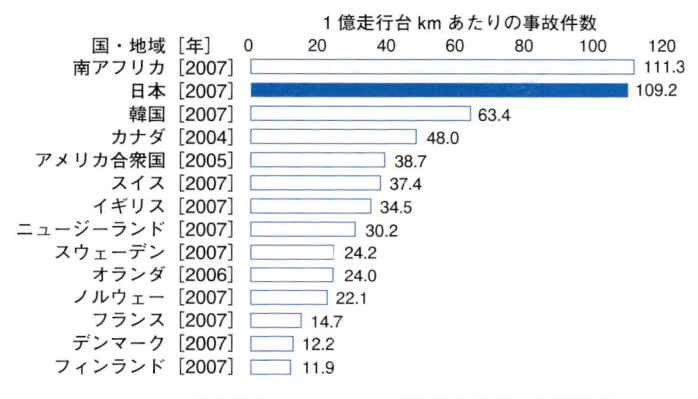

国・地域 [年]	1億走行台kmあたりの事故件数
南アフリカ [2007]	111.3
日本 [2007]	109.2
韓国 [2007]	63.4
カナダ [2004]	48.0
アメリカ合衆国 [2005]	38.7
スイス [2007]	37.4
イギリス [2007]	34.5
ニュージーランド [2007]	30.2
スウェーデン [2007]	24.2
オランダ [2006]	24.0
ノルウェー [2007]	22.1
フランス [2007]	14.7
デンマーク [2007]	12.2
フィンランド [2007]	11.9

図12.6　1億走行台kmあたりの事故発生件数の国際比較
（総務省統計局，2010）

常に高い。

また，日本においては，社会の高齢化を反映して，高齢者（65歳以上）が関与する交通事故の増加が深刻である。若い年齢層では事故が減少し続けているのに対して，高齢運転者による事故は増加し続けている。高齢者の事故を防ぎ，安全で持続可能な移動の自由（**サスティナブル・モビリティ**；sustainable mobility）を確保していくことが社会的に急務となってきている。

12.2.3　交通事故の原因

交通事故における運転者側の原因で多いものとして，なにを思い浮かべるだろうか？　スピード違反，信号無視，飲酒運転などであろうか？　もしそうなら，その認知は，利用可能性ヒューリスティックである。

2013年中の交通事故における法令違反は，多い順に，安全不確認，脇見運転，動静不注視，漫然運転である（警察庁交通局，2014）。これらは「安全運転義務違反」とよばれ，明らかな危険行為というよりは，不注意やうっ

かりといった運転者の過失である．違反全体の約 76% は安全運転義務違反である．なお，スピード違反は全体の 0.2%，信号無視は 2.8%，飲酒運転は 0.02% である．

ここで，自動車の運転は，自車周辺の状況を認知して，適切な判断をして，適切な操作を行うという，認知—判断—操作の過程を繰り返しているといわれる．これら 3 つの過程で，運転者がミスをしやすいのはどの段階であろうか？「操作」であると予想したのであれば，それは利用可能性ヒューリスティックである．財団法人交通事故総合分析センターの分析によれば，ミスは，認知，判断，操作の順に多かった．「見ようとすれば見えた相手なのに見なかった」であるとか「危険と判断できる状況なのに対応しなかった」といったミスが多くを占め，操作ミスが関与していたのは約 18% であった（公益財団法人交通事故総合分析センター，2001）．

これらのデータをもとに考えると，交通事故を防ぐために重点的に行うべき対策は，運転者の認知の段階（自車周辺を監視してハザードを発見し適切なリスクを見積もる段階），および，判断の段階（リスク認知をもとに適切な行動を計画・選択する段階）に対する教育や支援である．

12.2.4 運転教育

日本をはじめ欧米諸国における初期の運転教育では，運転の認知・判断過程よりも，運転適性とよばれる性格や態度の側面が重視されてきた．交通心理学領域では，さまざまな運転適性検査が考案され，自動車教習所などで活用されてきた．また，運転操作の能力を高めることを目的とした緊急ブレーキ訓練や，滑りやすい路面での車両のコントロール訓練なども行われてきた．

交通事故の原因が詳しく分析されるにつれ，近年では，ハザードやリスクといった危険性の認知や予測に関する訓練が注目されてきている．本節の冒頭で示したテストは，**危険予測トレーニング**とよばれ，自動車運転中のイラストや映像からハザードを発見し，適切なリスク認知や適切な運転行動を計画・選択する能力を高めることを狙ったものである（示したテストの解説を

対向車の右折するトラックの陰から車が直進してきました。
- 危険のポイント：大型トラックの陰は死角になっていて見えません。
- 安全運転のポイント：対向車線がよく見えるまで待って，右折先の横断歩道などにも注意しながら右折しましょう。

図 12.7　危険予測トレーニング（図 12.5）の解説

図 12.7 に示す）。1994 年から国内の運転免許試験にも導入され，企業における従業員教育，地域における各種安全活動など，さまざまな場面でも活用されている。

　最近では，映像やコンピュータ・グラフィックスを用いたドライビングシミュレータ技術が発達してきており，イラストなどから危険を予測するだけでなく，シミュレータで運転を模擬しながら危険予測トレーニングを行う方法が広がっている。さらには，運転者の顔の向きや視線を自然かつ簡便に計測できる計測装置が開発されてきており，シミュレータや実車を運転中の安全確認行動を計測し，規範的な運転者の確認行動を定量的に把握したり，一般運転者の確認行動の適否を判定したりするなどの試みも始まっている。

12.2.5　運 転 支 援

　運転者を教育することに加え，車両や道路側で運転を支援することで，交通事故を防ごうとする世界規模の取組みがある。この取組みは **ITS**（**高度道路交通システム**：Intelligent Transport Systems）とよばれ，さまざまな運転支援システムが提案されている。とくに，車両単独で支援可能なシステム

は実用化が早く進み，たとえば，車間距離を自動で保ちつつ制動・停止まで行うアダプティブ・クルーズコントロールシステム，車線からの逸脱を防止するレーンキープ・アシストシステム，障害物との衝突被害を軽減するプリクラッシュ・セーフティシステムなどがある。

　運転支援についても，運転教育と同様，初期のシステムは運転操作の支援が中心であったが，最近では運転者の認知・判断過程に対する支援も増えている。たとえば，夜間の視界を赤外線カメラの映像によって補助するナイトビジョンシステム，車両の死角や見通しの悪い交差点での視界をカメラの映像によって補助するブラインドコーナーモニターやアラウンドビューモニター，運転者の顔の向きや視線を映像で監視しながら居眠りや漫然運転を検知して警報を出すドライバーモニターシステムなどが実用化されている。

　運転支援によって交通事故防止への期待が高まる一方で，既述のように，運転支援による，運転者のリスク補償の問題や，運転支援への過信や依存による悪影響も懸念されている（國分，2005）。リスク補償や過信・依存などによって運転支援の効果が落ちてしまわないように，運転者の状態に応じて支援を変化させたり，警報の伝え方を工夫したりすることが重要である。交通心理学は，このようなヒューマン・インタフェース（human interface）の設計にも活用が期待される領域である。

12.2.6　動機づけの観点

　運転教育や運転支援は，リスク・ホメオスタシス理論（RHT；図12.4参照）内の，実際に認知されるリスクの水準（b）を高めることが期待される。一方で，運転教育や運転支援によって，運転者自身がリスクを知覚する技能（4）や意思決定の技能（2）が高まったと過信したり，車両操縦の技能（3）が高まったと感じたりしてしまうことが予想できる。これらにより，運転者自身の力でリスクを避けたり安全性を高めたりするように努力するメリットの感覚（安全努力への動機づけ）が低下してしまう可能性がある。安全努力への動機づけの低下は，目標リスクを高めてしまうことが知られている。つ

まり，認知されるリスク水準（b）が高まっても，同時に目標リスクの水準（a）も高まってしまえば，リスク補償が発生してしまい，長期的には安全性は高まらないことが懸念される。

　このような不具合を防ぐには，運転教育や運転支援によって直接的にリスク認知の過程を支援するだけでなく，運転者の安全努力への動機づけを高めるような支援を考えることが必要である。具体的には，運転者の安全努力や，無事故であることに対して明確なインセンティブ（報酬）を与え，「安全運転したくなる」ように運転者を誘導することが有効である。たとえば，無事故であれば運転免許の更新を1年間延長できたり，免許更新時の筆記試験（カリフォルニア州の場合）を免除したりした群では，そのようなインセンティブを与えなかった群に比べて，2年後の事故率が33％低かったという実験報告がある（Wilde, 2001）。

　ただし，このような大規模なインセンティブ・プログラムを計画し，実施していくことは，社会としてのリスク認知のすり合わせ，つまり，リスク・コミュニケーションが十分に行われる必要がある。また，社会的対策に限らず，運転教育や運転支援によって，安全努力への動機づけを高める工夫を考えていくことが，交通心理学の今後の課題であろう。

12.3 ヒューマンエラー

　いかにリスクを正確に認知できたとしても，安全努力への動機づけを高く保っていたとしても，それでも人間はさまざまな失敗や間違いをしてしまう。人間がおかす失敗や間違いのことを**ヒューマンエラー**（human error）という。そのエラーが，たいした損失も出さず，むしろ微笑ましいものとして受け入れられるなら，エラーは大きな問題にはならない。しかし，同じエラーも，時と状況次第では，大事故になってしまう場合もある。

　たとえば，自宅のドアの敷居につまずいて転んでも家族に笑われる程度ですむが，高所作業中の足場の段差でつまずいて転んだら，重大な転落事故に

なる。趣味のサークルのミーティングに遅刻しても謝ればすむが（あまりよろしくはないが），総理大臣が外国首脳との会談にうっかり遅刻したら，重大な国際問題である。ボールペンのキャップを閉め忘れてインクが出なくなってもたいしたことはないが，カーフェリーのハッチを閉め忘れて出航すると大変なことになってしまう（そうした結果，フェリーが転覆するという大惨事が実際に発生している（芳賀，1992））。

列車事故の約50％（芳賀，1987），航空機事故の約70％（黒田，1988），自動車事故のほぼ100％が（公益財団法人交通事故総合分析センター，2002），ヒューマンエラーが原因だといわれる。ヒューマンエラーの研究は，人間はエラーをおかすということを前提に，エラーの仕組みを調べ，エラーが発生しにくい工夫をしたり，たとえエラーが発生しても事故に発展したり損失が発生したりしないような工夫を考える分野である。

12.3.1　ヒューマンエラーの実験

ここで，ヒューマンエラーの実験をしてみよう（仁平，1984）。

紙（ノートでもメモ帳でもよい），筆記用具，および，時計（秒単位で測れるもの）を準備する。以下の2種類の課題についてそれぞれ，「ヨーイはじめ」の合図から20秒間，実行してほしい。なお，消しゴムは使ってはいけない。
1.「お」というひらがなをできるだけ速くたくさん書く。
2.「恋人」という語をできるだけ速くたくさん書く。
なにかおかしな間違いをしなかっただろうか？（解説は後述する）

12.3.2　ヒューマンエラーとは

あらゆる失敗や間違いがヒューマンエラーというわけではない。ヒューマンエラーは「システムによって定義された許容限界をこえる人間行動の集合」と定義される（Miller & Swain, 1987）。人間の行動や作業の精度には

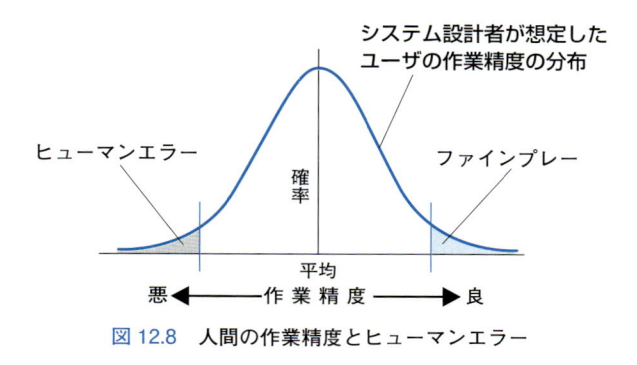

図 12.8　人間の作業精度とヒューマンエラー

もともとばらつきがあるが，ここまでなら問題ないという精度の許容限界がある。行動や作業の種類によって許容限界はさまざまであり，かつ，明確に定義されていない場合も多いが，一定以下の精度になってしまった状態が，ヒューマンエラーである（図 12.8）。

　たとえば，野球における「エラー」は，「普通の選手であれば捕球できて当然の打球を捕れなかった」ということを，記録員の基準により判断されて決められる。この基準（許容限界）は少年野球とプロ野球では異なり，プロなら捕れる打球であっても，少年野球であれば，捕球能力がそもそも異なるので，ヒットとして記録されるだろう。このように，能力不足ではない「普通はできるはずのことができなかった」失敗や間違いが，ヒューマンエラーである。

　また，ヒューマンエラーがすべて損失や事故につながるわけではない。一般的なシステム（組織なども含む広義のシステム）には，エラーが発生しても事故につながらないよう，何重にも予防策が施されているのが普通である。しかし，予防策の穴を通り抜けてしまった行動が事故に発展する。これはよく，**スイスチーズ・モデル**という図でたとえられる（Reason, 1997；図 12.9）。ここで，悪意をもって対策の隙間を通り抜けて損失を与えようとす

12.3　ヒューマンエラー　　237

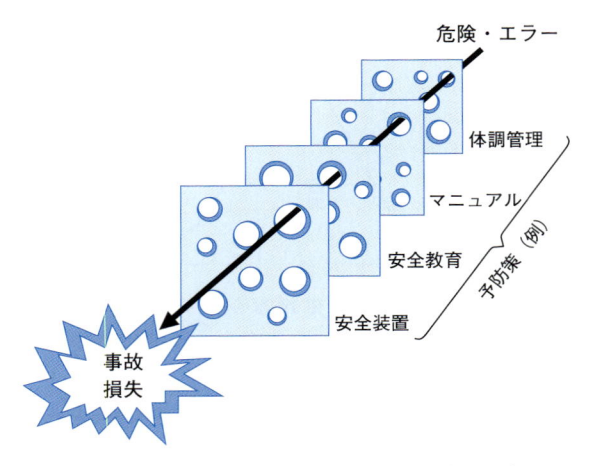

図 12.9 ヒューマンエラーのスイスチーズ・モデル

る行為や意図的なルール違反はヒューマンエラーとは区別される。

12.3.3 エラーの分類

次に，ヒューマンエラーに関する代表的な2種類の分類を紹介する。

一つめは，人間の情報処理の段階ごとの分類である。自動車の運転が認知—判断—操作の3段階で構成されることをすでに述べたが，これはこの3段階に相当する。情報処理の観点からは，入力—媒介—出力の3段階と言い換えられる。入力エラーは情報の取得に関するもので，見間違い，聞き間違い，見逃がし，勘違いなどとよばれるエラーである。媒介エラーは，情報の加工や保持に関するもので，考え違い，思い違い，うっかり，ど忘れなどとよばれるエラーである。出力エラーは，操作や行動に関するもので，押し間違い，言い間違い，書き間違い，ドジなどとよばれるエラーである。

二つめは，とくに，なかば自動化された行動に関するエラーの分類で，ATS 理論（Activation-Triggered Schema Theory）とよばれる（Norman,

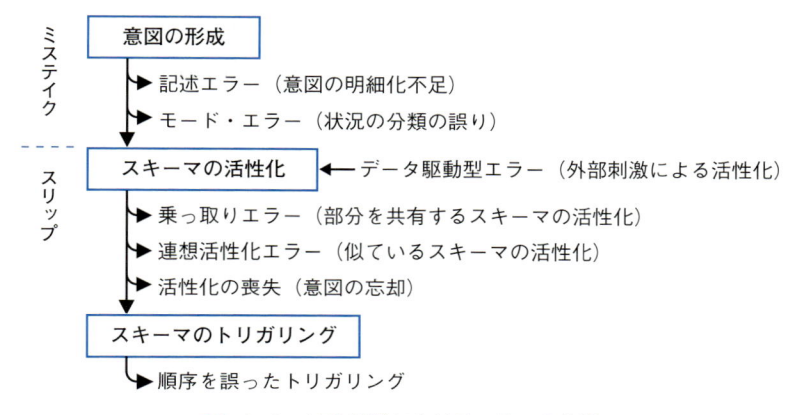

```
           意図の形成
ミ           │
ス           ├──▶ 記述エラー（意図の明細化不足）
テ           │
イ           ├──▶ モード・エラー（状況の分類の誤り）
ク           ▼
- - -  スキーマの活性化  ◀── データ駆動型エラー（外部刺激による活性化）
ス           │
リ           ├──▶ 乗っ取りエラー（部分を共有するスキーマの活性化）
ッ           │
プ           ├──▶ 連想活性化エラー（似ているスキーマの活性化）
             │
             ├──▶ 活性化の喪失（意図の忘却）
             ▼
       スキーマのトリガリング
             │
             └──▶ 順序を誤ったトリガリング
```

図 12.10　ATS 理論におけるエラーの分類

1981：図 12.10）。繰返し行われる行動は，**スキーマ**（schema）とよばれる「体制化された長期記憶」が連鎖的に活性化することで，意識することなく実行される。また，スキーマは，類似したもの同士が隣接して体制化され，互いに活性化が伝播しやすいと考えられている。このスキーマが活性化される前の段階の，行動の意図の不明瞭さや状況認識に関するエラーを**ミステイク**（mistake）とよぶ。また，スキーマの誤った活性化によるエラーを**スリップ**（slip）とよぶ。12.3.1 の冒頭の実験は急速反復書字とよばれる課題で，「お」というひらがなを「あ」「す」「む」などと書き間違えたり，「恋人」という語を「変人」と書き間違えたりしなかっただろうか。これは**書字スリップ**（slips of the pen）という典型的なスリップの例である。書き順の似た文字を書くためのスキーマが隣接して体制化されているために，隣接した文字のスキーマが誤って活性化されてしまったために生じたものと説明される（連想活性化エラー）。

12.3　ヒューマンエラー

12.3.4　エラーの要因

ヒューマンエラーの要因は実に多様であるので，代表的な要因のみ紹介する。

まず，入力エラーには，人間の視覚や聴覚の特性が関わっている。たとえば，錯視とよばれる現象がある。組み合わされる刺激によって，同じ長さの線分が異なって見えたり，直線が曲がって見えたり，静止画が動いて見えたりする。これは，人間の知覚の歪みととらえることもできるが，一方では，対象物の特徴を瞬時に予測して知覚しようとする，進化の上では有利にはたらいた能力とも考えられる。このように，進化の過程で得たすぐれた能力が，現代の環境とミスマッチを起こしていることが，エラーの要因となっていることが考えられる。

次に，媒介エラーでは，人間の記憶や注意の容量が関係している。人間は，情報処理資源（information processing resources）または注意（attention）を配分しながら，複数の作業を同時に実行することができるが，処理資源の容量には限界がある。そのため，ある作業A（主タスク）の困難度が高まれば，同時に実行している作業B（副タスク）に配分できる処理資源が減少し

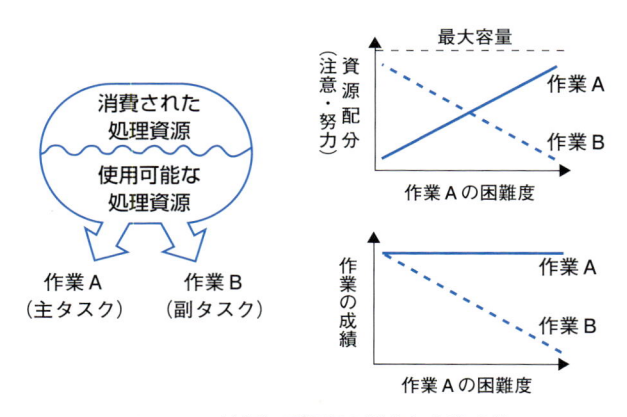

図 12.11　情報処理資源の配分と作業成績

てしまう。その結果，作業Bの作業成績が低下し，エラーに発展する可能性が高まる（Norman, 1969；図12.11）。なお，この場合の作業とは，必ずしも操作・行動等を伴う種類の作業だけでなく，近い将来の予定を覚えておくといった記憶作業（**展望的記憶**（prospective memory）という）など，あらゆる情報処理が含まれる。

　出力エラーでは，主に上述のような誤ったスキーマの活性化が関係している。スキーマは本来，処理資源を節約して作業を実行するためのすぐれた能力である。しかしながら一方では，スキーマにより実行される一連の行動は，意識的な注意によるモニタリングやコントロールがしにくく，半ば自動的に実行されてしまう。そのため，慣れ親しんだ手順とは異なる手順で作業をしようとしたときに，ついいつもの慣れ親しんだ手順で行ってしまったり，途中まで同じ手順の似たような作業をするときに，つい意図とは別の作業を行ってしまったりする。

12.3.5　エラーを防ぐ方法

　ヒューマンエラーを防ぐために，鉄道分野や工場などで取り入れられている方法として，**指差喚呼**（pointing and calling）がある。実行しようとしている作業やその対象を指で差し，かつ「○○ヨシ！」のように声に出す方法である。指差喚呼によって，刺激の発見や反応の誤りが減少したり，発見や反応が早まったり，疲労の軽減や，集中力を保つ効果などが確認されている（篠原他，2009）。スキーマ化して意識しにくくなってしまった慣れた作業を，意識的にモニタリングやコントロールするための方法である。

　もの忘れなどの記憶に関する媒介エラーを防ぐには，**外的記憶補助**（external memory aid）の活用が有効である。要するにメモや覚え書きのことであるが，人間の記憶容量には限界があるので，シンプルではあるが重要な方法である。また，近年では，コンピュータや携帯端末のスケジュールソフトの**リマインダー**機能を活用することで，近い将来の予定の記憶のエラーを防ぐことができる。

作業の対象が機械やシステムの場合は，その機械やシステムにエラーしにくいデザインを適用することも効果的である。たとえば，機械にさまざまな配管がある場合，それぞれの配管の中身（水／蒸気／空気／ガス／油など）に応じて規定の色のテープを巻くことで，配管の接続間違いを防いでいる。このような色分けによるエラー防止法を**カラー・コーディング**という。また，照明のスイッチを上に上げると点灯，水道の混合栓のレバーを上に上げると吐水，音響ミキサーのスライダーを上に上げると音量が上がる，などのように，さまざまな機器の間で操作を統一することなども有効である。

　さらに，そもそもエラーできないデザインを適用する方法もある。プレス機などの強力な機械では，動作ボタンを離れた位置に2個配置して，両手を使って同時にボタンを押さないと動作させないようにしている。これにより，挟まれ事故を防いでいる。また，動作中に扉を開けると停止する洗濯機（動作中は扉がロックされるものも多い），ブレーキペダルを踏まないとドライブモードにできない自動車のセレクトレバー，酸素用の口金には酸素，吸引用の口金には吸引チューブしか接続できない病院のベッドの配管などが同様のデザインである。このような，エラーできないデザインのことを**フール・プルーフ**（foolproof）という。

12.3.6　ヒューマンエラーと社会・組織

　ヒューマンエラーは個人が引き起こすだけでなく，集団や組織単位でのヒューマンエラーもある。個人ではリスクが高いと思ってやらないであろう原材料や産地の偽装なども，集団になると平気でやってしまう事例は，報道などでもよく知られたことである。集団で行う意思決定が，個人で行う意思決定よりもリスキーになる現象を**リスキー・シフト**（risky shift）とよぶ。ストーナー（Stoner, J. A. F., 1968）は，リスクを伴うさまざまな選択を迫る文章を提示して，個人による意思決定と集団による意思決定を比較した。その結果，多くの選択肢において，集団による意思決定のほうがリスキーになることが明らかになった。

エラーを防ぐ方法も，個人でできることだけでなく，社会や組織としてできる対策がある。たとえば，自動車の運転者個々人の努力で事故を減らそうということも重要だが，「12.2.6　動機づけの観点」で紹介した事例のように，社会や組織としてインセンティブ・プログラムを実施することは有効である。また，エラーの発生を前提にした組織体制を構築し，ダブルチェック体制としたり，データの入力間違いを防ぐために部署内でデータベースを統一したり，小さなエラーが発生した場合に大きなエラーに発展しないような対処策を事前に決めておくなどの組織的なエラー防止策も重要である。

　最後に，エラーをした人間を責めないことが重要である。エラーはその定義のように，「システムによって定義された許容限界をこえる人間行動の集合」であり，許容限界はシステムの設計者（人間）が決めるものであるから，エラーは必ず一定の割合で発生するのである。よって，最大限に努力したにもかかわらず，さまざまな悪い状況が重なってしまった結果として発生したエラーは，個人を責めたとしても，何の解決にもならない。ただし，悪意のある違反や意図的な手抜きによる損失については，厳しく責められてしかるべきであろう。

12.4　リスク・リテラシー

　安全な生活は，誰しもが望むことであろう。しかし一方で，たとえば，起業家が新しいビジネスに挑戦する場合，高いリスクが伴うが，成功による高いリターンが得られる可能性もある。現在は大企業でも，最初はすべてベンチャー企業だったはずである。つまり，危険を冒した挑戦が，企業や国家の成長を促進してきた。さらに言えば，人類は，危険を冒して新しい生活環境に挑戦し，適応してきたからこそ，生存圏を拡大しながら繁栄してきた種である。森からサバンナへ，大移動しながら大陸を渡り，地球上のあらゆるエリアに適応し，大航海時代を経て，現在では宇宙圏にまで生存圏を拡大しようとしている。

あらゆる危険を避けることは，個人や社会の成長，そして人類の進化の可能性をも狭めることになる。重要なことは，安全への動機づけは保ちつつ，リスク認知能力を磨き，ヒューマンエラーによる悲惨な事故は避け，エラーをして落ち込んでいる者がいたら責めず励ましながら，リスクとうまく付き合う能力（**リスク・リテラシー**：risk literacy）を身につけることである。

コラム①　ノスタルジアとレトロマーケティング

　日常生活の中で，幼少期を過ごした風景がテレビで映し出されるのを目にしたり，昔頻繁に聞いていたかつての流行歌を耳にしたりすることで，何とも言えない望郷感が湧きあがってくるような経験をしたことはないだろうか。過去に憧れ，あの頃に帰りたいと望み，願う心情を**ノスタルジア**（懐かしさ；nostalgia）という（Holbrook, 1993）。近年の社会不安が高まる中で，かつての名曲がカバーされたりリバイバルヒットしたりしている。映画などでも，『ALWAYS 三丁目の夕日』や『オトナ帝国の逆襲』のように，過去への慕情をテーマとした作品が公開され，多くの客足を集めてきた。私たちはこのようなかつての風景や思い出と邂逅できるコンテンツにふれることで，どのようにしてノスタルジアを感じ，ポジティブな感情を喚起するのであろうか。

　ノスタルジアは元々ホームシックとほぼ同義に用いられてきた。しかし，短時間で長距離の移動が容易となった今日では空間的な距離はあまり問題とされず，決して戻ることのできない過去との時間的な距離の問題としてとらえられるようになった（たとえば，水越，2007）。それに伴い，ノスタルジアの対象も，過去のある場所だけに限定されず，人や物，出来事にまで拡張されてきている（Wildschut et al., 2006）。スターン（Stern, B., 1992）によると，ノスタルジアは下位分類として，個人の直接的経験（自伝的記憶）にもとづいた**個人的ノスタルジア**（personal nostalgia）と，個人が生まれる前の歴史的出来事に起因する**歴史的ノスタルジア**（historical nostalgia）に大別されている。ハヴレナとホラック（Havlena, W. J., & Holak, S. L., 1996）のように，さらにそこに個別―集合の軸を盛り込み，直接的経験にもとづいたノスタルジアを個人的ノスタルジア（個別的）と文化的ノスタルジア（集合的）に，間接的経験にもとづいたノスタルジアを対人的ノスタルジア（個別的）と疑似的ノスタルジア（集合的）に分類する立場もある。認知心理学では，主に記憶研究の領域において個人的ノスタルジアの研究が多く行われている（レビューとして，川口，2011）。宣言的記憶は意味記憶（知識の記憶）とエピソード記憶（出来事の記憶）に分類される。川口（2011）は，エピソード記憶の中でもとくに自身との関わりが深い自伝的記憶とノスタルジアとの関連を指摘している。

　近年では消費者にノスタルジックな感情を生起させるような**レトロマーケ**

ティングが注目されてきている。手法としては，ターゲットとなる消費者が以前頻繁に接してきた風景やかつての流行歌を広告に用いることで，消費者に強いノスタルジアを引き起こさせ，広告および商品へのよりよい反応を引き出す，というものである。レトロマーケティングの手法は，これまでに消費者行動研究の観点から検討されてきている（たとえば，堀内, 2007 ; Naughton & Vlasic, 1998 ; White, 2002）。広告におけるノスタルジア要素はポジティブな情動を喚起させ，広告および銘柄に対するよりよい態度変化を引き起こすことが示されてきている（Muehling & Sprott, 2004）。しかし，従来のノスタルジア広告研究において，ノスタルジアがどのような条件や要因によって生起し，どのような認知的プロセスを経て，広告認知や購買行動に影響を及ぼすかの実証的研究やモデルが少ない，という問題点が指摘される。

　そこで，楠見ら（Kusumi et al., 2010）は，ノスタルジアを引き起こす広告の効果プロセス，またノスタルジアを感じる対象の加齢による変容について検討している。広告効果プロセスについて，ノスタルジアを高める広告の構成要素について大学生 451 人の自由記述とテキストマイニングを用いて検討したところ，広告で使用される風景や音楽，ストーリーといった要素が重要であることがわかった。そして，個人的ノスタルジアを喚起させるためには，過去の頻繁な接触経験（たとえば，小中学校の校舎や校歌，行事など）と，その後の接触のない空白期間（成人後の母校への訪問など）が必要であることが明らかになった。これらの結果にもとづいて，図①.1 のノスタルジア生起プロセスモデルが提案されている。さらに，昔の日本の風景，セピア色や白黒写真は歴史的ノスタルジアを喚起することが明らかになった。しかし，それらの風景画像を実際に見た場合，自伝的記憶の影響の強い風景（たとえば，祖父母の家の縁側など）や，生前の風景（明治期や昭和初期の風景など）に関しては，ノスタルジアは喚起されなかった。ノスタルジア広告によって消費者の購買意図を上昇させるには，広告内容が消費者自身の過去の経験と関連付けられることが重要であることがここから示唆される。

　続いて，加齢によるノスタルジア喚起対象の変容について，満 15 歳から 65 歳の一般男女 737 名に対する質問紙調査を実施して，ノスタルジア喚起広告の認知過程と消費行動に及ぼす効果について検討した。調査結果への共分散構造分析を行ったところ，昔を懐かしむ傾向性が，テレビ広告からのノスタルジア喚起を高め，それが過去の想起傾向や，広告および商品の記憶を

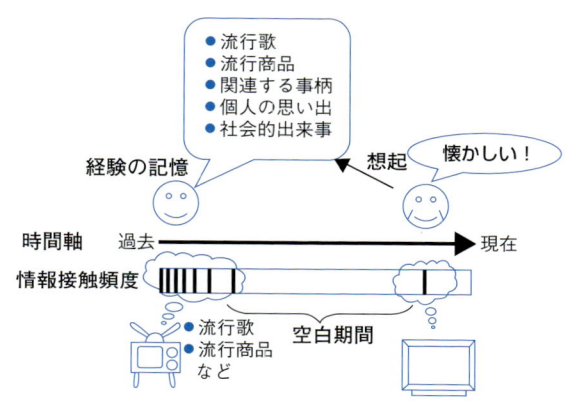

図①.1 ノスタルジア生起プロセスの仮説的モデル
(Kusumi et al., 2010を改変)

高め，広告への好意的な印象を媒介として，購買行動に結びつくことが明らかになった。これらの傾向および昔を懐かしむ傾向性は，男性は加齢によって線形上昇するが，女性は30〜40代をピークに減少傾向にあった。ノスタルジアを感じる広告要素については，男性は「思い出や過去の出来事」「昔の日本の風景」「セピア色や白黒写真」への回答が全体的に高く，年齢による差は少なかった。一方で，女性の場合は年齢によってばらつきがみられた。

ヴィルスフートら（Wildschut, T. et al., 2006）によると，ノスタルジアを感じるきっかけとして多いものは，ネガティブな感情状態であることや他者との接触欲求であるという。上記の結果から，男性については，加齢によって頼るべき目上の存在が欠如することや，定年退職によって仕事や社会との繋がりを失うことによって生じるネガティブ感情や孤独感が，ノスタルジアへの羨望を高めることが考えられる。それに対し，女性は子育てなどが一段落した後にもそれぞれの生き甲斐や人生の楽しみを見つけ出していくために，ノスタルジアへの依存傾向が少ないのかもしれない。

ノスタルジア感情の喚起には，ネガティブ感情をポジティブ感情へと移行させたり，孤独感を解消させたりするはたらきがあるという。昨今の閉塞化した社会状況や皮相な人間関係が，レトロマーケティングの興勢を生んでいるのかもしれない。

コラム② 社会に役立つ認知心理学──文字生活研究と認知心理学

　国立国語研究所のミッションは「国語及び国民の言語生活並びに外国人に対する日本語教育に関する科学的な調査研究並びにこれにもとづく資料の作成及びその公表」である（国立大学法人法施行規則別表）。ここでは，国立国語研究所で行われている文字生活に関する認知心理学的研究の例を紹介する。

1. 文字生活の実態をつかむ

　情報機器の普及により，文字を手で書く必要性が低くなってきた。携帯メールなどで文字を入力するには，変換候補として示された文字（文字列）群の中から，自分が使いたい文字（文字列）を選択すればよい。まさに，見て選択すれば書ける時代になった。

　文字を選択するには，文字の形を認知する必要がある。人間は，たとえ文字の形態やデザインに差があったとしても，それらを同じ字のカテゴリーとして包摂できるパターン認識の能力をもっているおかげで，文字によるコミュニケーションが成立している。文字論では「字形」と「字体」を区別して用いる。**字形**とは，現実に紙や画面の上に印字・表示された文字の形状を意味する。**字体**とは，その文字の骨組みに関する抽象的な概念を指す。このような字形と字体の違いは，あたかも言語学でいう「音声」と「音韻」の違いのようでもある。明朝体と楷書体の違いとか，フォントデザインの違いなどは，字形レベルの差とされている。それに対して，字体レベルの差とは，「桜─櫻」「篭─籠」の違いなどを指す。このように，漢字には読みと意味が同じなのに形態だけが異なる字が多数存在し，それらは「異体字」とよばれる。

2. 若者が好む字体

　大学生などの若い人に「桧─檜」のペアを提示して，どちらの字を使いたいかを直観的に選択させると，より好まれる字体はどちらだろうか。若い人は「檜」（旧字体，JIS 第 2 水準）のような古くて複雑な字体を敬遠するのではないか，とも予想されるが，果たしてそれは正しいのか。この問題に答える手がかりを求めて，笹原他（2003）は，異体字ペア 258 組を東京や京都の大学生数百名に提示し，それぞれのペアごとにより使いたいと思うほうの字体を選択させた。社会言語学などでは，この課題を**異体字選好課題**という。

06	恢	恢	16	区	區
				欧	歐
07	会	會		駆	驅
	桧	檜		鴎	鷗
08	覚	覺	17	経	經
	撹	攪		頚	頸

図②.1　調査票の一部（笹原他，2003）

図②.1 に異体字ペアの一部の例を示す。

　調査に先立って，次のような教示を調査参加者に与えた。「この調査は，漢字の使われ方を調べるものです。これから，字の形は違いますが，読みと意味がまったく同じ漢字のペアをお見せします。たとえば「断—斷」は，同じ読みで同じ意味の漢字のペアです。もし，あなたがパソコンで電子メールを書いているとしたら，どちらの字を使いたいか，教えてください。2つの漢字をよく見て，使いたいと感じる程度を比較し，より使いたいと思う方の字に〇印をつけてください。両方とも使いたい，あるいは両方とも使いたくないと感じるペアがあるかも知れませんが，とにかく，どちらか一方の字だけに〇印をつけてください。」

　データ分析の結果，新字体を好む割合が旧字体のそれを統計的に有意に上回ったのは198組あった。異体字ペア全体の8割近くで新字体が好まれたことになる。常用漢字のように，調査参加者に「なじみ」があるものについては新字体が選ばれることが明らかになった。たとえば「会—會」ペアは，常用漢字「会」がほぼ100％選択された。

　一方，旧字体の選択率が新字体のそれを統計的に有意に上回るケースもあった。「桧—檜」ペアについては旧字体の「檜」をより好むという回答が72％に達し，現代の若者が旧字体を常に嫌うわけではないという事実が明らかになった。異体字ペア258組全体の7％にあたる17組で，旧字体が新字体よりも好まれることが示された。同様の結果が，別の調査参加者を対象にした調査でも報告されており，データの信頼性（安定性）は高い。

　ここで注目されるのは「潅—灌，頚—頸，篭—籠，壷—壺，桧—檜，鴬—鶯，賎—賤」の7組の異体字ペアで形の複雑な旧字体が強く好まれている点

である。これらは，JIS漢字符号規格の区点番号において，1978年規格と1983年規格で第1水準と第2水準の入れ替えがあって，新字体のほうが第1水準となったという経緯を有する。この7組は，教科書や雑誌等といった出版メディアにおいては，旧字体の出現頻度が新字体と比較して相対的に多いことが知られている。

3. 中年層以上は旧字体を敬遠

年齢層を拡大して調査を実施すると，いかなる結果が得られるであろうか。全国約12万人のパネル（調査参加者名簿）から480名の女性をランダム抽出し，Webで異体字ペアを提示してネット調査を行った。調査対象を20歳代，30歳代，40歳代，50歳代の4群にグループ分けし，各群120名ずつ，計480名のデータを収集した。調査の教示は先の調査と同様であった。

図②.2に「桧―檜」の結果を示す。20歳代は旧字体「檜」を選択した割合が約70％を占め，新字体「桧」の約30％を圧倒した。この結果は先に述べた大学生の数値とほぼ一致した。ところが，40歳代になると旧字体「檜」が約40％に減少し，新字体「桧」を選択した人が約60％に増加するという逆転現象が生じた。さらに50歳代では「檜」が約30％に落ち込み，「桧」が約70％に達した。

つまり，20歳代と50歳代は異体字の選好傾向が逆になっていて，中年層以上は旧字体「檜」を選択する人数が減少することが明らかになった。おそ

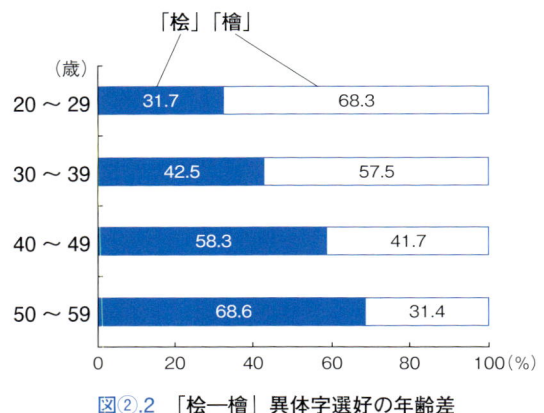

「桧」「檜」

（歳）	桧	檜
20〜29	31.7	68.3
30〜39	42.5	57.5
40〜49	58.3	41.7
50〜59	68.6	31.4

図②.2 「桧―檜」異体字選好の年齢差
「桧」と「檜」とで字体の好みに年齢差がある。

らく，若者は手で書くことを意識していないのに対して，中年層は手で書く場合の筆記の経済性を何らかの形で考慮に入れているのだろう。

4. 文字生活での単純接触効果

異体字選好を左右する要因の一つとして，横山（2012）は異体字ペア間での社会的な使用頻度の差を指摘している。文字生活の中で，人間はある文字表記に自然に接触し，その接触頻度の高低によって，その文字表記に対する接触意識が生じ，それが親近性（familiarity）を形成し，ひいては選好（preference）に結びつくのであろう（横山，2006）。文字表記に対する国民各層の意識や行動は単純接触効果（Zajonc, 1968 ; Elliot & Dolan, 1998）の影響を受けていると考えられる。

国立国語研究所の異体字選好研究は，住民基本台帳，戸籍，登記など国レベルの行政情報処理システムで扱う**文字の標準化**にも反映されている。このように，認知心理学は文字生活の向上を目指した科学的調査研究に貢献している。

引 用 文 献

第2章

Atkinson, R. C., & Shiffrin, R. M. (1968). Human memory: A proposed system and its control processes. In K. W. Spence, & J. T. Spence (Eds.), *The psychology of learning and motivation*. Vol.2. Academic Press.

Awh, E., & Jonides, J. (2001). Overlapping mechanisms of attention and spatial working memory. *Trends in Cognitive Sciences*, **5** (3), 119–126.

Baddeley, A. D. (1986). *Working memory*. Oxford University Press.

Baddeley, A. D. (2000). The episodic buffer: A new component of working memory? *Trends in Cognitive Sciences*, **4** (11), 417–423.

Baddeley, A. D. (2002). Is working memory still working? *European Psychologist*, **7**, 85–97.

Baddeley, A. D. (2003). Working memory and language: An overview. *Journal of Communication Disorders*, **36**, 189–208.

Baddeley, A. D. (2007). *Working memory, thought and action*. Oxford University Press.

Baddeley, A. D., & Hitch, G. J. (1974). Working memory. In G. A. Bower (Ed.), *Recent advances in learning and motivation*. Vol.8. Academic Press. pp.47–90.

Baddeley, A. D., Lewis, V. J., & Vallar, G. (1984). Exploring the articulatory loop. *Quarterly Journal of Experimental Psychology*, **36**, 233–252.

Baddeley, A. D., & Logie, R. H. (1999). Working memory: The multiple-component model. In A. Miyake, & P. Shah (Eds.), *Models of working memory*. Cambridge University Press. pp.28–61.

Baddeley, A. D., Thompson, N., & Buchanan, M. (1975). Word length and the structure of short-term memory. *Journal of Verbal Learning and Verbal Behavior*, **14**, 575–589.

Baddeley, A. D., Vallar, G., & Wilson, B. (1987). Sentence comprehension and phonological memory: Some neuropsychological evidence. In M. Coltheart (Ed.), *Attention and performance XII: The psychology of reading*. Lawrence Erlbaum Associates. pp.509–529.

Bjork, R. A., & Whitten, W. B. (1974). Recency sensitive retrieval processes in long-term free recall. *Cognitive Psychology*, **6**, 173–189.

Brown, J. (1958). Some tests of the decay theory of immediate memory. *Quarterly Journal of Experimental Psychology*, **10** (1), 12–21.

Conrad, R., & Hull, A. J. (1964). Information, acoustic confusion and memory span. *British Journal of Psychology*, **55**, 429–437.

Craik, F. I. M., & Lockhart, R. S. (1972). Levels of processing: A framework for memory research. *Journal of Verbal Learning and Verbal Behavior*, **11**, 671–684.

Craik, F. I. M., & Watkins, M. J. (1973). The role of rehearsal in short-term memory. *Journal of Verbal Learning and Verbal Behavior*, **12**, 599–607.

Daneman, M., & Carpenter, P. A. (1980). Individual differences in working memory and reading. *Journal of Verbal Learning and Verbal Behavior*, **19**, 450–466.

Darwin, C. J., Turvey, M. T., & Crowder, R. G. (1972). An auditory analogue of the Sperling partial report procedure : Evidence for brief auditory storage. *Cognitive Psychology*, **3**, 255-267.

Glanzer, M., & Cunitz, A. R. (1966). Two storage mechanisms in free recall. *Journal of Verbal Learning and Verbal Behavior*, **5**, 351-360.

Kane, M. J., & Engle, R. W. (2003). Working-memory capacity and the control of attention : The contributions of goal neglect, response competition, and task set to Stroop interference. *Journal of Experimental Psychology : General*, **132**, 47-70.

Logie, R. H. (1995). *Visuo-spatial working memory*. Erlbaum.

Logie, R. H., & Marchetti, C. (1991).Visuo-spatial working memory : Visual, spatial or central executive? In R. H. Logie, & M. Denis (Eds.), *Mental images in human cognition*. Elsevier.

Miller, G. A. (1956). The magical number seven, plus or minus two : Some limits on our capacity for processing information. *Psychological Review*, **63** (2), 81-97.

三宅　晶（1995）．短期記憶と作動記憶　高野陽太郎（編）認知心理学2　記憶　東京大学出版会　pp.71-99.

三宅　晶・齊藤　智（2001）．作動記憶研究の現状と展開　心理学研究，**72**，336-350.

Murdock, B. B. (1962). The serial position effect of free recall. *Journal of Experimental Psychology*, **64** (5), 482-488.

Norman, W., & Shallice, T. (1986). Attention to action. In R. J. Davidson, G. E. Schwartz, & D. Shapiro (Eds.), *Consciousness and self regulation : Advances in research and theory*. Vol.4. Plenum. pp.1-18.

苧阪満里子・苧阪直行（1994）．読みとワーキングメモリ容量　心理学研究，**65**，339-345.

苧阪直行（2000）．視覚的ワーキングメモリとその高次構造　苧阪直行（編）脳とワーキングメモリ　京都大学学術出版会　pp.117-138.

Peterson, L. R., & Peterson, M. J. (1959). Short-term retention of individual verbal items. *Journal of Experimental Psychology,* **58** (3), 193-198.

齊藤　智（1997）．音韻的作動記憶に関する研究　風間書房

Selfridge, O. G. (1959). Pandemonium : A paradigm for learning. In D. Blake, & A. Uttley (Eds.), *Proceedings of the Symposium on Mechanization of Thought Processes*. HMSO. pp.511-529.

Shah, P., & Miyake, A. (1996). The separability of working memory resources for spatial thinking and language processing : An individual differences approach. *Journal of Experimental Psychology : General*, **125**, 4-27.

Smyth, M. M., & Scholey, K. A. (1994). Interference in spatial immediate memory. *Memory and Cognition*, **22**, 1-13.

Sperling, G. (1960). The information available from brief visual presentations. *Psychological Monographs*, **74**, 1-29.

Sperling, G. (1963). A model for visual memory tasks. *Human Factors*, **5**, 19-31.

須藤　智（2005）．作動記憶における視空間的情報のリハーサルシステムの検討──空間タッピング課題の妨害効果から──　認知心理学研究，**2**，1-8.

Tzeng, O. J. L. (1973). Positive recency effect in a delayed free recall. *Journal of Verbal Learning and Verbal Behavior*, **12**, 436-439.

第 3 章

American Psychiatric Association (2013). *Diagnostic and statistical manual of mental disorders*. 5 th ed. American Psychiatric Publishing.
（米国精神医学会　髙橋三郎・大野　裕（監訳）（2014）．DSM-5 精神疾患の診断・統計マニュアル　医学書院）
Chun, M. M., & Jiang, Y. (1998). Contextual cueing : Implicit learning and memory of visual context guides spatial attention. *Cognitive Psychology*, **36**, 28-71.
Godden, D. R., & Baddeley, A. D. (1975). Context-dependent memory in two natural environments : On land and underwater. *British Journal of Psychology*, **66**, 325-331.
Gordon, P. C., & Holyoak, K. J. (1983). Implicit learning and generalization of the "mere exposure" effect. *Journal of Personality and Social Psychology*, **45**, 492-500.
原田悦子（1999）．潜在記憶と記憶の誤帰属　心理学評論，**42**，156-171.
生駒　忍（2011）．解説——"天才"を通して脳のはたらきを知る——　ルシュヴァリエ，B. 藤野邦夫（訳）モーツァルトの脳　作品社　pp.353-365.
Johnson, M. H., Kim, J. K., & Risse, G. (1985). Do alcoholic Korsakoff's syndrome patients acquire affective reactions? *Journal of Experimental Psychology : Learning, Memory, and Cognition*, **11**, 22-36.
水野りか（2001）．作業記憶容量の個人差に応じた効果的な分散学習方式の開発　認知科学，**8**，431-443.
Nairne, J. S., Thompson, S. R., & Pandeirada, J. N. S. (2007). Adaptive memory : Survival processing enhances retention. *Journal of Experimental Psychology : Learning, Memory, and Cognition*, **33**, 263-273.
島田英昭（2011）．説明サービスの認知心理学　生駒　忍（編）ひろがる認知心理学　三恵社　pp.16-25.
髙橋雅延（1999）．記憶のふしぎがわかる心理学　日本実業出版社
Thorndyke, P. W., & Stasz, C. (1980). Individual differences in procedures for knowledge acquisition from maps. *Cognitive Psychology*, **12**, 137-175.
Tulving, E. (1972). Episodic and semantic memory. In E. Tulving, & W. Donaldson (Eds.), *Organization of memory*. Academic Press. pp.381-403.
Warrington, E. K., & Weiskrantz, L. (1968). Amnesic syndrome : Consolidation or retrieval? *Nature*, **228**, 628-630.
矢追純一（1996）．カラスの死骸はなぜ見あたらないのか　河出書房新社
吉田哲也・寺澤孝文（2007）．客観テストの成績に現れるマイクロステップ　寺澤孝文・太田信夫・吉田哲也（編）マイクロステップ計測法による英単語学習の個人差の測定　風間書房　pp.110-118.

第 4 章

阿部純一・桃内佳雄・金子康朗・李　光五（1994）．人間の言語情報処理——言語理解の認知科学——　サイエンス社
Bråten, I., Britt, M. A., Strømsø, H. I., & Rouet, J. F. (2011). The role of epistemic beliefs in the comprehension of multiple expository texts : Towards an integrated model. *Educational Psychologist*, **46**, 48-70.
Fletcher, C. R. (1994). Levels of representation in memory for discourse. In M. A. Gernsbacher (Ed.), *Handbook of psycholinguistics*. Academic Press. pp.589-607.

Glenberg, A. M., & Kaschak, M. P.(2002). Grounding language in action. *Psychonomic Bulletin and Review*, **9**, 558-565.

箱田裕司・都築誉史・川畑秀明・萩原　滋(2010). 認知心理学　有斐閣

井関龍太(2004). テキスト理解におけるオンライン処理メカニズム――状況モデル構築過程に関する理論的概観――　心理学研究, **75**, 442-458.

井関龍太・川﨑惠里子(2006). 物語文と説明文の状況モデルはどのように異なるか――5つの状況的次元に基づく比較――　教育心理学研究, **54**, 464-475.

Kaup, B., Yaxley, R. H., Madden, C. J., Zwaan, R. A., & Lüdtke, J.(2007). Experiential simulations of negated text information. *Quarterly Journal of Experimental Psychology*, **60**, 976-990.

川﨑惠里子(1991). 知識の構造と文章理解　箱田裕司(編)認知科学のフロンティアⅠ　サイエンス社　pp.31-72.

Kintsch, W.(1998). *Comprehension : A paradigm for cognition*. Cambridge University Press.

Kintsch, W., Welsch, D., Schmalhofer, F., & Zimny, S.(1990). Sentence memory : A theoretical analysis. *Journal of Memory and Language*, **29**, 133-159.

Marmolejo-Ramos, F., Elosúa, M. R., Gygax, P., Madden, C. J., & Roa, S. M.(2009). Reading between the lines : The activation of background knowledge during text comprehension. *Pragmatics and Cognition*, **17**, 77-107.

Pecher, D., & Zwaan, R. A.(2005). *Grounding cognition : The role of perception and action in memory, language, and thinking*. Cambridge University Press.

Radvansky, G. A., Copeland, D. E., & Zwaan, R. A.(2003). Aging and functional spatial relations in comprehension and memory. *Psychology and Aging*, **18**, 161-165.

Radvansky, G. A., Zwaan, R. A., Curiel, J. M., & Copeland, D. E.(2001). Situation models and aging. *Psychology and Aging*, **16**, 145-160.

Schmalhofer, F., & Glavanov, D.(1986). Three components of understanding a programmer's manual : Verbatim, propositional, and situational representations. *Journal of Memory and Language*, **25**, 279-294.

Stanfield, R. A., & Zwaan, R. A.(2001). The effect of implied orientation derived from verbal context on picture recognition. *Psychological Science*, **12**, 153-156.

常深浩平・楠見　孝(2009). 物語理解を支える知覚・運動処理――擬似自伝的記憶モデルの試み――　心理学評論, **52**, 529-544.

Zwaan, R. A.(2004). The immersed experiencer : Toward an embodied theory of language comprehension. In B. H. Ross(Ed.), *The psychology of learning and motivation*. Vol.44. Academic Press. pp.35-62.

Zwaan, R. A., Langston, M. C., & Graesser, A. C.(1995). The construction of situation models in narrative comprehension : An event-indexing model. *Psychological Science*, **6**, 292-297.

Zwaan, R. A., Magliano, J. P., & Graesser, A. C.(1995). Dimensions of situation model construction in narrative comprehension. *Journal of Experimental Psychology : Learning, Memory, and Cognition*, **21**, 386-397.

Zwaan, R. A., & Radvansky, G. A.(1998). Situation models in language comprehension and memory. *Psychological Review*, **123**, 162-185.

Zwaan, R. A., Radvansky, G. A., Hilliard, A. E., & Curiel, J. M.(1998). Constructing multidimensional situation models during reading. *Scientific Studies of Reading*, **2**, 199–220.

Zwaan, R. A., Stanfield, R. A., & Yaxley, R. H.（2002）. Language comprehenders mentally represent the shapes of objects. *Psychological Science*, **13**, 168–171.

第5章

安西祐一郎（1985）．問題解決の心理学――人間の時代への発想――　中央公論社

Cheng, P. W., & Holyoak, K. J.（1985）. Pragmatic reasoning schemas. *Cognitive Psychology*, **17**, 391–416.

Cosmides, L.（1989）. The logic of social exchange : Has natural selection shaped how humans reason? : Studies with the Wason selection task. *Cognition*, **31**, 187–276.

Duncker, K.（1945）. On problem solving. *Psychological Monographs*, **58**, No.270.

Finke, R. A., Ward, T. B., & Smith, S. M.（1992）. *Creative cognition : Theory, research, and applications*. MIT Press.
　（フィンケ，R. A.　小橋康章（訳）（1999）．創造的認知――実験で探るクリエイティブな発想のメカニズム――　森北出版）

Gick, M. L., & Holyoak, K. J.（1983）. Schema induction and analogical transfer. *Cognitive Psychology*, **15**, 1–38.

Griggs, R. A., & Cox, J. R.（1982）. The elusive thematic-materials effect in Wason's selection task. *British Journal of Psychology*, **73**, 407–420.

開　一夫・鈴木宏昭（1998）．表象変化の動的緩和理論――洞察メカニズムの解明に向けて――　認知科学，**5**，69–79.

Holland, J. H., Holyoak, K. J., Nisbett, R. E., & Thagard, P.（1986）. *Induction : Processes of inference, learning, and discovery*. MIT Press.
　（ホランド，J. H.・ホリオーク，K. J.・ニスベット，R. E.・サガード，P.　市川伸一他（訳）（1991）．インダクション――推論・学習・発見の統合理論へ向けて――　新曜社）

Holyoak, K. J., & Thagard, P.（1995）. *Mental leaps : Analogy in creative thought*. MIT Press.
　（ホリオーク，K. J.・サガード，P.　鈴木宏昭・河原哲雄（監訳）（1998）．アナロジーの力――認知科学の新しい探求――　新曜社）

Kahneman, D., & Tversky, A.（1979）. Prospect theory : An analysis of decision making under risk. *Econometrica*, **47**, 263–291.

亀田達也（1997）．合議の知を求めて――グループの意思決定――　共立出版

Newell, A., & Simon, H. A.（1972）. *Human problem solving*. Prentice-Hall.

Norman, D. A.（1993）. *Things that make us smart : Defending human attributes in the age of the machine*. Addison-Wesley.
　（ノーマン，D. A.　佐伯　胖（監訳）（1996）．人を賢くする道具――ソフト・テクノロジーの心理学――　新曜社）

Okada, T., & Simon, H. A.（1997）. Collaborative discovery in a scientific domain. *Cognitive Science*, **21**（2），109–146.

奥田秀宇（2008）．意思決定心理学への招待　サイエンス社

Shirouzu, H., Miyake, N., & Masukawa, H.（2002）. Cognitively active externalization for situated reflection. *Cognitive Science*, **26**, 469–501.

鈴木宏昭（1996）．類似と思考　共立出版
鈴木宏昭（2001）．思考と相互作用　乾　敏郎・安西祐一郎（編）コミュニケーションと思考――認知科学の新展開2――　岩波書店　pp.163-201.
高橋秀明（2001）．認知と思考の心理　桜井茂男（編）心理学ワールド入門　福村出版　pp.135-148.
竹村和久（1996）．意思決定とその支援　市川伸一（編）認知心理学4　思考　東京大学出版会　pp.81-105.
都築誉史（2010 a）．問題解決と推論　箱田裕司・都築誉史・川畑秀明・萩原　滋（編）認知心理学　有斐閣　pp.247-280.
都築誉史（2010 b）．判断と意思決定　箱田裕司・都築誉史・川畑秀明・萩原　滋（編）認知心理学　有斐閣　pp.281-306.
Tversky, A., & Kahneman, D.（1981）. The framing of decisions and the psychology of choice. *Science*, **211**, 453-458.
Wason, P. C.（1968）. Reasoning about a rule. *Quarterly Journal of Experimental Psychology*, **20**, 273-281.
山岸侯彦（2007）．意思決定　吉野諒三・千野直仁・山岸侯彦　数理心理学――心理表現の論理と実際――　培風館　pp.165-190.
山岸侯彦（2010）．意思決定と行動経済学　日本認知心理学会（監修）楠見　孝（編）現代の認知心理学3――思考と言語――　北大路書房　pp.110-133.
Zhang, J., & Norman, D. A.（1994）. Representations in distributed cognitive tasks. *Cognitive Science*, **18**, 87-122.

第6章

Awh, E., Jonides, J., & Reuter-Lorenz, P. A.（1998）. Rehearsal in spatial working memory. *Journal of Experimental Psychology : Human Perception and Performance*, **24**, 780-790.
Botvinick, M. M., Cohen, J. D., & Carter, C. S.（2004）. Conflict monitoring and anterior cingulate cortex : An update. *Trends in Cognitive Sciences*, **8**, 539-546.
Eriksen, B. A., & Eriksen, C. W.（1974）. Effects of noise letters upon the identification of a target letter in a nonsearch task. *Perception and Psychophysics*, **16**, 143-149.
Gehring, W. J., Goss, B., Coles, M. G. H., Meyer, D. E., & Donchin, E.（1993）. A neural system for error detection and compensation. *Psychological Science*, **4**（6）, 385-390.
Humphreys, G., & Forde, E.（1998）. Disordered action schema and action disorganisation syndrome. *Cognitive Neuropsychology*, **15**, 771-811.
Kiesel, A., Steinhauser, M., Wendt, M., Falkenstein, M., Jost, K., Philipp, A. M., & Koch, I.（2010）. Control and interference in task switching : A review. *Psychological Bulletin*, **136**, 849-874.
Klein, R. M.（2000）. Inhibition of return. *Trends in Cognitive Sciences*, **4**, 138-147.
Mayr, U.（2001）. Age differences in the selection of mental sets : The role of inhibition, stimulus ambiguity, and response-set overlap. *Psychology and Aging*, **16**, 96-109.
Müller, H. J., & Findlay, J. M.（1988）. The effect of visual attention of peripheral dis-

crimination thresholds in single and multiple element displays. *Acta Psychologica*, **69**, 129-155.
Niki, C., Maruyama, T., Muragaki, Y., & Kumada, T.（2009）. Disinhibition of sequential actions following right frontal lobe damage. *Cognitive Neuropsychology*, **26**, 266-285.
Oh, S. H., & Kim, M. S.（2004）. The role of spatial working memory in visual search efficiency. *Psychonomic Bulletin and Review*, **11**, 275-281.
Öhman, A., Flykt, A., & Esteves, F.（2001）. Emotion drives attention: Detecting the snake in the grass. *Journal of Experimental Psychology: General*, **130**, 466-478.
Posner, M. I.（1980）. Orienting of attention. *The Quarterly Journal of Experimental Psychology*, **32**, 3-25.
Posner, M. I., & Cohen, Y.（1984）. Components of visual orienting. *Attention and Performance X: Control of Language Processes*, **32**, 531-556.
Soto, D., Heinke, D., Humphreys, G. W., & Blanco, M. J.（2005）. Early, involuntary top-down guidance of attention from working memory. *Journal of Experimental Psychology: Human Perception and Performance*, **31**, 248-261.
Stroop, J. R.（1935）. Studies of interference in serial verbal reactions. *Journal of Experimental Psychology*, **18**, 643-662.
Theeuwes, J.（1992）. Perceptual selectivity for color and form. *Perception and Psychophysics*, **51**, 599-606.
Treisman, A. M., & Gelade, G.（1980）. A feature-integration theory of attention. *Cognitive Psychology*, **12**, 97-136.
Wolfe, J. M.（1994）. Guided search 2.0: A revised model of visual search. *Psychonomic Bulletin and Review*, **1**, 202-238.
Yantis, S., & Hillstrom, A. P.（1994）. Stimulus-driven attentional capture: Evidence from equiluminant visual objects. *Journal of Experimental Psychology: Human Perception and Performance*, **20**, 95-107.

第7章
有元典文・岡部大介（2008）．デザインド・リアリティ――半径300メートルの文化心理学――　北樹出版
有元典文・岡部大介（2013）．デザインド・リアリティ［増補版］――集合的達成の心理学――　北樹出版
Boyer, P., & Wertsch, J. V.（2009）. *Memory in mind and culture*. Cambridge University Press.
Cole, M.（1996）. *Cultural psychology: A once and future discipline*. Harvard University Press.
　　（コール，M.　天野　清（訳）（2002）．文化心理学――発達・認知・活動への文化・歴史的アプローチ――　新曜社）
Damasio, A. R.（1994）. *Descartes' error: Emotion, reason, and human brain*. Picador.
　　（ダマシオ，A. R.　田中三彦（訳）（2010）．デカルトの誤り――情動，理性，人間の脳――　筑摩書房）
Ericsson, K. A., & Olver, W. L.（1988）. Methodology for laboratory research on thinking: Task selection, collection of observations, and data analysis. In R. J. Sternberg,

& E. E. Smith (Eds.), *The psychology of human thought*. Cambridge University Press. pp.392-428.
福島真人 (2010). 学習の生態学――リスク・実験・高信頼性―― 東京大学出版会
箕浦康子 (1990). 文化のなかの子ども 東京大学出版会
村上宣寛 (2009). 心理学で何がわかるか 筑摩書房
中村裕一 (2009). ヒューマンセンシング 京都大学フィールド情報学研究会 (編) フィールド情報学入門――自然参加, 社会参加, イノベーションのための情報学―― 共立出版 pp.61-74.
野島久雄・原田悦子 (編著) (2004). 〈家の中〉を認知科学する――変わる家族・モノ・学び・技術―― 新曜社
Norris, S. (2004). *Analyzing multimodal methodological framework*. Routledge.
佐伯 胖 (1997).「文化」の心理学か,「文化的」心理学か 柏木惠子・北山 忍・東洋 (編) 文化心理学――理論と実証―― 東京大学出版会 pp.293-299.
佐伯 胖 (2010).「適応」か,「相互構成」か,「参加」か 石黒広昭・亀田達也 (編) 文化と実践――心の本質的社会性を問う―― 新曜社 pp.161-183.
サトウタツヤ・南 博文 (編) (2008). 質的心理学講座 3 社会と場所の経験 東京大学出版会
清水寛之 (2005). 文化と記憶 金児暁嗣・結城雅樹 (編) 文化行動の社会心理学――文化を生きる人間の心と行動―― 北大路書房 pp.8-19.
鈴木二郎 (2011 a).「文化」ヤフー百科事典 日本大百科全書 (小学館) ⟨http://100.yahoo.co.jp/detail/文化/⟩ (2011 年 5 月 16 日)
鈴木二郎 (2011 b).「文明」ヤフー百科事典 日本大百科全書 (小学館) ⟨http://100.yahoo.co.jp/detail/文明/⟩ (2011 年 5 月 16 日)
高橋秀明 (1994). 書きながら考える／考えながら書く 言語, **23** (11), 64-71.
Takahashi, H. (1996). Problem solving as tool formation processes. *Journal of Russian and East European Psychology*, **34** (4), 95-106.
高橋秀明 (2004). 問題解決過程の記述――視線・手振り・発話の同期観察から―― 日本発達心理学会第 15 回大会発表論文集, 361.
高橋秀明 (2007). 説明の表現とメディア 比留間太白・山本博樹 (編) 説明の心理学 ナカニシヤ出版 pp.94-109.
高橋秀明 (2009). 本作りの現場で使用される人工物とその発達――事例調査最終報告―― 人工物発達学, **2** (1), 54-64.
高橋秀明・小松泰信 (2006). 携帯電話・ブログを利用した新しい行動記録法の開発 日本認知科学会第 23 回大会発表論文集, 152-153.
高橋秀明・山本博樹 (編) (2002). メディア心理学入門 学文社
田島信元 (編) (2008). 文化心理学 朝倉書店
上野直樹・土橋臣吾 (編) (2006). 科学技術実践のフィールドワーク――ハイブリッドのデザイン―― せりか書房
山下晋司・福島真人 (編) (2005). 現代人類学のプラクティス――科学技術時代をみる視座―― 有斐閣

第 8 章
Hutchins, E. (1990). The technology of team navigation. In J. Galeghner, R. Kraut, & C. Egido (Eds.), *Intellectual teamwork : Social and technical bases of cooperative*

work. Lawrence Erlbaum Association.
　（ハッチンス，E．宮田義郎（訳）(1990)．チーム航行のテクノロジー　安西祐一郎・石崎　俊・大津由紀雄・波多野誼余夫・溝口文雄（編）認知科学ハンドブック　共立出版　pp.21-35.）

ハッチンス，E．高橋和広（訳）(1994)．社会分散認知システムにおいて知はどこに存在しているか？　中島秀之・三宅なほみ（編）第 7 巻　特集「分散認知」　日本認知科学会（編）認知科学の発展　講談社　pp.67-80.

ハッチンス，E．三宅真季子・原田悦子（訳）(1996)．協同作業とメディア――コンピュータは何をすべきか――　法政大学社会学部（編）統合と多様化――新しい変動の中の人間と社会――　法政大学出版局　pp.390-399.

加藤　浩・有元典文（2001）．認知的道具のデザイン――状況論的アプローチ 2――　金子書房

Lave, J., & Wenger, E.（1991）. *Situated learning : Legitimate peripheral participation*. Cambridge University Press.
　（レイヴ，J.・ウェンガー，E．佐伯　胖（訳）(1993)．状況に埋め込まれた学習――正統的周辺参加――　産業図書）

Luff, P., & Heath, C.（1993）. System use and social organization : Observation on human-computer interaction in an architectural practice. In G. Button（Ed.）, *Technology in working order : Studies of work, interaction, and technology*. Routledge. pp.184-210.

Miller, G. H., Galanter, E., & Pribram, K.（1960）. *Plans and the structure of behavior*. Holt.
　（ミラー，G. E.・ギャランター，E.・プリブラム，K．十島雍蔵・佐久間章・黒田輝彦・江頭幸晴（訳）(1980)．プランと行動の構造――心理サイバネティクス序説――　誠信書房）

茂呂雄二（2001）．実践のエスノグラフィ――状況論的アプローチ 3――　金子書房

茂呂雄二・有元典文・青山征彦・伊藤　崇・香川秀太・岡部大介（2012）．状況と活動の心理学――コンセプト・方法・実践――　新曜社

村山　功（2001）．状況的認知研究批判とその問題　上野直樹（編）状況のインタフェース――状況論的アプローチ 1――　金子書房　pp.215-240.

Suchman, L. A.（1987）. *Plans and situated actions : The problem of human machine communication*. Cambridge University Press.
　（サッチマン，L. A．佐伯　胖（監訳）(1990)．プランと状況的行為――人間―機械コミュニケーションの可能性――　産業図書）

サッチマン，L. A．土屋孝文（訳）(1994)．中島秀之・三宅なほみ（編）第 7 巻　特集「分散認知」　日本認知科学会（編）認知科学の発展　講談社　pp.41-57.

上野直樹（1999）．仕事の中での学習――状況論的アプローチ――　東京大学出版会

上野直樹（編）（2001）．状況のインタフェース――状況論的アプローチ 1――　金子書房

上野直樹（2006）．ネットワークとしての状況論　上野直樹・ソーヤーりえこ（編）文化と状況的学習――実践，言語，人工物へのアクセスのデザイン――　凡人社　pp.3-39.

第 9 章

Albert, M. S., Heller, H., & Milberg, W.（1988）. Changes in naming ability with age.

Psychology and Aging, **3**, 173-178.
Baltes, P. B., & Lindenberger, U. K. (1997). Emergence of powerful connection between sensory and cognitive functions across the adult life span: A new window to the study of cognitive aging? *Psychology and Aging*, **12**, 12-21.
American Psychiatric Association (2000). *Diagnostic and statistical manual of mental disorders*. 4 th ed. Text revision. American Psychiatric Press.
（米国精神医学会　高橋三郎・大野　裕・染矢俊幸（訳）(2002). DSM-Ⅳ-TR　精神疾患の分類と診断の手引　医学書院）
Folstein, M. F., Folstein, S. E., McHugh, P. R. (1975). "Mini-Mental State". A practical method for grading the cognitive state of patients for the clinician. *Journal of Psychiatric Research*, **12**, 189-198.
Fromholt, P., Mortensen, D. B., Torpdahl, P., Bender, L., Larsen, P., & Rubin, D. C. (2003). Life-narrative and word-cued autobiographical memories in centenarians: Comparisons with 80-years-old control, depressed, and dementia groups. *Memory*, **11**, 81-88.
古橋啓介 (2003). 記憶の加齢変化　心理学評論, **45**, 466-479.
長谷川和夫・井上勝也・守屋国光 (1974). 老人の痴呆審査スケールの一検討　精神医学, **16**, 956-969.
本間　昭 (2009). 認知症予防・支援マニュアル［改訂版］厚生労働省
Hughes, C. P., Berg, L., Danziger, W. L., Coben, L. A., & Martin R. L. (1982). A new clinical scale for the staging of dementia. *British Journal of Psychiatry*, **140**, 566-572.
石原　治・権藤恭之 (2002). 短期・長期記憶に及ぼす加齢の影響について　心理学研究, **72**, 516-521.
加藤伸司・下垣　光・小野寺敦志・植田宏樹・老川賢三・池田一彦・小坂敦二・今井幸充・長谷川和夫 (1991). 改訂長谷川式簡易知能評価スケール（HDS-R）の作成　老年精神医学雑誌, **2**, 1339-1347.
河野理恵 (2007). 高齢者における記憶の衰え感の検討 (2)――主観的健康感と記憶活動の認知の観点から――　日本心理学会第71回大会発表論文集, 1092.
警視庁 (2011). 防ごう！高齢者の交通事故！
〈http://www.keishicho.metro.tokyo.jp/kotu/kourei/koureijiko.htm〉（2011年5月3日）
厚生統計協会（編）(2015). 国民衛生の動向 2015/2016　厚生統計協会
小森憲治郎・池田　学・田邊敬貴 (2002). 痴呆の神経心理学検査　総合臨床, **51**, 59-66.
河野和彦 (2005). 知能検査――痴呆症の診断アルツハイマライゼーションと時計描画検査――　フジメディカル出版 pp.36-72.
Light, L. L., & Anderson, P. A. (1983). Memory for script in young and older adults. *Memory and Cognition*, **11**, 435-444.
槇　洋一 (2008). ライフスパンを通じた自伝的記憶の分布　佐藤浩一・越智啓太・下島裕美（編著）自伝的記憶の心理学　北大路書房 pp.76-89.
三村　將 (2008). 警察庁の新しい高齢運転者対策　老年精神医学雑誌, **19**, 154-163.
三村　將・三品　誠・風間秀夫 (2003). 高齢者の運転能力と事故　老年精神医学雑誌, **14**, 413-423.
三井達郎・木平　真・西田　泰 (1999). 安全運転の観点から見た視機能の検討　科学警

察研究所報告交通編, **40**, 28-39.
三井達郎・岡村和子 (2009). 高齢者の運転特性と安全運転教育 交通工学, **44**, 27-33.
内閣府大臣官房政府広報室 (2014). どうしたら防げるの？高齢者の交通事故
　〈http://www.gov-online.go.jp/useful/article/201306/1.html〉（2014年4月3日）
Nelson, K. (1992). Emergence of autobiographical memory at age 4. *Human Development*, **35**, 172-177.
大塚敏男・本間 昭 (1991). 高齢者のための知的機能検査の手引き ワールドプランニング
プライス, B. グリーンナップ (倉持) 千鶴 (訳) (2003). 痴呆の旅路――痴呆介護 その最新アプローチ 痴呆症ケアの先進国オーストラリアに学ぶアルツハイマー・エデュケーション―― ニコム
Rubin, D. C., Wetzler, S. E., & Nebes, R. D. (1986). Autobiographical memories across the lifespan. In D. C. Rubin (Ed.), *Autobiographical memory*. Cambridge University Press. pp.202-221.
Salthouse, T. A. (1991). *Theoretical perspect on cognitive aging*. Erlbaum.
佐藤浩一・下島裕美・越智啓太 (2008). 自伝的記憶の心理学 北大路書房
精神保健福祉研究会 (1991). 新版 老人性痴呆疾患診断・治療マニュアル 新企画出版社
信濃毎日新聞 (2011). 高齢者2割弱「使わない」 3月1日朝刊
須貝佑一 (2005). ぼけの予防 岩波書店
鈴木宏幸・藤原佳典 (2010). Montreal Cognitive Assessment (MoCA) の日本語版作成とその有効性について 老年精神医学雑誌, **21**, 198-202.
十束支朗 (2005). あたらしい加齢医学――保健・医療・福祉のために―― 医学出版
豊田泰孝・繁信和恵・池田 学 (2008). 高齢者の自動車運転の実態 老年精神医学雑誌, **19**, 138-143.
Tulving, E. (1972). Episodic and semantic memory. In E. Tulving, & W. Donaldson (Eds.), *Organization of memory*. Academic Press.
宇佐美誠史 (2010). 自動車運転免許返上と子どもの自動車交通安全 交通工学, **45**, 3-6.

第10章

Bull, R., Cooke, C., Hatcher, R., Woodhams, J., Bilby, C., & Grant, T. (2006). *Criminal psychology : A beginner's guide*. Oneworld Publications.
　（ブル, R.・クック, C.・ハッチャー, R.・ウッドハム, J.・ビルビー, C.・グラント, T. 仲 真紀子 (監訳) (2010). 犯罪心理学――ビギナーズガイド：世界の捜査, 裁判, 矯正の現場から―― 有斐閣）
Christianson, S., & Loftus, E. F. (1991). Remembering emotional events : The fate of detailed information. *Cognition and Emotion*, **5** (2), 81-108.
Clifford, B. R., & Scott, J. (1978). Individual and situational factors in eyewitness testimony. *Journal of Applied Psychology*, **63** (3), 352-359.
Drizin, S. A., & Leo, R. A. (2004). The problem of false confession in the post-DNA world. *North Carolina Law Review*, Vol.82.
　（ドリズィン, S. A.・レオ, R. A. 伊藤和子 (訳) (2008). なぜ無実の人が自白するのか――DNA鑑定は告発する―― 日本評論社）
Fisher, R. P., Geiselman, R. E., & Raymond, D. S. (1987). Critical analysis police in-

terview technique. *Journal of Police Science and Administration*, **15**, 177–185.
Fisher, R. P., & Geiselman, R. E. (1992). *Memory-enhancing techniques for investigative interviewing : The cognitive interview*. Charles Thomas.
Greathouse, S. M., & Kovera, M. B. (2009). Instruction bias and lineup presentation moderate the effects of administrator knowledge on eyewitness identification. *Law and Human Behavior*, **33**, 70–82.
浜田寿美男（1988）．狭山事件虚偽自白　日本評論社
浜田寿美男（1992）．自白の研究――取り調べる側と取り調べられる側の心的構図――　三一書房
浜田寿美男（2001）．自白の心理学　岩波書店
原　聰（2013）．人物識別における事後情報効果――模擬犯罪場面を用いて――　駿河台大学論叢，No.46, 73–84.
法と心理学会・目撃ガイドライン作成委員会（編）（2005）．目撃供述・識別手続に関するガイドライン　現代人文社
指宿　信（2010）．被疑者取調べと録画制度――取調べの録画が日本の刑事司法を変える――　商事法務
伊藤和子（2006）．誤判を生まない裁判員制度への課題――アメリカ刑事司法改革からの提言――　現代人文社
伊東裕司・矢野円郁（2005）．確信度は目撃証言の正確さの指標となりえるか　心理学評論，**48**, 278–293.
厳島行雄・仲　真紀子・原　聰（2003）．目撃証言の心理学　北大路書房
Kapardis, A. (2003). *Psychology and law : A critical introduction*. Cambridge University Press.
警察庁刑事局刑事企画課（2012）．取調べ（基礎編）警察庁HP
〈http://www.npa.go.jp/sousa/kikaku/20121213/shiryou.pdf〉（2015年8月6日）
黒沢　香（2005）．目撃者による人物同一性の確認手続きについて　心理学評論，**48**, 405–422.
Lindsay, D. A., & Wells, G. L. (1985). Improving eyewitness identification from line-ups : Simultaneous versus sequential lineup presentations. *Journal of Applied Psychology*, **70**, 556–564.
Loftus, E. F., & Burns, T. E. (1982). Mental shock can produce retrograde amnesia. *Memory and Cognition*, **10**, 318–323.
Loftus, E. F., & Palmer, J. C. (1974). Reconstruction of automobile destruction : An example of the interaction between language and memory. *Journal of Verbal Learning and Verbal Behavior*, **13**, 585–589.
Luus, E., & Wells, G. L. (1994). Eyewitness identification confidence. In D. F. Ross, J. D. Reed, & M. P. Toglia (Eds.), *Adult eyewitness testimony : Current trends and developments*. Cambridge University Press. pp.348–361.
Milne, R., & Bull, R. (1999). *Investigative interviewing : Psychology and practice*. Wiley.
（ミルン，R.・ブル，R.　原　聰（編訳）（2003）．取り調べの心理学――事実聴取のための捜査面接法――　北大路書房）
Neisser, U. (1982). John Dean's memory : A case study. In U. Neisser (Ed.), *Memory observed : Remembering in natural context*. Freeman.
（ナイサー，U.(編)　富田達彦（訳）（1988）．観察された記憶（上）――自然文脈での

想起―― 誠信書房　pp.56–98.）
岡田悦典・藤田政博・仲　真紀子（編）(2009)．裁判員制度と法心理学　ぎょうせい
大橋靖史・森　直久・高木光太郎・松島恵介（2002）．心理学者，裁判と出会う――供述心理学のフィールド―― 北大路書房
越智啓太（2005）．情動喚起が目撃者・被害者の記憶に及ぼす効果　心理学評論，**48**，299–315.
Rosenthal, R.（2002）. Covert communication in classrooms, clinics, courtrooms, and cubicles. *American Psychologist*, **57**, 839–849.
菅原郁夫（1998）．民事裁判心理学序説　信山社
高木光太郎（2006）．証言の心理学――記憶を信じる，記憶を疑う――　中央公論新社
The British Psychological Society（2004）. *A review of the current scientific status and field of application of polygraphic deception detection*.
Thompson, J., Cotton, R., & Torneo, E.（2009）. *Picking cotton : Our memory of injustice and redemption*. ST. Martin's Griffin.
　（トンプソン，J.・コットン，R.・トーニオ，E.　指宿　信・岩川直子（訳）(2013)．とらわれた二人――無実の囚人と誤った目撃証人の物語――　岩波書店）
魚住　昭（2010）．冤罪法廷――特捜検察の落日――　講談社
Wagenaar, W. A., & Van der Schrier, J. H.（1996）. Face recognition as a function of distance and illumination : A practical tool for use in the courtroom. *Psychology, Crime and Law*, **2**, 321–332.
Wells, G. L.（1978）. Applied eyesitness testimony research : System variables and esitimator variables. *Journal of Personality and Social Psychology*, **36**（12）, 1546–1557.

第11章
【引用文献】
情報デザインフォーラム（2010）．情報デザインの教室――仕事を変える，社会を変える，これからのデザインアプローチと手法――　丸善
加藤　隆（2002）．IT Text 認知インタフェース　オーム社
Lazar, J., Feng, J. H., & Hochheiser, H.（2010）. *Research methods in human-computer interaction*. John Wiley & Son.
Lidwell, W., Holden, K., & Butler, J.（2003）. *Universal principles of design*. Rockport Publishers.
Nielsen, J.（1993）. *Usability engineering*. Academic Press.
　（ニールセン，J.　篠原稔和（監訳）三好かおる（訳）(1999)．ユーザビリティエンジニアリング原論――ユーザーのためのインタフェースデザイン――　東京電機大学出版局）
Norman, D. A.（1988）. *The psychology of everyday things*. Basic Books.
　（ノーマン，D. A.　野島久雄（訳）(1990)．誰のためのデザイン？――認知科学者のデザイン原論――　新曜社）
ノーマン，D. A.（1992）．認知的な人工物　安西祐一郎・石崎　俊・大津由紀雄・波多野誼余夫・溝口文雄（編）認知科学ハンドブック　共立出版　pp.52–64.
Norman, D. A.（2007）. *The design of future things*. Basic Books.
　（ノーマン，D. A.　安村通晃・岡本　明・伊賀聡一郎・上野晶子（訳）(2008)．未来のモノのデザイン――ロボット時代のデザイン原論――　新曜社）

【参考文献】

Brown, T.（2009）. *Change by design : How design thinking transforms organizations and inspires innovation*. Harper Collins.
　（ブラウン, T. 千葉敏生（訳）（2010）. デザイン思考が世界を変える──イノベーションを導く新しい考え方──　早川書房）
原田悦子（1997）. 人の視点からみた人工物研究──対話における「使いやすさ」とは──　共立出版
原田悦子（編著）（2003）. 使いやすさの認知科学──人とモノとの相互作用を考える──　共立出版
海保博之・原田悦子・黒須正明（1991）. 認知的インタフェース──コンピュータとの知的つきあい方──　新曜社
Kelley, T., & Littman, J.（2005）. *The ten faces of innovation : IDEO's strategies for defeating the devil's advocate and driving creativity throughout your organization*. Crown Business.
　（ケリー, T.・リットマン, J. 鈴木主税（訳）（2006）. イノベーションの達人！──発想する会社をつくる10の人材──　早川書房）
Kelley, T., & Littman, J.（2002）. *The art of innovation : Success through innovation the IDEO way*. Profile Business.
　（ケリー, T.・リットマン, J. 鈴木主税（訳）（2002）. 発想する会社！──世界最高のデザイン・ファームIDEOに学ぶイノベーションの技法──　早川書房）
Kuniavsky, M.（2003）. *Observing the user experience : A practitioner's guide to user research*. Morgan Kaufmann.
　（クニアフスキー, M. 小畑喜一・小岩由美子（訳）（2007）. ユーザ・エクスペリエンス──ユーザ・リサーチ実践ガイド──　翔泳社）
黒須正明・時津倫子・伊東昌子（1999）. ユーザ工学入門──使い勝手を考える・ISO 13407への具体的アプローチ──　共立出版
野島久雄・原田悦子（編著）（2004）. 〈家の中〉を認知科学する──変わる家族・モノ・学び・技術──　新曜社
Suri, J. F., & IDEO（2005）. *Thoughtless acts?* Chronicle Books.
　（スーリ, J. F.・IDEO　森　博嗣（訳）（2009）. 考えなしの行動？　太田出版）
ユーザビリティハンドブック編集委員会（2007）. ユーザビリティハンドブック　共立出版
渡辺保史（2001）. 情報デザイン入門──インターネット時代の表現術──　平凡社

第12章

芳賀　繁（1987）. うっかりミスへの挑戦──ヒューマンエラーと鉄道の安全──　*Railway Research Review*, 4月号, 26-31.
芳賀　繁（1992）. うっかりミスはなぜ起きる──ヒューマンエラーの人間科学──　中央労働災害防止協会
Hoedemaeker, M., & Brookhuis, K. A.（1998）. Behavioural adaptation to driving with an adaptive cruise control（ACC）. *Transportation Research Part F : Traffic Psychology and Behaviour*, **1**, 95-106.
本田技研工業　安全運転普及本部（1996）. 安全運転教育用教材──交通状況を鋭く読む～危険予測トレーニング──　本田技研工業

Kahneman, D., & Tversky, A.（1973）. Prospect theory : An analysis of decision making under risk. *Econometrica*, **47**, 263-291.

警察庁交通局（2014）. 平成25年中の交通事故の発生状況　総務省統計局
〈http : //www.e-stat.go.jp/SG1/estat/List.do?lid=000001117549〉（2015年8月18日）

國分三輝（2005）. ITS時代のヒューマンファクター――リスク知覚を中心に――　国際交通安全学会誌, **30**, 14-22.

公益財団法人交通事故総合分析センター（2001）. 人はどんなミスをして交通事故を起こすのか――キーワードは"思い込み"――　イタルダ・インフォメーション, **33**.

公益財団法人交通事故総合分析センター（2002）. 交通事故例調査・分析報告書（平成13年度報告書）

黒田　勲（1988）. ヒューマン・ファクターを探る――災害ゼロの道を求めて――　中央労働災害防止協会

Miller, D. P., & Swain, A. D.（1987）. Human error and human reliability. In G. Salvendy（Ed.）, *Handbook of human factors*. Wiley-Interscience.

仁平義明（1984）. 書字スリップの実験的誘導――書字運動プログラムのpre-activationの効果――　日本心理学会第48回大会発表論文集, 278.

Norman, D. A.（1969）. *Memory and attention : An introduction to human information processing*. John Wiley and Sons.
（ノーマン, D. A.　富田達彦（訳）（1978）. 記憶の科学　紀伊國屋書店）

Norman, D. A.（1981）. Categorization of action slips. *Psychological Review*, **88**, 1-15.

Reason, J.（1997）. *Managing the risks of organizational accidents*. Ashgate Publishing.
（リーズン, J.　塩見　弘（監訳）高野研一・佐相邦英（訳）（1999）. 組織事故――起こるべくして起こる事故からの脱出――　日科技連出版）

篠原一光・森本克彦・久保田敏裕（2009）. 指差喚呼が視覚的注意の定位に及ぼす影響　人間工学, **45**, 54-57.

総務省統計局（2010）. 世界の統計　第14章　総務省統計局
〈http : //www.stat.go.jp/data/sekai/pdf/2010 al.pdf〉（2015年8月18日）

Stanton, N. A., & Pinto, M.（2000）. Behavioural compensation by drivers of a simulator when using a vision enhancement system. *Ergonomics*, **43**, 1359-1370.

Stoner, J. A. F.（1968）. Risky and cautious shifts in group decisions : The influence of widely held values. *Journal of Experimental Social Psychology*, **4**, 442-459.

Tversky, A., & Kahneman, D.（1974）. Judgment under uncertainty : Heuristics and biases. *Science*, **185**, 1124-1131.

Tversky, A., & Kahneman, D.（1981）. The framing of decisions and the psychology of choice. *Science*, **211**, 453-458.

Tversky, A., & Kahneman, D.（1992）. Advance in prospect theory : Cumulative representation of uncertainty. *Journal of Risk and Uncertainty*, **5**, 297-323.

Wilde, G. J. S.（1982）. The theory of risk homeostasis : Implications for safety and health. *Risk Analysis*, **2**, 209-225.

Wilde, G. J. S.（2001）. *Target risk 2 : A new psychology of safety and health*. PDE Publications.
（ワイルド, G. J. S.　芳賀　繁（訳）（2007）. 交通事故はなぜなくならないか――リスク行動の心理学――　新曜社）

コラム①

Havlena, W. J., & Holak, S. L.（1996）. Exploring nostalgia imagery through the use of consumer collages. *Advances in Consumer Research*, **23**, 35-42.

Holbrook, M. B.（1993）. Nostalgia and consumption preference : Some emerging patterns of consumer tastes. *Journal of Consumer Research*, **20**, 245-256.

堀内圭子（2007）. 消費者のノスタルジア――研究の動向と今後の課題―― 成城文藝, **201**, 179-198.

川口 潤（2011）. ノスタルジアとは何か――記憶の心理学的研究から―― JunCture : 超域的日本文化研究, **2**, 54-65.

Kusumi, T., Matsuda, K., & Sugimori, E.（2010）. The effects of aging on nostalgia in consumers' advertisement processing. *Japanese Psychological Research*, **52**, 150-162.

水越康介（2007）. ノスタルジア消費に関する理論的研究 商品研究, **55**, 16-30.

Muehling, D. D., & Sprott, D. E.（2004）. The power of reflection : An empirical examination of nostalgia advertising effects. *Journal of Advertising*, **33**, 25-35.

Naughton, K., & Vlasic, B.（1998）. The nostalgia boom. *Business Week*（March 23）, 58-64.

Stern, B.（1992）. Historical and personal nostalgia in advertising text : The fin de siècle effect. *Journal of Advertising*, **21**, 11-22.

White, R. B.（2002）. Why it's cool to troll through time. *Time*, **16**.

Wildschut, T., Sedikides, C., Arndt, J., & Routledge, C.（2006）. Nostalgia : Content, triggers, functions. *Journal of Personality and Social Psychology*, **91**（5）, 975-993.

コラム②

Elliot, R., & Dolan, R.（1998）. Neural response during preference and memory judgments for subliminally presented stimuli : A functional neuroimaging study. *The Journal of Neuroscience*, **18**, 4697-4704.

笹原宏之・横山詔一・ロング, E.（2003）. 現代日本の異体字――漢字環境学序説―― 三省堂

横山詔一（2006）. 異体字選好における単純接触効果と一般対応法則の関係 計量国語学, **25**（5）, 199-214.

横山詔一（2012）. 異体字選好の地域差に関する計量的研究 言語・情報・テクスト（東京大学大学院総合文化研究科 言語情報科学専攻紀要）, **9**, 13-25.

Zajonc, R. B.（1968）. Attitudinal effects of mere exposure. *Journal of Personality and Social Psychology*, **9**, 1-27.

人名索引

ア　行

アトキンソン（Atkinson, R. C.）　12
有元典文　138
アルツハイマー（Alzheimer, A.）　164
アルバート（Albert, M. S.）　160
安西祐一郎　85

石原　治　159
伊東裕司　193

ヴィゴツキー（Vygotsky, L. S.）　132
ヴィルスフート（Wildschut, T.）　247
ウェイソン（Wason, P. C.）　80
上野直樹　139, 151, 152, 154, 156
ウェルズ（Wells, G. L.）　195
宇佐美誠史　176

エリクソン（Ericsson, K. A.）　122

オー（Oh, S. H.）　110
岡田　猛　87
岡田悦典　205

カ　行

カーネマン（Kahneman, D.）　92
カシャック（Kaschak, M. P.）　69
川口　潤　245
河野理恵　176

ギック（Gick, M. L.）　84

楠見　孝　246
クリスチャンソン（Christianson, S.）　185

クリフォード（Clifford, B. R.）　184
クレイク（Craik, F. I. M.）　20, 21
グレンバーグ（Glenberg, A. M.）　69

コール（Cole, M.）　132, 139
コスミデス（Cosmides, L.）　83
コンラッド（Conrad, R.）　23

サ　行

佐伯　胖　131, 133, 139
笹原宏之　248
サッチマン（Suchman, L. A.）　142, 150, 151, 155, 156
サトウタツヤ　138

シェレシェフスキー（Шерешевский, С. В.）　39
清水寛之　128, 130, 133〜136
ジムニー（Zimny, S.）　56, 58
白水　始　86

須貝佑一　163
菅原郁夫　205
鈴木二郎　126, 127
鈴木宏昭　85
スターン（Stern, B.）　245
スタンフィールド（Stanfield, R. A.）　69
ストーナー（Stoner, J. A. F.）　242
スパーリング（Sperling, G.）　13, 14, 17
スミス（Smyth, M. M.）　26
ズワーン（Zwaan, R. A.）　55, 64, 65

セルフリッジ（Selfridge, O. G.） 16

タ　行

ダーウィン（Darwin, C. J.） 14
高橋秀明　130, 137, 139
田島信元　131, 132
ダマシオ（Damasio, A. R.） 139
タルヴィング（Tulving, E.） 33, 158

チェン（Cheng, P. W.） 82, 83
チャン（Zhang, J.） 77

デカルト（Descartes, R.） 3

トヴェルスキー（Tversky, A.） 92
ドゥンカー（Duncker, K.） 74, 84
ドリズィン（Drizin, S. A.） 182, 199, 200

ナ　行

中村裕一　137

ニールセン（Nielsen, J.） 212
仁木千春　117

ノイマン（Neumann, J. v.） 90
ノーマン（Norman, D. A.） 206～208, 210, 213, 214, 218
ノーマン（Norman, W.） 27
野島久雄　138

ハ　行

ハヴレナ（Havlena, W. J.） 245
ハッチンス（Hutchins, E.） 142, 143, 146, 148, 149
バッドリー（Baddeley A. D.） 21, 22, 25, 27, 28

浜田寿美男　201, 203, 204
原　聰　191
バルテス（Baltes, P. B.） 159

ヒュージ（Hughes, C. P.） 166

フィッシャー（Fisher, R. P.） 198
フォルスタイン（Folstein, M. F.） 166
福島真人　140
プライス（Price, B.） 170

ポズナー（Posner, M. I.） 99, 101
ホリオーク（Holyoak, K. J.） 85

マ　行

三井達郎　173
箕浦康子　139
三村　將　172
ミラー（Miller, G. A.） 18

村上宣寛　132

ヤ　行

山下晋司　139

横山詔一　251

ラ　行

ラドバンスキー（Radvansky, G. A.） 55, 59

ルース（Luus, E.） 192
ルフ（Luff, P.） 151

レイヴ（Lave, J.） 156

ローギー（Logie, R. H.） 25, 26

人名索引　269

ロフタス（Loftus, E. F.）　184, 189

ワ　行

ワーグナー（Wagenaar, W. A.）　184
ワイルド（Wilde, G. J. S.）　227

事項索引

ア 行

アイコニック・メモリー　13
アルツハイマー型認知症　163
アレーのパラドックス　90

意思決定　88
維持リハーサル　19
異体字選好課題　248
1億走行台kmあたりの事故発生件数　230
意図学習　36
イノセンス・プロジェクト　182
イベントインデックスモデル　61
意味記憶　33
インナースクライブ　25

エコイック・メモリー　13
エピソード記憶　33
　——の減退　159
エピソードバッファー　28
エラー関連電位　119

オープン質問　196
音韻ストア　23
音韻的類似性効果　23
音韻ループ　23

カ 行

回想法　161
外的記憶補助　241
外的資源　95
確実性効果　92
学習反復　36
カクテルパーティ効果　215

課題切替えコスト　114
課題混合コスト　115
課題セットのプライミング効果　115
カタストロフィー・バイアス　223
悲しい嘘　201
カラー・コーディング　242
感覚記憶　13
感覚貯蔵庫　13
干渉　39, 107
完全情報　89
監督的注意システム　27

記憶術　136
記憶表象　52
危険予測トレーニング　232
基準にもとづく内容分析　202
期待効用　90
期待効用理論　90
凶器注目効果　186
強制的迎合　200
協同想起　135, 203
協同問題解決　86
許可スキーマ　83
虚偽自白　199

偶発学習　36
クローズ質問　196

継時提示法　192
軽度認知障害　163
ゲシュタルト要因　216
顕在記憶　44
検索　33
健忘　43

271

行為の非組織化症候群　117
構音コントロール過程　23
構音抑制　24
交通事故　229
交通心理学　229
高度道路交通システム　233
個人的・生活史的時間　129
個人的・生活史的時空間　129
個人的ノスタルジア　245
語長効果　24

サ　行

再生　39
再認　39
サスティナブル・モビリティ　231
作動記憶　21
参照点　93

視覚キャッシュ　25
視覚探索課題　105
視空間作動記憶　25
視空間スケッチパッド　25
字形　248
事後情報効果　189
システムビュー　208
システム変数　195
字体　248
実用論的推論スキーマ　83
自伝の記憶　160
社会的・歴史的時間　129
社会的・歴史的時空間　130
社会の中に分散した認知　142，143
自由再生実験　19
囚人のジレンマ・ゲーム　88
主題内容効果　82
順向性健忘　43
順次提示法　192

準抽象化　85
状況的学習論　157
状況的行為　142，150
状況モデル　53
状況論　143
　　──的アプローチ　143
情報処理資源　240
書字スリップ　239
初頭性効果　19
処理水準　21
　　──効果　34
進化心理学　83
新近性効果　19，160
人工物　206
人工文法　47
心的外傷後ストレス障害　41
心的シミュレーション　66

スイスチーズ・モデル　237
推定変数　195
推論　55
スキーマ　83，134，239
スクリプト　134
ストループ課題　108
ストループ効果　215
スリップ　239

正常性バイアス　223
精緻化リハーサル　20
制約　79
先行手がかり課題　99
潜在学習　47
潜在記憶　44
選択的注意　17

捜査面接　196
創造的問題解決　87

タ　行

多重制約理論　85
多段階貯蔵モデル　12
短期記憶　15
短期貯蔵庫　17
単純接触効果　45

知覚—運動表象　72
知覚的・行動的時間　128
知覚的・行動的時空間　129
知覚的特定性　47
知識　127
チャンキング　18
注意　99, 240
　——集中効果　185
　——のスポットライト　101
　——の捕捉　109
中央実行系　26
超記憶者　39
長期記憶　20, 32

テキストベース　53
デザインモデル　218
展望記憶　41
展望的記憶　241

洞察問題解決　87
同時提示法　192
特徴抽出モデル　16
時計描画検査　166
トップダウン情報　107
トップダウン制御　104

ナ　行

二重盲検法　192
認知過程　121
認知機能検査　174

認知機能の低下　173
認知工学　212
認知症（痴呆）　162
認知的人工物　207
認知面接法　198

ネット調査　250

ノスタルジア　245
　——生起プロセスモデル　246
のどまで出かかる現象　40

ハ　行

バージン・バイアス　223
パーソナルビュー　209
バイアス（偏向）　191
ハイブリッド　139
ハザード　221
長谷川式認知症スケール　165
パタン認識　15
ハノイの塔　75
パンデモニアム・モデル　16

人と人工物の相互作用　210
ヒューマン・インタフェース　212, 234
ヒューマンエラー　235
ヒューマンセンシング　137
ヒューリスティックス　223
表象　145
表層形式　53

フール・プルーフ　242
フォイル　191
符号化　33
淵　210
復帰の抑制　103
ブラウン-ピーターソンパラダイム　19

事項索引　　273

フラッシュバルブ記憶　135
フランカー課題　107
不良定義問題　75
フレーミング効果　92，224
プロスペクト理論　93，225
文化　126
文化心理学　131
分散学習効果　37
分散認知　142
文脈依存記憶　40
文脈手がかり効果　49
文明　127

ベテラン・バイアス　223
変遷の起源　203

保持　33
ボトムアップ情報　107
ボトムアップ制御　104

マ　行

マジカルナンバー7±2　18

ミステイク　239
ミニメンタルテスト　166

無意図的想起　41

メンタルモデル　218

目標リスク　227
文字の標準化　251
モニタリング　119
問題解決　75
問題空間　76

ヤ　行

ヤーキース・ドットソンの法則　184

ユーザビリティ　213
指差喚呼　241

幼児期健忘　160
4枚カード問題　80

ラ　行

ライフログ　137
ラインナップ　190
楽観主義バイアス　223

リーディングスパンテスト　28
リスキー・シフト　242
リスク　222
　——・コミュニケーション　228
　——知覚　223
　——認知　223
　——補償　228
　——・ホメオスタシス理論　227
　——・リテラシー　244
リハーサル　18，34
リマインダー　241
利用可能性ヒューリスティック　224
利用行動　118
良定義問題　75
臨床的認知症尺度　166

類推的問題解決　84

歴史的ノスタルジア　245
レトロマーケティング　245
レミニセンス・バンプ　160

ワ　行

ワーキングメモリ　21
　──スパンテスト　28
枠組み効果　92

欧　字

ADS　117
ATS理論　238
CBCA　202
CDR　166
CDT　166
HDS-R　165
H. M.　42
ITS　233
MCI　163
MMSE　166
MoCA　170
RHT　227
SAS　27

執筆者紹介

【編 者 略 歴】 名前のあとの括弧内は執筆担当章を表す．

原田 悦子（第1章，第8章）
　　　　　は ら　 だ　 えつ こ

1981年　筑波大学第二学群人間学類卒業（心理学主専攻）
1986年　筑波大学大学院博士課程心理学研究科心理学専攻修了
　　　　日本アイビーエム（株）東京基礎研究所研究員（認知工学グループ），
　　　　法政大学社会学部専任講師，助教授，教授を経て，
現　在　筑波大学人間系教授　教育学博士（筑波大学）

主要編著書
『認知心理学ハンドブック』（共編）（有斐閣，2013）
『Memory and aging : Current issues and future directions』（分担執筆）
　　（Psychology Press，2012）
『注意と安全（現代の認知心理学　第4巻）』（編著）（北大路書房，2011）
『事故と安全の心理学——リスクとヒューマンエラー——』（編著）（東京大学出版会，2007）
『〈家の中〉を認知科学する——変わる家族・モノ・学び・技術——』（編）（新曜社，2004）
『使いやすさの認知科学——人とモノとの相互作用を考える——』（編）（共立出版，2003）

【執筆者】名前のあとの括弧内は各担当章・コラムを表す。

須藤　智（第2章）　　静岡大学融合グローバル領域准教授
すとう　さとる

生駒　忍（第3章）　　川村学園女子大学他非常勤講師
いこま　しのぶ

井関龍太（第4章）　　京都大学大学院情報学研究科特定研究員
いせきりゅうた

青山征彦（第5章）　　駿河台大学心理学部准教授
あおやままさひこ

熊田孝恒（第6章）　　京都大学大学院情報学研究科教授
くまだたかつね

髙橋秀明（第7章）　　放送大学准教授
たかはしひであき

田中伸之輔（第8章）　　筑波大学大学院人間総合科学研究科
たなかしんのすけ

広瀬拓海（第8章）　　筑波大学大学院人間総合科学研究科
ひろせたくみ

大塚　翔（第8章）　　筑波大学大学院人間総合科学研究科
おおつかしょう

河野理恵（第9章）　　目白大学人間学部准教授
かわのりえ

原　　聰（第10章）　　駿河台大学心理学部教授
はら　さとし

南部美砂子（第11章）　　公立はこだて未来大学システム情報科学部准教授
なんぶみさこ

國分三輝（第12章）　　愛知淑徳大学人間情報学部准教授
こくぶんみつてる

松田　憲（コラム①）　　山口大学国際総合科学部准教授
まつだけん

横山詔一（コラム②）　　国立国語研究所理論・構造研究系教授
よこやましょういち

ライブラリ スタンダード心理学 =5
スタンダード認知心理学
2015年12月10日 ⓒ　　　初版発行

編　者　原田悦子　　　発行者　森平敏孝
　　　　　　　　　　　印刷者　加藤純男
　　　　　　　　　　　製本者　小高祥弘

発行所　株式会社　サイエンス社
〒151-0051　東京都渋谷区千駄ヶ谷1丁目3番25号
営業 ☎(03)5474-8500(代)　　振替 00170-7-2387
編集 ☎(03)5474-8700(代)
FAX ☎(03)5474-8900

印刷　加藤文明社　　製本　小高製本工業(株)
《検印省略》

本書の内容を無断で複写複製することは，著作者および出版者の権利を侵害することがありますので，その場合にはあらかじめ小社あて許諾をお求め下さい。

サイエンス社のホームページのご案内
http://www.saiensu.co.jp
ご意見・ご要望は
jinbun@saiensu.co.jp　まで。

ISBN978-4-7819-1367-4
PRINTED IN JAPAN

スタンダード
感覚知覚心理学

綾部早穂・熊田孝恒 編

A5判・304頁・本体 2,600 円（税抜き）

感覚・知覚についての心理学的研究の起源は古代にまで遡ることができ，近世，近代から現代に至るまで盛んに研究が行われてきました．本書では，そのような感覚知覚心理学の歴史や方法論，各機能の詳細を，その基本から最新の知見について各領域で活躍する執筆陣が解説しています．心理学専攻の方，通信教育で学びたい方にもおすすめの一冊です．2色刷．

【主要目次】

- 第0章　はじめに
- 第1章　近世感覚論事始
- 第2章　感覚知覚心理学の時流
- 第3章　発達的視点から見た感覚知覚心理学
- 第4章　嗅　覚
- 第5章　知覚の体制化
- 第6章　視覚的特徴の統合
- 第7章　潜在的知覚
- 第8章　聴　覚
- 第9章　クロスモーダル知覚
- 第10章　精神時間の測定

サイエンス社

スタンダード 教育心理学

服部 環・外山美樹 編

A5判・240頁・本体 2,400 円（税抜き）

子どもを取り巻く環境が変化し，学びの質がより問われるようになった今日，教育の理解や改善のために教育心理学が果たすべき役割はますます高まっていると言えます．本書ではそのような情勢を踏まえ，発達，学習，動機づけ，記憶，知能，パーソナリティに関する基礎的な理論に加え，学級集団や心の問題など教育に関する事象について，気鋭の著者陣が幅広く解説しています．心理学専攻のみならず，教職課程や通信教育にもおすすめの一冊です．2色刷．

【主要目次】
第0章　教育心理学とは
第1章　発　　　達
第2章　学　　　習
第3章　動機づけ
第4章　記　　　憶
第5章　知　　　能
第6章　パーソナリティ
第7章　学級集団
第8章　教育評価――学習のアセスメント
第9章　心の問題と発達障害
第10章　学校カウンセリング

サイエンス社

═══ ライブラリ スタンダード心理学 ═══

2．スタンダード感覚知覚心理学
　　綾部早穂・熊田孝恒編　　　　　A5 判／ 304 頁 2600 円

5．スタンダード認知心理学
　　原田悦子編　　　　　　　　　　A5 判／ 288 頁 2500 円

6．スタンダード教育心理学
　　服部　環・外山美樹編　　　　　A5 判／ 240 頁 2400 円

7．スタンダード発達心理学
　　櫻井茂男・佐藤有耕編　　　　　A5 判／ 320 頁 2600 円

8．スタンダード社会心理学
　　湯川進太郎・吉田富二雄編　　　A5 判／ 312 頁 2600 円

9．スタンダード自己心理学・パーソナリティ心理学
　　松井　豊・櫻井茂男編　　　　　A5 判／ 272 頁 2400 円

10．スタンダード臨床心理学
　　杉江　征・青木佐奈枝編　　　　A5 判／ 336 頁 2800 円

＊表示価格はすべて税抜きです。

═══ サイエンス社 ═══